R을 이용한 산업연관분석

김태진 지음

한나래 아카데미

R을 이용한 산업연관분석

2021년 5월 4일 1판 1쇄 박음
2021년 5월 12일 1판 1쇄 펴냄

지은이 | 김태진
펴낸이 | 한기철

펴낸곳 | 한나래출판사
등록 | 1991. 2. 25. 제22-80호
주소 | 서울시 마포구 토정로 222, 한국출판콘텐츠센터 309호
전화 | 02) 738-5637 · 팩스 | 02) 363-5637 · e-mail | hannarae91@naver.com
www.hannarae.net

ISBN 978-89-5566-251-1 93310

이 책은 산업연관분석의 다양한 분석기법을 배우고 실제로 활용하고자 하는 이들을 위해 고민한 열매이다. 산업연관분석을 이용하여 보고서를 작성하거나 공모전에 참여하고자 하는 대학생, 학위논문을 쓰고자 하는 석사 및 박사과정 대학원생, 다양한 분야의 연구보고서를 작성하고자 하는 연구기관과 연구원, 경제 현황을 진단하고 성장을 촉진하기 위한 각종 정책 수립에 도움이 되는 통계자료가 필요한 공공기관 종사자 등이 모두 이 책의 독자이다.

이 책은 무료 소프트웨어인 R과 R의 통합개발환경(integrated development environment)인 RStudio를 사용하여 산업연관분석 이론에 따른 다양한 분석기법을 단계적으로 분석하는 과정을 소개한다. R을 이용하여 산업연관분석을 수행할 경우, 전 세계 수많은 R 사용자들이 제작한 다양한 패키지를 활용함으로써 복잡한 R 코딩이 필요한 연산을 간단한 명령어의 조합을 통하여 손쉽게 수행할 수 있다. 더욱이 이 책은 각각의 산업연관분석 기법에 대응하는 R 코드의 작성 과정을 상세히 소개하고 있다. 본서에 제시된 산업연관분석과 관련된 R 코드는 저자가 오랜 시간 시행착오를 거치면서 축적한 것으로, R을 처음 접하는 초보자들도 이를 활용하면 코드 작성에 대한 부담을 최소화하면서 산업연관분석의 다양한 기법을 손쉽게 익힐 수 있으리라 기대한다.

이 책의 구성을 간략히 정리하면 다음과 같다.

- 1장에서는 산업연관분석의 개념, 우리나라 산업연관표의 현황, R 프로그램의 장점을 소개한다.
- 2장에서는 R과 RStudio를 설치하고 기본적으로 활용할 수 있는 방법을 설명하고, 패키지 설치와 이용 방법 등을 다룬다.
- 3장에서는 R의 다양한 데이터 유형과 구조에 대해 설명한다.
- 4장에서는 산업연관분석 시 필요한 행렬연산을 익힐 수 있도록 안내한다.
- 5장에서는 우리나라에서 작성되는 산업연관표의 종류와 구조, 산업연관표를 읽는 법, R에서 산업연관표를 다루는 기본적인 방법을 설명한다.
- 6장에서는 산업연관분석의 원리를 익히고, 각종 경제적 파급효과(생산유발효과 · 수입유발효과 · 부가가치유발효과 · 노동유발효과)를 분석하기 위한 기본 모형을 소개한다.

- 7장에서는 산업연관분석의 기본 모형을 확장한 모형[최종수요 항목별 분석 모형·전후방 연쇄효과 분석 모형·가격파급효과 분석 모형·혼합 산업연관분석(외생화) 모형]을 상세히 다룬다.
- 8장에서는 산업 및 경제성장의 요인을 분해하는 데 널리 활용되는 구조분해분석 방법을 설명한다.
- 9장에서는 지역의 경제활동을 분석하는 데 이용되는 지역산업연관분석을 소개한다.
- 10장에서는 투입계수행렬을 예측하는 데 가장 널리 활용되고 있는 양비례조정법(RAS)에 대하여 상세히 설명한다.

R과 산업연관분석을 처음 접하는 독자들은 1장부터 차례대로 내용을 살펴보기를 권장한다. 산업연관분석은 처음 접하지만 R 사용은 익숙한 독자라면, 2장과 3장은 생략해도 무방하다. 그리고 산업연관분석에 대한 기본적인 지식은 물론 R을 이미 사용한 경험이 있는 독자라면, 그때그때 필요한 부분을 찾아 특정 장을 중심으로 학습해나갈 수 있다. 1장을 제외한 모든 장에는 R 실습을 위한 코드를 제시하였고, 장의 뒷부분에는 연습문제를 담았다. 직접 코드를 입력하면서 익히고 연습문제로 다시 한 번 확인하다 보면, 책에 담긴 내용을 자신의 것으로 만드는 데 도움이 될 것이다. 아무쪼록 독자들이 이 책을 통하여 R과 산업연관분석에 익숙해지고, 실무에서 산업연관분석을 더욱더 효과적으로 활용해나갈 수 있기를 바란다.

마지막으로, 이 책을 집필하기까지 늘 곁에서 배려하고 응원해준 사랑하는 아내 지선과 삶의 기쁨이 되는 사랑하는 두 딸 에스더와 루디아, 그리고 물심양면 도움을 주신 양가 부모님께 진심으로 감사의 마음을 전한다. 또한 출판할 수 있도록 기회를 주신 한나래출판사의 한기철 대표님과 조광재 상무님, 바쁜 일정 중에도 아낌없는 도움을 주신 편집부 여러분께 깊은 감사의 마음을 전한다.

코로나19가 종식되고,
소중한 일상이 회복되길 바라며

2021년 5월 어느 날
김태진

contents

머리말 3

ch.1 서론

1 산업연관분석 개요 10
2 우리나라의 산업연관표 11
3 R을 활용한 산업연관분석 12
연습문제 13

ch.2 R과 RStudio 시작하기

1 R 시작하기 16
2 RStudio 시작하기 21
3 R 패키지 활용하기 26
4 R 작업 디렉터리 설정하기 30
연습문제 33

ch.3 R 데이터 이해하기

1 변수와 할당 연산자 36
2 R 데이터 유형 37
3 R 데이터 구조 40
연습문제 53

ch.4 행렬대수와 R

1 개요 56
2 행렬과 벡터 56
3 행렬의 종류와 R 57

4 행렬 연산과 R 62
5 행렬식과 R 66
6 역행렬과 R 68
7 벡터 및 행렬의 색인 71
연습문제 74

ch.5 산업연관표와 R

1 산업연관표의 이해 78
2 R에서 투입산출표 다루기 88
연습문제 107

ch.6 산업연관분석의 기본 원리

1 투입산출표의 수학적 표기 110
2 투입계수의 도입 112
3 생산유발계수 114
4 호킨스-사이먼 조건 119
5 경제적 파급효과 분석 123
6 R 실습 127
연습문제 138

ch.7 기본 모형의 확장

1 최종수요 항목별 분석 142
2 전후방연쇄효과 분석 144
3 가격파급효과 분석 147
4 혼합 산업연관모형(외생화) 분석 153
5 R 실습 158
연습문제 177

ch.8 구조분해분석

1 총산출 변화의 요인분해 방법 180
2 기술구조 변화 요인의 분해분석 182
3 최종수요 변화 요인의 분해분석 186
4 D&L의 요인분해 방법 189
5 R 실습 193
연습문제 209

ch.9 지역산업연관분석

1 지역투입산출표의 이해 212
2 지역산업연관분석 모형 214
3 R 실습 226
연습문제 232

ch.10 양비례조정법(RAS)

1 RAS 방법론 236
2 R 실습 243
연습문제 249

연습문제 해답 250
참고문헌 283
찾아보기 285

ch 1

서론

1 산업연관분석 개요

산업연관분석(inter-industry analysis)은 한 국가 경제에 존재하는 서로 다른 산업 간의 상호의존관계 또는 서로 다른 지역의 산업 간 의존관계를 수량적으로 분석하는 방법으로, 투입산출분석(input-output analysis)이라고도 부른다. 현실 경제에서 한 산업은 상품을 생산하기 위하여 다른 산업에서 생산된 산출물을 중간재로 구매하며, 해당 산업에서 생산된 산출물 역시 다른 산업의 상품 생산활동을 위하여 중간재로 판매된다. 예를 들어, 철강 제조업에서 철(steel)을 생산하려면 광업에서 생산된 철광석 등의 원재료를 구매해야 하고, 철강 제조업에서 생산된 철은 선박 제조업이나 자동차 제조업과 같은 여타 산업의 생산활동을 위한 중간재로 판매된다. 이처럼 현실 경제에서 나타나는 산업 간 상호의존 관계를 수량적으로 분석하는 방법론이 산업연관분석인 것이다.

산업연관분석의 핵심은 경제 내의 상호의존성을 분석하는 것이다. 상호의존성에 관한 연구는 1758년 프랑스의 경제학자인 프랑수아 케네(François Quesnay)가 작성한 경제표(Tableau économique)에 기원을 두고 있다. 이후 레옹 발라(Leon Walras)의 일반균형이론(general equilibrium theory)을 거쳐 미국의 바실리 레온티에프(Wassily W. Leontief) 교수에 이르렀다.[1] 레온티에프 교수는 산업연관분석을 개발한 공로를 인정받아 1973년 노벨 경제학상을 수상하였으며, 그가 1936년 발표한 논문 〈미국의 경제시스템에서의 수량적 투입과 산출 관계(Quantitative Input and Output Relations in the Economic Systems of the United States)〉[2]는 오늘날 산업연관분석의 시초에 해당한다.

산업연관분석을 수행하기 위해서는 산업연관표가 필요하다. 산업연관표는 일정 기간(흔히 1년) 동안 어느 한 지역[3] 경제에서 발생한 모든 산업 간의 거래 관계를 정해진 원칙과 형식에 따라 기록한 통계표이다. 레온티에프 교수의 연구 이후 미국은 공식적인 통계

1 한국은행(2014).

2 Leontief(1936).

3 여기서 지역은 산업연관표가 작성되는 영역을 의미한다. 예를 들어, 산업연관표는 서울, 부산 등의 지역 경제를 대상으로 작성할 수 있고, 국가 내에 존재하는 모든 지역을 통합하여 전국을 하나의 지역으로 고려하여 작성할 수도 있다. 나아가 전 세계를 하나의 지역으로 삼고 이른바 세계산업연관표를 작성할 수도 있다.

로서 1947년 산업연관표를 작성하였으며, 오늘날에는 우리나라를 비롯하여 일본, 중국, EU(European Union) 등 여러 지역에서 산업연관표를 작성하고 있다.

2 우리나라의 산업연관표

국민계정(national accounts)은 한 국가 경제 내에서 발생하는 경제주체의 경제활동을 일정한 원칙과 형식에 따라서 기록한 국가 수준에서 작성된 재무제표이다.[4] 국민계정을 구성하는 5대 국민계정 통계로 국민소득통계, 자금순환표, 국제수지표, 국민대차대조표, 산업연관표가 있다. 이 중 산업연관표는 특히 국민소득통계와 밀접한 관계를 지니고 있으며, 국민소득통계에서 명시적으로 다루지 않는 산업 간(또는 부문 간) 중간재 거래내역에 대한 정보를 행렬 형태로 제공한다는 특징을 지닌다.

산업연관표는 통계 작성의 승인에 관한 통계법 제18조에 근거하여 작성되는 국가승인통계(승인번호: 제301010호)이며, 우리나라에서는 한국은행법 제86조에 근거하여 중앙은행인 한국은행이 산업연관표를 작성하여 공표하고 있다.[5] 한국은행은 1964년에 최초의 공식적인 산업연관표인 〈1960년 산업연관표〉를 공표하였으며, 그 이후부터 현재에 이르기까지 정기적으로 산업연관표를 작성하여 공표하고 있다.

한국은행은 기준년표(benchmark table)인 실측 산업연관표(이하 실측표)와 연장 산업연관표(이하 연장표)를 작성하여 공표한다. 실측표는 5년마다 작성되고, 연장표는 매년 작성된다. 실측표는 끝자리가 0과 5인 연도에 실제 조사를 통해서 작성되는 산업연관표이며, 연장표는 통계의 연속성과 시의성을 위하여 끝자리가 0과 5인 연도를 제외한 연도를 대상으로 작성되는 산업연관표이다. 이때, 연장표는 실측표를 기준으로 부분 조사 및 기초통계의 가공을 통해서 작성된다.

---

4 한국은행(2015).

5 한국은행법은 국가법령정보센터(https://www.law.go.kr)에서 상세히 확인할 수 있다.

3 R을 활용한 산업연관분석

이 책에서는 R 프로그램을 활용하여 산업연관분석을 실습한다. 그 이유는 다음과 같다.

첫째, R은 개인, 기업, 기관 등 어떤 사용자도 무료로 사용할 수 있다. R은 자유 소프트웨어 재단(Free Software Foundation)의 GNU GPL(General Public License) 정책에 따라서 오픈소스(open source)로 배포되는 무료 프로그램이기 때문이다.

둘째, R을 이용하면 산업연관분석의 다양한 분석 방법론을 수행하는 데 필요한 행렬의 생성 및 변형, 복잡한 행렬 연산, 분석 결과의 저장 및 검증을 손쉽게 수행할 수 있다.

셋째, R은 객체지향 언어이다. 여기서 '객체(object)'란 컴퓨터에서 어떤 값을 저장하기 위해 사용되는 저장 공간을 의미한다. 예를 들어 한국은행에서 내려받은 특정 연도의 산업연관표를 'Table'이라는 변수에 지정할 때, 이 'Table'이 하나의 객체가 되는 것이다. 따라서 R을 활용하면 산업연관분석 과정에서 요구되는 각종 데이터, 연산을 위한 함수, 분석 결과 등을 모두 객체로 전환하여 관리할 수 있어 효율적인 데이터 분석이 가능하다.

넷째, R 사용자들은 통계학, 경제학, 수학 등 다양한 학문 분야에서 이용되는 데이터 분석 방법과 각종 그래픽 도구를 패키지(package) 형태로 공개하고 있다. 여기서 패키지란 R에 내장된 기본 함수 이외에 사용할 수 있는 각종 함수와 데이터의 꾸러미를 말한다. R에서 제공되는 다양한 패키지를 이용하면 산업연관분석을 위해 필요한 복잡한 수학적 연산을 R 코드로 일일이 입력해 실행하는 대신, 분석과 관련된 패키지를 설치한 후 몇 가지 명령어의 조합을 통해 수행할 수 있다. R의 가장 큰 장점 중 하나는 전 세계 사용자들이 개발한 수많은 패키지를 무료로 활용할 수 있다는 것이다.

연습문제

1. 산업연관분석의 개념을 설명하라.

2. 한국은행에서 작성하는 5대 국민계정 통계를 나열하라.

3. 산업연관표 중 실측표와 연장표에 대하여 설명하라.

ch 2

R과 RStudio 시작하기

1 R 시작하기

1-1 R 설치

R은 공식 홈페이지(https://www.r-project.org)에서 설치파일을 무료로 내려받아 설치할 수 있다.[1] 아래와 같은 순서로 R 설치파일을 내려받는다.

(1) R 설치파일 내려받기

① R 공식 홈페이지에 접속한 후 화면 왼쪽의 [Download] 버튼 아래에 있는 [CRAN] 링크를 클릭한다.[2]

② 설치파일 다운로드 : [CRAN Mirrors]가 나타나는데, 국가별로 제공되는 수많은 미러(Mirror)[3] 사이트 목록에서 'Korea'를 찾으면 된다. 이때 웹브라우저의 검색 기능(ctrl+F)을 이용하면 손쉽게 'Korea'로 이동할 수 있다. 현재(2021년 5월 기준) 한국에는 5개의 미러 사이트가 존재하는데, 거주지와 가까운 미러 사이트를 클릭하자.

③ 운영체제 선택 : R은 Linux, MAC OS X, Windows 등의 운영체제에서 설치할 수 있으니, 자신이 사용하고 있는 컴퓨터의 운영체제에 적합한 설치파일을 내려받으면 된다. 이 책에서는 Windows 운영체제를 사용할 것이므로 [Download R for Windows]를 클릭하자.

④ 하위 디렉터리 선택 : 하위 디렉터리는 base, contrib, old contrib, Rtools 등 총 4가지가 존재한다. R을 처음 설치하는 경우 base를 클릭한다. 각 디렉터리에 대한 설명은 다음과 같다.

---

1 R 홈페이지(https://www.r-project.org).

2 CRAN은 Comprehensive R Archive Network의 약어이다.

3 패키지가 저장되어 있는 인터넷 주소를 저장소(repository)라고 한다. 그리고 저장소의 내용을 그대로 복사해놓은 곳을 미러(mirror)라 부른다.

- base: R 설치파일을 내려받는다. 처음으로 R을 설치하는 경우에 이용한다.
- contrib: R에 내장된 기본적인 기능 외에 R 버전 2.13.x 이상(R ≥ 2.13.x)에서 사용자들이 제작한 추가적인 패키지(package)들을 내려받는다.
- old contrib: R 버전 2.13.x 미만(R < 2.13.x)에서 사용자들이 제작한 추가적인 패키지들을 내려받는다.
- Rtools: R에서 패키지를 제작할 때 사용되는 도구들을 내려받는다.

⑤ R 설치파일 선택: 이제 화면의 상단에서 [Download R 4.0.3 for Windows]를 클릭해 R 설치파일을 내려받는다(설치 시점에 따라 R 버전은 다르다).

(2) R 설치하기

① 내려받은 R 설치파일을 실행한다.

② 설치 언어 선택: 한국어를 선택하고 [확인]을 클릭한다.

③ 정보 확인: R 설치와 관련한 라이선스 정보를 확인하고 [다음]을 클릭한다.

④ R 설치 위치 선택: 기본적으로 표시되는 위치인 'C:\Program Files\R\R-4.0.3'을 그대로 사용한다. 사용자가 원하는 위치로 변경할 경우 [찾아보기]를 클릭하여 다른 폴더를 지정할 수 있다. R을 설치할 위치가 결정되면 [다음]을 클릭한다.

⑤ 구성 원소 설치: 구성 원소의 모든 항목이 선택되어 있으니 확인하고 [다음]을 클릭한다.

⑥ 스타트업 옵션: [스타트업 옵션] 설정에서 'No(기본값 사용)'를 선택하고 [다음]을 클릭한다. 참고로 'Yes(스타트업 조정)'를 선택하면, 디스플레이 모드, 도움말 스타일, 인터넷 접속 방식과 관련된 옵션을 선택할 수 있다.

⑦ 시작 메뉴 폴더 선택 : Windows의 시작 메뉴 폴더에 R 프로그램의 바로가기를 만들 것인지를 선택하는 창이 나타난다. 바로가기가 있는 것이 사용하기 편리하므로 [다음]을 클릭해 설치를 진행한다.

⑧ 추가 사항 적용 : 표시된 기본값을 사용한다.

⑨ 설치 진행 후에 [완료]를 클릭하면 R 설치가 완료된다.

1-2 R 실행

R 설치가 완료되면 바탕화면에 2개의 R 관련 단축 아이콘이 생성된 것을 확인할 수 있다. 'R i386 4.0.3'은 32비트(bit) 컴퓨터용의 R 4.0.3 버전 단축 아이콘이고, 'R x64 4.0.3'은 64비트 컴퓨터용의 R 4.0.3 버전 단축 아이콘이다. 만일 사용자가 이용하는 컴퓨터가 32비트 컴퓨터라면 'R i386 4.0.3' 단축 아이콘을 실행하고, 64비트 컴퓨터라면 'R x64 4.0.3' 단축 아이콘을 실행하면 된다. R을 실행하면 다음과 같은 RGui 창이 나타난다.

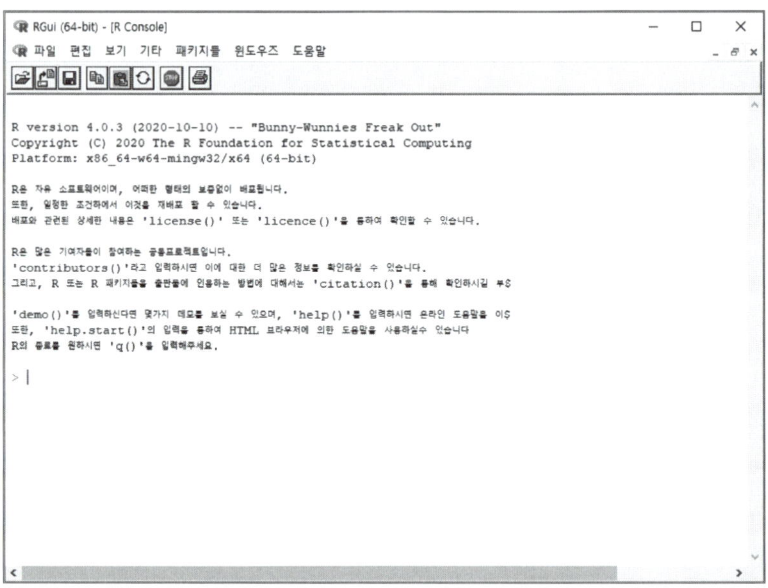

[그림 2-1] R 실행 화면

RGui 창에서 메뉴 표시줄, 도구 모음 단축 아이콘 표시줄, R 콘솔창(Console)을 확인할 수 있다. R 콘솔창은 R 코드를 입력하고 입력된 코드의 실행결과를 보여주는 장소이다. 콘솔창에 입력된 R 코드는 줄 단위로 실행되며, 입력된 R 코드는 저장되지 않는다.

(1) 코드 입력 및 실행

① R 콘솔창을 보면 >기호 옆에 |가 깜빡이고 있는데, 이곳에 명령어를 입력하면 된다. >기호가 아닌 +기호가 나타나면 명령이 끝나지 않았다는 것을 의미한다. 따라서 명령어의 실행이 이루어지려면 입력한 명령어를 확인하여 각종 괄호(], },))가 닫히지 않았는지 점검하거나 문자열을 입력하기 위한 큰따옴표(" ")가 닫히지 않았는지 등을 확인하여야 한다.[4]

② R 콘솔창에 직접 입력한 큰따옴표는 " "로 입력되고, 한글 혹은 MS워드에서 입력한 큰따옴표는 “ ”로 입력된다. 이처럼 큰따옴표가 서로 다르게 인식되기 때문에 한글이나 MS워드에서 작성한 R 코드에서 큰따옴표가 포함된 명령어를 복사해 R 콘솔창에 그대로 붙여넣으면 오류가 발생한다.[5] 그러나 메모장 혹은 워드패드에서 작성한 R 코드에 포함된 큰따옴표는 R 콘솔창에 직접 입력한 큰따옴표와 동일하게 인식되므로 R 사용자는 워드패드나 메모장을 이용해 R 코드를 작성할 필요가 있다.[6]

③ R 콘솔창에서 명령어가 실행되지 않도록 주석 처리를 할 때는 해당 명령어의 앞에 #을 쓰고 필요한 설명을 추가한다. 이때 #이 포함된 한 줄만 주석으로 처리되기 때문에 여러 줄을 주석으로 처리하고자 한다면, 각 줄 앞에 #을 입력해야 한다. 또한 R 콘솔창에 입력된 명령어에 대한 주석을 추가하고자 할 때는 해당 명령어의 뒤에 #을 쓰고 설명을 입력하면 된다.

---

4 R에서 문자열을 인식하기 위해서는 큰따옴표뿐만 아니라 작은따옴표(' ')를 활용할 수도 있다.

5 큰따옴표와 마찬가지로 한글 혹은 MS워드에서 작성된 작은따옴표가 포함된 R 코드를 복사하여 R 콘솔창에 붙여넣으면 ‘ ’로 인식하여 명령어가 실행되지 않는다.

6 RStudio를 사용한다면 스크립트창에서 R 코드를 작성하면 된다. 스크립트창에 대해서는 2-3절을 참고하라 (pp. 23-24).

④ 이제 R 콘솔창에 숫자 연산을 위한 1+1이라는 명령어와 A라는 문자를 입력하기 위하여 큰따옴표를 활용한 명령어를 실행해보자. R 콘솔창에서 입력한 명령어는 [Enter]를 누르면 실행되는데, R에서 명령어를 실행할 때는 기본적으로 한 줄에 하나의 명령어를 입력해야 한다. 예를 들어, 한 줄에 1+1과 "A"를 함께 입력하여 명령어를 실행할 수는 없다. 그러나 세미콜론(;)을 이용하면 한 줄에 다수의 명령어를 입력해 순차적으로 실행할 수 있다. 즉 한 줄에 1+1 ; "A"란 명령어를 입력한 후 실행하면, 각각의 명령어가 순차적으로 실행된다.

```
# 명령어 입력 예제
1+1
[1] 2
# 1+1          # 주석 처리가 되어 명령어가 실행되지 않음
(1+1           # ( )가 닫히지 않아서 명령어가 실행되지 않음
+)             # ( )가 닫혀야 명령어가 실행됨
[1] 2
"A"            # R 콘솔창에서 직접 입력
[1] "A"
# 큰따옴표가 포함된 코드를 한글에서 복사 후 붙이면 에러 메시지를 출력
"A”
에러: 예상하지 못한 입력입니다. in """
# 큰따옴표가 포함된 코드를 메모장(또는 워드패드)에서 복사 후 붙인 경우
"A"            # 정상적으로 실행됨
[1] "A"
1+1; "A"       # ;을 이용하여 한 줄에 다수의 명령어를 입력하여 실행
[1] 2
[1] "A"
```

1-3 R 종료

다양한 방법으로 R 프로그램을 종료할 수 있다. 첫째, R 콘솔창에 q( ) 명령어를 입력하고 [Enter]를 클릭한다. 둘째, RGui 실행 화면의 오른편 상단에 있는 닫기(×) 아이콘을 클릭한다. 셋째, RGui 실행 화면의 기본 메뉴에서 [파일] → [종료]를 선택한다.

어느 방법으로든 R 종료를 실행하면 질문창이 생성된다. 질문창에서 '예(Y)'를 선택하면 현재까지 작업한 작업공간 이미지가 저장되며, '아니요(N)'를 선택하면 작업공간 이미지가 저장되지 않고 그대로 종료된다. 이 책에서는 '아니요(N)'를 선택해 종료할 것을 권장한다.

2 RStudio 시작하기

2-1 RStudio 개요

RStudio는 통합개발환경(integrated development environment) 소프트웨어로, R을 편리하게 사용할 수 있게 사용자들에 도움을 주기 위해 개발된 도구이다. RStudio는 무료로 사용이 가능한 오픈소스 버전과 유료로 이용할 수 있는 상업 버전이 있다. 이 책에서는 오픈소스 버전을 활용한다.

2-2 RStudio 설치

RStudio를 설치하기 전에 반드시 R을 먼저 설치하여야 한다.

(1) RStudio 설치파일 내려받기

① RStudio 공식 홈페이지(https://rstudio.com)에 접속해 화면 상단의 오른쪽에 있는 [Download]를 클릭한다.

② RStudio 버전 선택 : RStudio의 4가지 버전 중 무료이고 개인 컴퓨터에 설치할 수 있는 'RStudio Desktop' 버전을 선택해 다운로드한다.

③ 운영체제 선택 : RStudio는 R과 마찬가지로 Linux, MAC OS, Windows 등의 운영체제에서 설치할 수 있다. R 설치 때와 마찬가지로 [DOWNLOAD RSTUDIO FOR WINDOWS]를 클릭하자.

RStudio 설치와 관련된 2가지 유의사항이 있다. 첫째, RStudio 홈페이지에서 제공하는 가장 최근 버전은 '64비트' 운영체제와 호환된다. 만일 사용자의 컴퓨터가 '32비트' 운영체제라면 과거 버전의 RStudio 설치파일을 내려받아야 한다. 둘째, 최근 버전의 RStudio 설치파일은 'R 3.0.1' 이상의 R 버전과 호환된다. 만일 사용자가 설치한 버전이 'R 3.0.1' 미만이라면 반드시 R 버전을 업데이트한 후에 RStudio를 설치하여야 한다.

(2) RStudio 설치하기

① RStudio의 설치파일을 더블클릭하면 설치 시작 화면이 나타난다. [다음]을 클릭해 설치를 진행하자.

② RStudio를 설치할 위치를 선택한 후 [다음]을 클릭해 기본적으로 제공되는 위치에 RStudio를 설치한다.

③ Windows의 시작 메뉴에 RStudio의 바로가기 폴더를 생성할 것인지를 선택한 후 [설치]를 클릭한다.

④ RStudio 설치가 완료되면 [마침]을 클릭하자.

2-3 RStudio 실행

① RStudio를 실행하면 다음과 같은 기본적인 실행창이 나타난다.

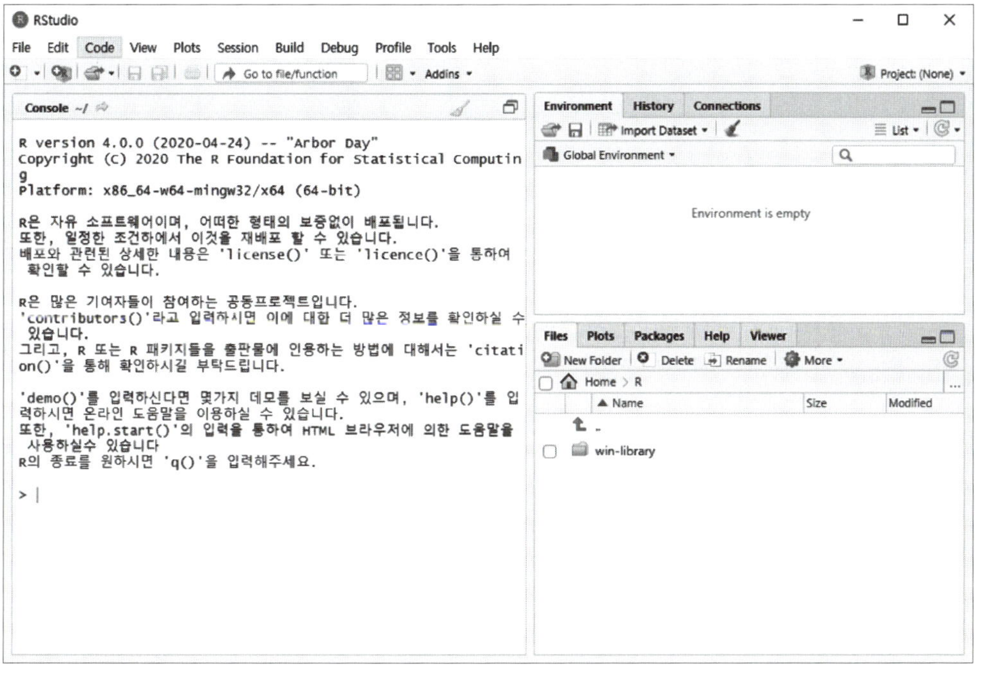

[그림 2-2] RStudio의 기본 실행 화면

② 이제 [File] → [New File] → [R Script(Ctrl+Shift+N)]를 선택하여 R 스크립트(Script)창을 새롭게 생성하자. 그러면 RStudio 실행 화면이 다음과 같이 4개 영역으로 구분된다.

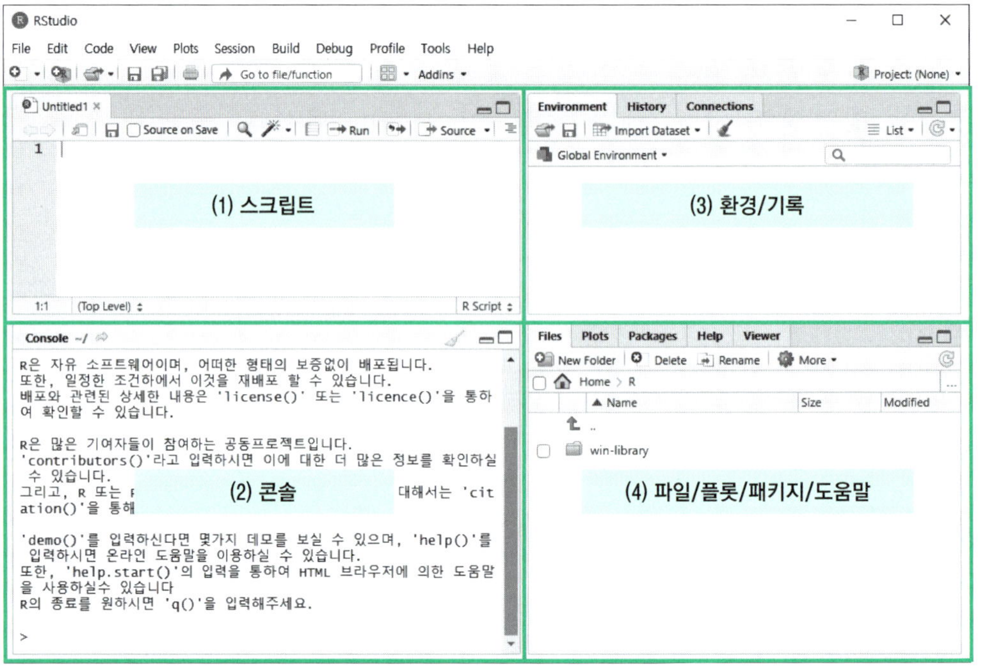

[그림 2-3] 스크립트를 추가한 RStudio의 실행 화면

각 영역에 대한 주요 내용을 정리하면 다음과 같다.

- **스크립트**: R 코드를 작성하고 실행할 수 있는 일종의 문서 편집기이다.
- **콘솔**: R의 콘솔창과 같은 기능을 지니며, 명령어를 입력하고 실행한 결과를 보여준다. 또한 패키지의 설치 결과, 각종 오류 메시지 등이 출력되는 영역이다.
- **환경/기록**: 환경(Environment)창은 현재 작업 중인 자료와 각종 변수(객체)에 대한 정보를 보여준다. 기록(History)창은 스크립트에서 작업한 이력을 보여준다.
- **파일/플롯/패키지/도움말**: 파일(File)창은 Windows 파일 탐색기와 유사한 기능을 지니며, 파일에서 신규 폴더 만들기, 폴더 삭제, 폴더이름 수정하기 등을 할 수 있다. 플롯(Plots)창은 그래프가 표시되는 영역이다. 패키지(Packages)창은 사용자 라이브러리(user library)와 시스템 라이브러리(system library)에 설치된 패키지를 보여주며, 패키지의 신규 설치와 업데이트도 할 수 있다. 도움말(Help)창은 R과 RStudio에 관한 도움말 검색기능을 제공한다.

2-4 RStudio에서 명령어의 실행

RStudio에서 명령어는 콘솔창과 소스창을 통하여 실행할 수 있다. 먼저 RStudio의 콘솔창에서 명령어를 입력하고 실행하는 방법은 R의 콘솔창과 동일하다. 즉 RStudio의 콘솔창에 커서를 두고 명령어를 입력한 후 [Enter]를 누르면 해당 명령어가 실행된다.

이어서 RStudio의 스크립트 창에서 '1+1'이라는 명령어를 작성하고 [Enter]를 입력하면, 콘솔창과 달리 명령어가 실행되지 않고 줄만 바뀐다. RStudio의 스크립트 창에서 명령어를 실행하려면, 실행하고자 하는 명령어가 있는 줄에 커서를 두고 단축키 [Ctrl+Enter]를 입력해야 한다. 이때 스크립트창의 Run 아이콘을 클릭해도 명령어가 실행된다.

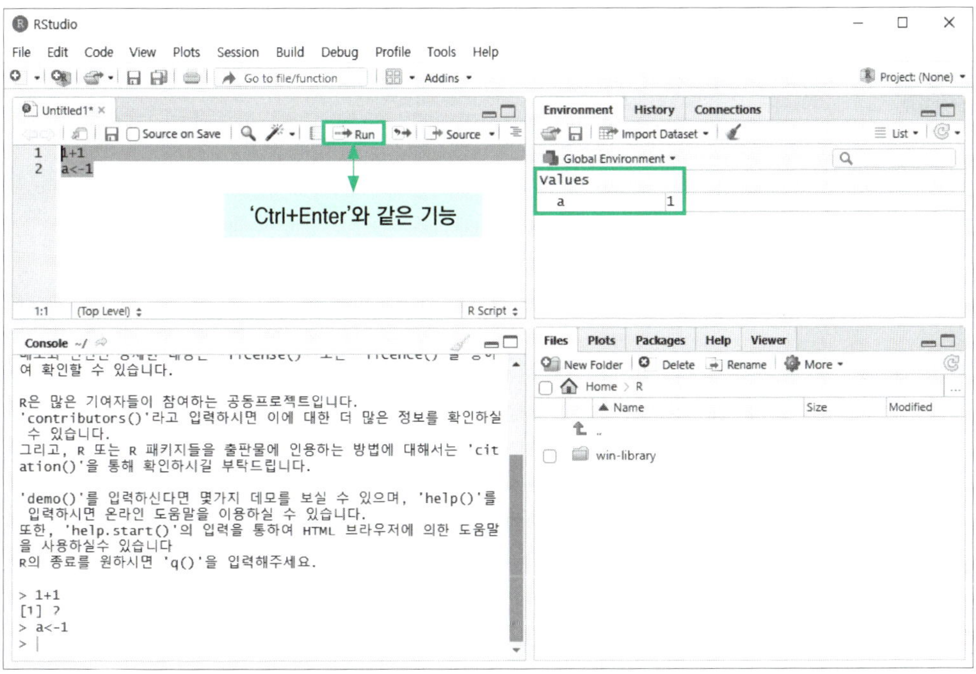

[그림 2-4] 스크립트 창에서의 명령어의 실행 예제

스크립트 창에서 2줄 이상의 명령어를 순차적으로 실행하려면 마우스로 실행하고자 하는 명령어를 드래그하여 범위를 설정하거나, [Shift+방향키]를 이용하여 범위를 설정한 후 명령어를 실행하면 된다. 예를 들어 '1+1', 'a<-1'이라는 명령어를 스크립트창에 입력

하고 해당 명령어의 범위를 설정하여 실행한 결과는 [그림 2-4]와 같다. 이때 환경창에 'a' 라는 변수가 표시되고 그 값이 '1'로 할당되어 있음을 알 수 있다.

2-5 RStudio 종료

RStudio를 종료할 때도 다양한 방법을 사용할 수 있다. 첫째, RStudio의 콘솔창에 q( ) 명령어를 입력하고 [Enter]를 클릭해 종료한다. 둘째, RStudio 실행 화면의 오른편 상단에 있는 닫기(×) 아이콘을 클릭해 종료한다. 셋째, RStudio Gui 실행 화면의 기본 메뉴에서 [File] → [Quit Session]을 선택하거나, 단축키 [Ctrl+Q]를 입력해 종료한다.

3 R 패키지 활용하기

3-1 패키지 설치와 사용

R이 지닌 장점 중 하나는 R 사용자들에 의해 작성된 방대한 패키지를 이용할 수 있다는 점이다. 이미 설치한 R 프로그램은 기본 시스템(base system)에 해당한다. R 사용자는 통계 분석, 데이터 처리, 시각화 등 다양한 작업을 수행하기 위해 기본 시스템에 특정 패키지를 설치하여 활용할 수 있다.

R에서 필요한 패키지를 설치할 때는 install.packages( ) 함수를 사용한다. 이때 패키지명의 양옆에 큰따옴표(" ")를 붙여야 명령어가 실행된다.

패키지 설치 함수

```
install.packages("패키지명")
```

readxl 패키지는 R에서 엑셀(Excel) 파일을 읽어 들일 때 필요한 패키지다. R 콘솔창에 install.packages("readxl")를 입력하여 실행하면, 미러 사이트를 선택하는 창이 나타나는데 Korea 또는 원하는 다른 미러 사이트를 선택한 후 [OK]를 클릭하자. 그러면 명령

어에 입력된 패키지가 설치된다.[7]

```
# 패키지 설치 예제
install.packages("readxl")
C:/Documents/R/win-library/4.0의 위치에 패키지(들)를 설치합니다.
--- 현재 세션에서 사용할 CRAN 미러를 선택해주세요 ---
URL https://cran-r.c3sl.ufpr.br/bin/windows/contrib/4.0/readxl_4.2.3.zip을 시도
합니다.
Content type application/zip length 2756390 bytes (2.6 MB)
downloaded 2.6 MB
패키지 readxl를 성공적으로 압축해제하였고 MD5 sums이 확인되었습니다.
```

R에서 패키지를 설치하는 또 다른 방법으로 RGui 실행 화면의 기본 메뉴에서 [패키지들] → [패키지(들) 설치하기...]를 클릭하면 패키지 목록이 나타나는데, 설치를 원하는 패키지명을 선택한 후 [OK]를 누르면 해당 패키지가 설치된다.

R에서 사용자가 설치한 패키지를 사용하려면 library( ) 함수를 이용해 해당 패키지를 실행해야 한다. 이때는 패키지명의 양옆에 큰따옴표(" ")를 입력하지 않는다.

패키지 사용 함수

library(패키지명)

예를 들어, library(readxl)를 입력하면 앞서 설치한 readxl 패키지를 사용한다는 의미이다. 또한 R을 종료한 후 다시 시작할 때마다 이용하고자 하는 패키지를 library( ) 함수를 통해 불러들여야 한다.

```
# 패키지 사용 예제
library(readxl)
```

7 Korea 사이트는 Korea(Gyeongsan-si), Korea(Seoul 1), Korea(Ulsan)가 있으며, 이 중 원하는 사이트를 선택하면 된다.

한편, R에서 여러 패키지를 동시에 이용하여 분석을 진행할 경우 서로 다른 패키지에서 활용되는 함수의 이름이 같을 수 있다. 이럴 때는 어느 한 패키지의 사용을 중지해야 하는데, R에서 패키지를 사용 중지할 때는 detach( ) 함수를 이용한다.

패키지 사용 중지 함수

```
detach("package:패키지명", unload = T)
```

예를 들어, 앞서 불러들인 readxl 패키지의 사용을 중지하기 위해서는 아래와 같이 실행하면 된다.

```
# 패키지 중지 예제
detach("package:readxl",unload=T)
```

3-2 패키지 업데이트와 제거

패키지 개발자는 기존의 패키지를 수정 및 보완함으로써 패키지의 기능을 수정하고 확장할 수 있다. 이런 경우에 update.packages( ) 함수를 이용하면 특정 패키지를 업데이트할 수 있다.

패키지 업데이트 함수

```
update.packages("패키지명")
```

예를 들어, update.packages("readxl") 명령어를 실행하면 readxl 패키지가 업데이트 된다.

```
# 패키지 업데이트 예제
update.packages("readxl")
```

R 사용자가 기존에 설치한 패키지의 버전을 확인하고자 할 때는 packageVersion( ) 함수를 이용한다.

패키지 버전 확인 함수

```
packageVersion("패키지명")
```

앞서 설치한 readxl 패키지의 버전을 확인하면 다음과 같다.

```
# 패키지 버전 확인 예제
packageVersion("readxl")
[1] 4.2.3
```

R에서 특정 패키지를 제거할 때는 remove.packages( ) 함수를 이용한다.

패키지 삭제 함수

```
remove.packages("패키지명")
```

예를 들어, remove.packages("readxl")를 실행하면 R에 설치된 readxl 패키지가 제거된다.

```
# 패키지 제거 예제
remove.packages("readxl")
패키지(들)을 C:/Documents/R/win-library/4.0으로부터
```

4 R 작업 디렉터리 설정하기

4-1 작업 디렉터리 확인하기

R에서 작업 디렉터리(working directory)는 데이터를 불러오거나 저장할 때 이용하는 기본 폴더를 의미한다. 작업 디렉터리가 아닌 폴더에서도 데이터를 불러올 수 있으나 매번 데이터 경로를 지정해야 하는 불편함이 있다. 반면 작업 디렉터리를 이용하면 효율적으로 작업할 수 있다. R에서 getwd( ) 함수를 이용하여 현재 설정된 작업 디렉터리를 확인할 수 있다.

작업 디렉터리 확인 함수

getwd( )

현재 설정된 작업 디렉터리 위치를 반환한다. 아래 예제에서 Username(사용자 이름)은 사용자의 컴퓨터마다 다를 수 있다.

```
# 작업 디렉터리 확인 예제
getwd()
[1] "C:/Users/Username/Documents"
```

4-2 작업 디렉터리 변경하기

R에서 작업 디렉터리를 새롭게 설정하기 위해서는 setwd( ) 함수를 이용한다. 다양한 장소에 작업 디렉터리를 설정할 수 있으나 접근의 용이성을 고려하여 이 책에서는 바탕화면에 새로운 폴더를 생성한 후에 해당 폴더를 작업 디렉터리로 설정하고자 한다. 먼저 바탕화면에서 마우스의 오른쪽 버튼을 클릭한 후에 '새폴더'를 클릭한다. 생성된 '새폴더'를 선택한 후에 [F2] 버튼을 누르면 폴더명을 수정할 수 있는데, 이 책에서는 'R_WD'라는 폴더명을 부여한다. 다음으로 setwd( ) 함수를 이용하여 바탕화면에 생성한 'R_WD'라

는 폴더를 새로운 작업 디렉터리로 설정하면 된다.

작업 디렉터리 설정 함수

```
setwd("경로")
```

해당 경로에 존재하는 폴더가 새로운 작업 디렉터리로 설정된다. "경로"를 입력할 때 주의할 점은 R에서 역슬래시(\)를 인식하지 못하기 때문에 슬래시(/)를 입력해야 한다는 것이다. 예를 들어, "C:\"가 아니라 "C:/"를 입력해야 한다.

```
# 작업 디렉터리 설정 예제
setwd("C:/Users/Username/Desktop/R_WD")    # 작업 디렉터리 수정
getwd()                                    # 작업 디렉터리 확인
[1] "C:/Users/Username/Desktop/R_WD"
```

다음으로 RStudio를 이용하면 setwd( ) 함수를 사용하지 않고서도 작업 디렉터리를 변경할 수 있다. 먼저 RStudio의 실행창에서 [Tools] → [Global options]를 선택하면 아래와 같은 옵션창이 나타난다.

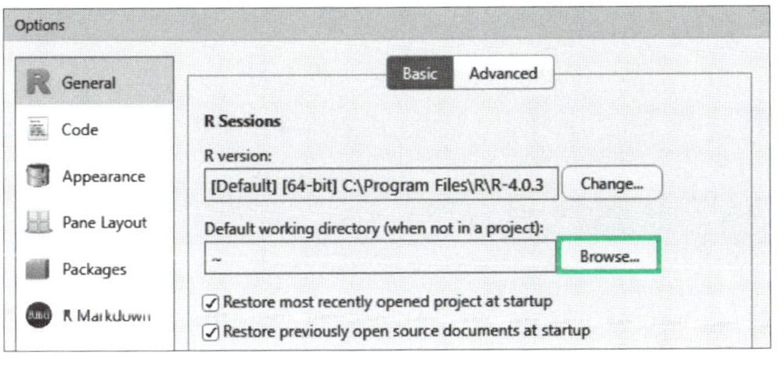

[그림 2-5] Global options 선택 화면

[그림 2-5]와 같은 옵션창에서 [Browse...]를 클릭한 후 사용자가 설정하기를 원하는 위치에 있는 폴더를 선택한다. 그런 다음 [OK]를 누르면 다음과 같은 메시지창이 나타난다.

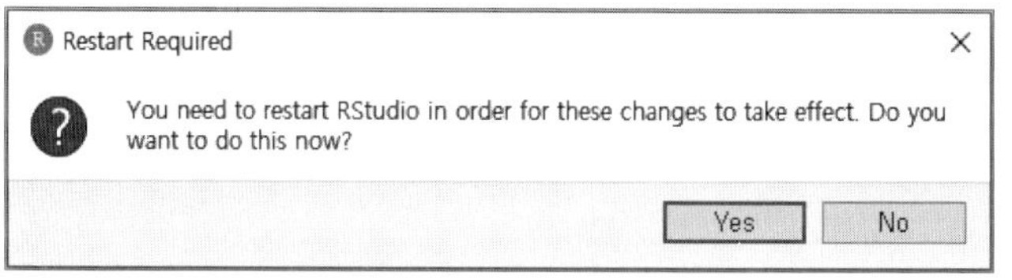

[그림 2-6] 작업 디렉터리 설정 후 메시지 창

이제 [Yes]를 누르면 RStudio가 종료된 후 다시 시작하고, 새롭게 설정한 작업 디렉터리를 기반으로 작업을 수행할 수 있다.

연습문제

1. RStudio에서 스크립트창을 생성해보자.

2. 스크립트창에서 다음의 명령어를 입력하여 결과를 확인해보자.

(1) 1+3

(2) "1+3"

3. openxlsx 패키지는 R의 데이터를 엑셀 파일로 저장하는 데 이용되는 패키지이다.

(1) openxlsx 패키지를 설치하자.

(2) 설치된 openxlsx를 R에 불러오자.

(3) openxlsx 패키지의 사용을 중지해보자.

4. 현재 설정된 작업 디렉터리를 확인하는 함수를 적어보자.

ch 1

ch 2

ch 3

R 데이터 이해하기

1 변수와 할당 연산자

변수(variable)란 어떤 데이터를 임시로 보관하기 위한 저장소인 동시에 그 저장소에 붙인 이름을 의미한다. 이때 저장된 값이 바뀔 수 있다는 점에서 변수라 부른다. R에서 변수를 작성할 때 고려해야 할 사항은 다음과 같다.

- 대문자와 소문자를 구별한다.
- 밑줄(_)과 마침표(.)는 사용할 수 있고 특수문자는 사용할 수 없다.
- 첫 글자로 밑줄(_)과 숫자는 사용할 수 없다.
- a, b, c 등으로 변수명을 정할 수 있으나 Investment(혹은 Ive)와 같이 의미가 드러나는 변수명을 사용할 것을 권장한다.

할당 연산자(assignment operator)란 R에서 사용자가 정의한 각 변수에 어떤 데이터를 저장할 때 이용하는 연산자다. R에서 지원하는 할당 연산자에는 <-, =, ->가 있는데 이 중 <- 연산자를 가장 많이 사용한다.

```
# 할당 연산자 활용 예제
a<-1        # 1을 a에 저장
b=2         # 2를 b에 저장
3->c        # 3을 c에 저장
```

2 R 데이터 유형

2-1 데이터 유형 구분

R에서 사용하는 기본적인 데이터 유형(data type)에는 수치형(numeric), 복소수형(complex), 문자형(character), 논리형(logical), 특수형이 있다.

수치형은 숫자로 이루어진 데이터로 소수점이 없는 정수형(integer) 데이터와 소수점이 표시된 실수형(double) 데이터로 구분된다. R에서 데이터의 유형은 mode( ) 함수를 이용하여 확인할 수 있다.

데이터 유형 확인 함수

```
mode(데이터)
```

```
#수치형 데이터 유형 확인 예제
mode(1)              #양수 1의 유형 확인
[1] "numeric"
mode(-1)             #음수 -1의 유형 확인
[1] "numeric"
mode(1.25)           #소수 1.25의 유형 확인
[1] "numeric"
mode(-1.25)          #소수 -1.25의 유형 확인
[1] "numeric"
```

복소수형은 실수와 허수로 구성된 복소수 데이터로 a+bi 형태로 표시된다.

```
#복소수형 데이터 예제
mode(10+1i)          #복소수 10+1i의 유형 확인
[1] "complex"
```

문자형은 "a", "B"와 같은 하나의 문자 데이터나 "gdp", "var"과 같은 문자열 데이터가 있다. 이때 R에서 문자형 데이터로 인식하기 위해서는 반드시 큰따옴표(" ") 혹은 작은 따옴표(' ')를 붙여야 한다.

```
# 문자형 데이터 예제
mode("a")          # 문자 "a"의 유형 확인
[1] "character"
mode('b')          # 문자 'b'의 유형 확인
[1] "character"
mode("gdp")        # 문자열 "gdp"의 유형 확인
[1] "character"
```

논리형은 참(TRUE) 혹은 거짓(FALSE)이라는 논리값을 지니는 데이터이며, 줄여서 T 또는 F로 쓸 수 있다.

```
# 논리형 데이터 예제
mode(TRUE)         # 논리값 TRUE의 유형 확인
[1] "logical"
mode(T)            # 논리값 T의 유형 확인
[1] "logical"
mode(FALSE)        # 논리값 FALSE의 유형 확인
[1] "logical"
mode(F)            # 논리값 F의 유형 확인
[1] "logical"
```

R에서 데이터 정리 및 각종 연산을 수행할 때 나타나는 특수한 데이터 유형이 있다. NA(Not Available)는 관측되지 않은 값 즉 결측값(missing value)을 의미하며, NULL은 그 자체로 객체이며 존재하지 않는 객체를 지정할 때 이용된다. NaN(Not available Number)은 수학적인 연산이 불가능한 경우에 반환된다. Inf(Infinite)는 양(+)의 무한대를 의미하며, -Inf는 음(-)의 무한대를 의미한다.

2-2 데이터 유형 변환

R에서 데이터 유형을 강제로 변환하기 위해서는 as.데이터 유형( ) 함수를 이용한다.

데이터 유형 변환 함수

as.numeric( ), as.character( ), as.complex( ), as.logical( )

➡ 각각 어떤 데이터를 수치형, 문자형, 복소수형, 논리형으로 변환한다.

예를 들어, R에서 a<-1을 입력하면 1을 변수 a에 저장한다는 것이다. 여기서 mode(a)를 입력하면 a가 수치형 데이터인 것을 알 수 있다. as.character(a)는 a를 문자형 데이터로 변환한다는 것이고, as.complex(a)는 a를 복소수형 데이터로 전환한다는 것이다. 그리고 as.logical(a)는 a를 논리형 데이터로 변환한다는 것이다.

```
#데이터 유형 변환 예제
a<-1                        #1을 a에 저장
mode(a)                     #a의 유형 확인
[1] "numeric"
b<-as.character(a)          #a를 문자형으로 변환하여 b에 저장
c<-as.complex(a)            #a를 복소수형으로 변환하여 c에 저장
d<-as.logical(a)            #a를 논리형으로 변환하여 d에 저장
b                           #문자형 변환을 확인
[1] "1"
c                           #복소수형 변환을 확인
[1] 1+0i
d                           #논리형 변환을 확인
[1] TRUE
```

3 R 데이터 구조

3-1 개요

R에서 지원하는 데이터 구조는 [그림 3-1]과 같이 벡터(vector), 행렬(matrix), 배열(array), 데이터 프레임(data frame), 리스트(list) 등으로 크게 구분된다.

'벡터'는 데이터 분석의 기본 단위로 구성 원소가 1개 이상이면서 1차원으로 된 데이터 구조를 의미한다. 벡터에 존재하는 각 원소는 동일한 데이터 유형을 지녀야 한다. 벡터의 원소가 1개인 경우를 스칼라(scalar)라고 부른다.

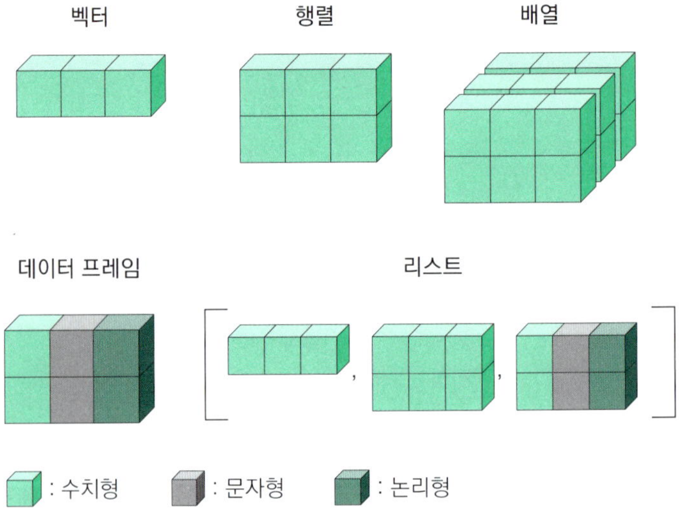

[그림 3-1] R의 데이터 구조 비교

'행렬'은 동일한 데이터 유형을 지니는 2차원으로 된 데이터 구조이며, '배열'은 2차원의 데이터 구조를 다층으로 쌓아 올린 형태의 데이터 구조이다. '데이터 프레임'은 2차원 데이터 구조로, 행렬과 달리 각 열에 서로 다른 데이터 유형을 저장할 수 있다. 마지막으로 '리스트'는 R에서 지원되는 다양한 데이터의 구조를 하나로 묶을 수 있는 데이터 구조이다. 리스트는 벡터, 행렬 등을 원소로 가질 수 있으며, 리스트 그 자체도 리스트의 원소가 될 수 있다.

3-2 벡터

R에서 벡터는 c( ) 함수, rep( ) 함수 등을 이용하여 생성할 수 있다. c( )는 combine이라는 의미를 지닌 함수로, 여러 개의 원소를 하나의 벡터로 묶어줄 때 이용한다. rep( ) 함수는 원하는 객체를 반복하여 생성하는 함수이다.

벡터 생성 함수

c(데이터, 데이터, …)

➡ 직접 입력한 데이터를 벡터로 생성한다.

c(시작 값:끝 값)

➡ 시작 값과 끝 값 사이의 연속적인 숫자를 원소로 하는 벡터를 생성한다.

rep(데이터, times = 횟수)

➡ 입력한 데이터를 'times = 횟수'만큼 반복 생성한다. 이때 times를 생략하고 횟수만 입력해도 된다.

```
# c() 함수를 이용한 벡터 생성 예제
v1<-c(1, 2, 3)              # 1, 2, 3을 원소로 하는 벡터를 생성
v1
[1] 1 2 3
v2<-c(1:5)                  # 콜론(:)을 이용하여 벡터를 생성
v2
[1] 1 2 3 4 5
v3<-rep(1, times=2)         # 1을 2회 반복하여 벡터를 생성
v3
[1] 1 1
```

R에서 벡터는 하나의 유형만 지닐 수 있다. 만일 수치형 원소와 문자형 원소를 동시에 입력하여 벡터를 생성하면, R 시스템에 내장된 데이터 유형의 우선순위에 따라서 하나의 데이터 유형으로 통일된 벡터를 생성한다. R 시스템에 정해둔 데이터 유형의 우선순위는 다음과 같다.

데이터 유형의 우선순위

문자형 〉 복소수형 〉 수치형 〉 논리형

R은 위와 같은 순으로 데이터 유형의 우선순위가 높다. 예를 들어 v4<-c(1, "a", TRUE, 1+2i)를 입력하는 경우에는 v4의 모든 자료의 유형이 우선순위에 따라서 최종적으로 문자형으로 정해진다. 그러므로 서로 다른 유형을 지닌 벡터(혹은 스칼라)를 통합할 때는 상당한 주의가 필요하다.

```
# 데이터 유형 우선순위 예제
v4<-c(1, "a", TRUE, 1+2i)
v4  # 데이터 유형의 우선순위에 따라 문자형 벡터를 생성
[1] "1"  "a"  "TRUE" "1+2i"
```

names( ) 함수는 R에서 생성한 벡터에 이름을 부여하거나 벡터의 이름을 확인할 때 이용한다.

벡터 이름 부여 함수

names(벡터)〈-c("이름1", "이름2", …)

➡ 벡터에 이름을 부여한다.

names(벡터)

➡ 벡터에 부여된 이름을 확인한다.

```
# 벡터 이름 부여 예제
names(v1)<-c("이름1", "이름2", "이름3")
v1                     # 이름 부여 결과 확인
이름1 이름2 이름3
   1     2     3
names(v1)              # 벡터 v1의 이름 확인
[1] "이름1", "이름2", "이름3"
```

3-3 행렬

R에서 matrix( ) 함수를 이용하여 행렬을 생성할 수 있다.

행렬 생성 함수

```
matrix(데이터, nrow = 행의 수, ncol = 열의 수, byrow = F)
```

여기서 byrow=F는 열을 기준으로 행렬을 생성한다는 의미로 기본값이어서 생략할 수 있다. 만일 byrow=T를 추가하면, 행을 기준으로 행렬을 생성한다는 뜻이다.

```
# 행렬 생성 예제
m1<-matrix(1:10, nrow=2, ncol=5)              # 기본값에 의한 행렬 생성
m1
    [,1] [,2] [,3] [,4] [,5]                  # 열 기준의 행렬 생성
[1,]  1    3    5    7    9
[2,]  2    4    6    8   10
m2<-matrix(1:10, nrow=2, ncol=5, byrow=T)     # byrow=T 추가
m2
    [,1] [,2] [,3] [,4] [,5]                  # 행 기준의 행렬 생성
[1,]  1    2    3    4    5
[2,]  6    7    8    9   10
```

R에서 rownames( ) 함수와 colnames( ) 함수는 행렬의 행과 열에 이름을 부여하거나 부여된 이름을 확인할 때 이용한다.

행렬의 이름 부여 함수

rownames(행렬)<-c("이름1", "이름2", …)

➡ 행렬의 행에 이름을 부여한다.

rownames(행렬)

➡ 행렬의 행 이름을 확인하는 함수이다.

colnames(행렬)<-c("이름1", "이름2", …)

➡ 행렬의 열에 이름을 부여한다.

colnames(행렬)

➡ 행렬의 열 이름을 확인하는 함수이다.

```
#행렬의 이름 부여 예제
rownames(m1)<-c("1행","2행")                          #행에 이름 부여
colnames(m1)<-c("1열","2열","3열","4열","5열")        #열에 이름 부여
m1
    1열 2열 3열 4열 5열
1행  1   3   5   7   9
2행  2   4   6   8  10
rownames(m1)                                          #행 이름을 확인
[1] "1행" "2행"
colnames(m1)                                          #열 이름을 확인
[1] "1열" "2열" "3열" "4열" "5열"
```

3-4 배열

R에서 배열은 array( ) 함수를 이용하여 생성한다.

배열 생성 함수

array(데이터 벡터, dim = c(행의 수, 열의 수, 층의 수))

➡ array( ) 함수 안에 dim=c(2,5,3)을 추가하면, 이는 2×5 행렬을 3층으로 쌓아 올려 배열을 생성하라는 의미이다.

```
#배열 생성 예제
ma1<-array(c(1:10), dim=c(2,5,3))  #배열 생성
ma1
, , 1
    [,1] [,2] [,3] [,4] [,5]
[1,]  1    3    5    7    9
[2,]  2    4    6    8   10
, , 2
    [,1] [,2] [,3] [,4] [,5]
[1,]  1    3    5    7    9
[2,]  2    4    6    8   10
, , 3
    [,1] [,2] [,3] [,4] [,5]
[1,]  1    3    5    7    9
[2,]  2    4    6    8   10
```

R에서 dimnames( ) 함수를 이용하면 사용자가 생성한 배열에 이름을 부여하거나 확인할 수 있다. 이때 행 이름 벡터, 열 이름 벡터, 층 이름 벡터는 리스트로 묶어서 입력해야 한다.

배열 이름 부여 함수

dimnames(배열) = list(행 이름 벡터, 열 이름 벡터, 층 이름 벡터)

➡ 해당 배열에 대한 이름을 부여한다.

dimnames(배열)

➡ 배열에 부여된 이름을 확인한다.

```
#배열 이름 부여 예제
namer<-c("1행","2행")                                 #행 이름 벡터를 생성
namec<-c("1열","2열","3열","4열","5열")               #열 이름 벡터를 생성
namem<-c("행렬1","행렬2","행렬3")                     #층 이름 벡터를 생성
dimnames(ma1)=list(namer, namec, namem)               #배열에 이름 부여
, , 행렬1
   1열 2열 3열 4열 5열
1행 1  3   5  7  9
2행 2  4   6  8  10
, , 행렬2
   1열 2열 3열 4열 5열
1행 1  3   5  7  9
2행 2  4   6  8  10
, , 행렬3
   1열 2열 3열 4열 5열
1행 1  3   5  7  9
2행 2  4   6  8  10
dimnames(ma1)                                         #배열의 이름 확인
[[1]]
[1] "1행" "2행"
[[2]]
[1] "1열" "2열" "3열" "4열" "5열"
[[3]]
[1] "행렬1" "행렬2" "행렬3"
```

3-5 데이터 프레임

R에서 데이터 프레임은 data.frame( ) 함수를 이용하여 생성한다.

⚙ 데이터 프레임 생성 함수

data.frame(벡터1, 벡터2, …)

➡ 입력된 벡터를 데이터 프레임으로 생성한다. 데이터 프레임에서 각각의 벡터는 서로 다른 데이터 유형을 지닐 수 있다.

```
# 데이터 프레임 생성 예제
df1<-data.frame(c(1,2), c(TRUE,FALSE)) # 데이터 프레임을 생성
df1
  c.1..2. c.TRUE..FALSE.
1       1           TRUE
2       2          FALSE
```

R에서 dimnames( ) 함수를 이용하여 데이터 프레임의 행과 열에 이름을 부여하거나 확인한다.

⚙ 데이터 프레임 이름 부여 함수

dimnames(데이터 프레임) = list(행 이름 벡터, 열 이름 벡터)

➡ 해당 데이터 프레임에 대한 이름을 부여한다.

dimnames(데이터 프레임)

➡ 데이터 프레임에 부여된 이름을 확인한다.

```
# 데이터 프레임 이름 부여 예제
namer<-c("1행","2행")                    # 행 이름 벡터를 생성
namec<-c("1열","2열")                    # 열 이름 벡터를 생성
dimnames(df1)=list(namer, namec)         # 데이터 프레임에 이름을 부여
 df1
    1열    2열
1행  1   TRUE
2행  2  FALSE
dimnames(df1)                            # 데이터 프레임의 이름을 확인
[[1]]
[1] "1행" "2행"
[[2]]
[1] "1열" "2열"
```

3-6 리스트

R에서 리스트는 주로 분석된 결과를 저장할 때 활용된다. list( ) 함수를 이용하여 생성한다.

리스트 생성 함수

list(데이터1, 데이터2, 데이터3, …)

➡ 입력된 데이터를 이용하여 리스트를 생성한다. 이때 데이터에는 스칼라, 벡터, 행렬, 배열, 데이터 프레임, 리스트 등을 모두 입력할 수 있다.

```
#리스트 생성 예제
v1<-c(1:3)
m1<-matrix(c(1:4),nrow=2)
df1<-data.frame(numeric=c(1,2), logical=c(TRUE,FALSE))
L1<-list(1,v1,m1,df1)
L1
[[1]]
[1] 1
[[2]]
[1] 1 2 3
[[3]]
     [,1] [,2]
[1,]  1    3
[2,]  2    4
[[4]]
 numeric logical
1       1    TRUE
2       2   FALSE
```

R에서 names( ) 함수를 이용하여 리스트에 이름을 부여하거나 확인한다.

리스트 이름 부여 함수

names(리스트)<-c("이름1", "이름2", …)

➡ 리스트의 각 원소에 이름을 부여한다.

names(리스트)

➡ 리스트에 부여된 이름을 확인한다.

```
#리스트 이름 부여 예제
names(L1)<-c("스칼라","벡터","행렬","데이터.프레임")   #리스트에 이름 부여
L1
$스칼라
[1] 1
$벡터
[1] 1 2 3
$행렬
    [,1] [,2]
[1,]  1   3
[2,]  2   4
$데이터.프레임
 numeric logical
1        1    TRUE
2        2   FALSE
names(L1)                                          #리스트 이름 확인
[1] "스칼라"  "벡터"  "행렬"  "데이터.프레임"
```

3-7 데이터 구조 변환

R에서 데이터의 구조는 class( ) 함수를 이용하여 확인할 수 있다.

데이터 구조 확인 함수

```
class(데이터)
```

앞의 예제에서 정의한 벡터, 행렬, 데이터 프레임, 리스트의 데이터 구조를 확인하면 다음과 같다.

```
# 데이터 구조 확인 예제
class(v1)          # 수치형 벡터의 데이터 구조 확인
[1] "integer"
class(m1)          # 행렬의 데이터 구조 확인
[1] "matrix" "array"
class(df1)         # 데이터 프레임의 데이터 구조 확인
[1] "data.frame"
class(L1)          # 리스트의 데이터 구조 확인
[1] "list"
```

R에서 데이터 구조를 강제로 변환하기 위해서는 as.데이터 구조( ) 함수를 이용한다.

데이터 구조 변환 함수

as.vector( ), as.matrix( ), as.array( ), as.data.frame( ), as.list( )

➡ 각각 어떤 데이터를 벡터, 행렬, 배열, 데이터 프레임, 리스트로 변환한다.

예를 들어, 앞의 예제에서 정의한 v1 벡터에 대해서 as.matrix(v1)은 v1을 행렬로 변환하며, as.array(v1)은 v1을 배열로 변환한다. 그리고 as.data.frame(v1)은 v1을 데이터 프레임으로 전환하고, as.list(v1)은 v1을 리스트로 전환한다.

```
# 데이터 구조 변환 예제
v1
[1] 1 2 3
M<-as.matrix(v1)              # v1을 행렬로 변환
A<-as.array(v1)               # v1을 배열로 변환
D.f<-as.data.frame(v1)        # v1을 데이터 프레임으로 변환
L<-as.list(v1)                # v1을 리스트로 변환
class(M)                      # 변환된 M의 데이터 구조 확인
[1] "matrix" "array"
class(A)                      # 변환된 A의 데이터 구조 확인
[1] "array"
class(D.f)                    # 변환된 D.f의 데이터 구조 확인
[1] "data.frame"
class(L)                      # 변환된 L의 데이터 구조 확인
[1] "list"
```

지금까지 논의한 데이터 구조의 변환을 실제 분석에 적용할 때는 주의를 기울여야 한다. 왜냐하면 R에서 데이터 구조의 강제 변환이 실행되지 않을 수 있기 때문이다. 가장 대표적인 사례로 리스트를 벡터로 전환하는 경우를 들 수 있다. R에서 as.vector(리스트) 함수를 적용하는 경우에 그 결과는 벡터가 아닌 리스트 그 자체가 된다. 이때 리스트를 벡터로 변환하려면 as.vector( ) 함수가 아닌 unlist( ) 함수를 적용해야 한다. 예를 들어, 앞의 예제에서 정의된 리스트인 L에 대하여 as.vector(L)을 입력하면 그 결과는 벡터가 아닌 리스트로 반환되며 unlist(L)을 입력하면 그 결과는 벡터가 된다. 따라서 R에서 데이터 구조를 강제로 변환시킬 때는 변환된 데이터의 구조를 확인하는 과정을 거쳐야 한다.

```
#리스트의 벡터 전환 예제
L
[[1]]
[1] 1
[[2]]
[1] 2
[[3]]
[1] 3
as.vector(L)      #as.vector(L)의 결과는 리스트 그 자체
[[1]]
[1] 1
[[2]]
[1] 2
[[3]]
[1] 3
unlist(L)         #unlist(L)의 결과는 벡터
[1] 1 2 3
```

연습문제

1. 원소가 2, 3, 4, 5로 이루어진 벡터 v를 생성해보자.

2. matrix( ) 함수를 이용하여 모든 원소가 1로 구성된 2×3 행렬 m을 생성해보자.

3. 리스트는 R의 데이터를 저장하는 데 주로 이용한다.

(1) 리스트 L을 생성해보자.

(2) 리스트 L의 첫 번째 원소에 앞서 생성한 벡터 v를 저장하고, 두 번째 원소에 앞서 생성한 행렬 m을 저장해보자.

(3) 리스트 L을 벡터로 변환해보자.

ch

4 행렬대수와 R

1 개요

산업연관표는 행렬 형태의 통계표이므로 실제로 산업연관분석을 수행하기 위해서는 정방행렬, 대각행렬 등의 다양한 행렬의 종류와 특징을 알고 행렬 연산에 대해 이해해야 한다. 이에 본 장에서는 행렬의 덧셈, 뺄셈, 곱셈, 역행렬 등을 계산하기 위한 행렬대수(matrix algebra)에 대하여 살펴본다. 그리고 R에서 산업연관표를 다루기 위해 필요한 벡터와 행렬의 색인 방법에 대해서 설명한다.

2 행렬과 벡터

2-1 행렬

행렬대수에서 행렬은 숫자, 변수 등을 사각형 형태로 나타낸 것이다. m개의 행과 n개의 열을 가진 행렬 A를 나타내면 다음과 같다.

$$A = \begin{bmatrix} a_{11} & a_{12} & \cdots & a_{1n} \\ a_{21} & a_{22} & \cdots & a_{2n} \\ \vdots & \vdots & \ddots & \vdots \\ a_{m1} & a_{m2} & \cdots & a_{mn} \end{bmatrix} \qquad (4.1)$$

행렬 A에서 a_{11}, a_{12} 등을 행렬 A의 원소(element)라 부른다. 행렬 A에서 원소가 가로로 배열된 부분을 행(row)이라 하고 세로로 배열된 부분을 열(column)이라 한다. 예를 들어, 행렬 A의 제1행의 원소는 각각 $a_{11}, a_{12}, \cdots, a_{1n}$이고, 행렬 A의 제1열의 원소는 각각 $a_{11}, a_{21}, \cdots, a_{m1}$이 된다. 그러므로 a_{ij}는 i번째 행과 j번째 열이 만나는 부분의 원소를 나타낸 것이다.

이어서 행렬 A는 행의 수가 m개이고, 열의 수가 n개이므로 행렬 A를 m×n 차원(dimension)의 행렬 또는 m×n 행렬이라 부른다. 행렬의 차원으로 어떤 행렬의 크기를 알 수 있다. 그리고 행렬 A를 간략히 $A=[a_{ij}]$ $(i=1, 2, \cdots, m, \quad j=1, 2, \cdots, n)$로 표기하기도 한다.

2-2 벡터

행렬의 크기가 1×n인 행렬 a 혹은 m×1인 행렬 b가 있을 수 있다. 전자를 n차 행벡터(row vector), 후자를 m차 열벡터(column vector)라고 부른다. a와 b는 각각 다음과 같이 나타낸다.

$$a = [a_1 \cdots a_n], \quad b = \begin{bmatrix} b_1 \\ \vdots \\ b_m \end{bmatrix} \tag{4.2}$$

만일 어떤 한 행렬 A의 차원이 m=n=1이라면, 이 행렬 A의 원소는 1개만 존재하게 되므로 행렬 A는 스칼라가 된다.

3 행렬의 종류와 R

3-1 정방행렬

정방행렬(square matrix)이란 행의 수와 열의 수가 같은 경우(m=n)를 말한다. 2차 정방행렬을 나타내면 다음과 같다.

$$A = \begin{bmatrix} a_{11} & a_{12} \\ a_{21} & a_{22} \end{bmatrix} \tag{4.3}$$

3-2 전치행렬

행렬 A에 대한 전치행렬(transposed matrix)을 A' 또는 A^T로 나타낸다. 전치란 행렬 A에서 행은 열로, 열은 행으로 위치를 변환하는 것을 말한다. 예를 들어, 3×2 행렬 A의 전치행렬 $B=A'$을 나타내면 다음과 같다.

$$A=\begin{bmatrix} a_{11}\ a_{12} \\ a_{21}\ a_{22} \\ a_{31}\ a_{32} \end{bmatrix}=\begin{bmatrix} 1\,2 \\ 3\,4 \\ 5\,6 \end{bmatrix},\quad B=A'=\begin{bmatrix} b_{11}\ b_{12}\ b_{13} \\ b_{21}\ b_{22}\ b_{23} \end{bmatrix}=\begin{bmatrix} 1\,3\,5 \\ 2\,4\,6 \end{bmatrix} \tag{4.4}$$

앞의 식에서 행렬 A의 원소 a_{12}의 값은 2이고, 이는 행렬 A의 전치행렬 $B=A'$에서 원소 b_{21}과 같다. 즉, m×n 행렬 A의 각 원소는 그 전치행렬 $B=A'$의 각 원소와 다음의 관계를 지닌다.

$$a_{ij}=b_{ji}\ (i=1, 2, \cdots, m,\quad j=1, 2, \cdots, n) \tag{4.5}$$

3-3 대각행렬

대각행렬(diagonal matrix)은 주대각원소의 값이 존재하며 나머지 원소들의 값은 모두 0인 정방행렬이다. 주대각원소는 정방행렬에서 주대각선 상에 있는 원소로, n×n 정방행렬 A에서 $a_{11}, a_{22}, \cdots, a_{nn}$이 주대각원소가 된다.

$$A=\begin{bmatrix} a_{11} & 0 & \cdots & 0 \\ 0 & a_{22} & \cdots & 0 \\ \vdots & \vdots & \ddots & \vdots \\ 0 & 0 & \cdots & a_{nn} \end{bmatrix} \tag{4.6}$$

그리고 n차 행벡터 혹은 n차 열벡터를 대각화(diagonalized)하면, 각각의 벡터는 n×n 차원의 대각행렬로 전환된다. ˆ는 대각화를 나타내는 기호이다. 예를 들어, 3차 열벡터 b에 대한 대각행렬 $\hat{b}$을 나타내면 다음과 같다.[1]

$$b=\begin{bmatrix} 1 \\ 2 \\ 3 \end{bmatrix},\quad \hat{b}=\begin{bmatrix} 1\,0\,0 \\ 0\,2\,0 \\ 0\,0\,3 \end{bmatrix} \tag{4.7}$$

---

1 여기서, n차 행벡터에 대한 대각화의 결과도 n×n 차원의 대각행렬이 된다.

단위행렬(identity matrix)이란 주대각원소가 모두 1인 대각행렬이며 기호 I로 나타낸다. 예를 들어, 3차 단위행렬은 다음과 같다.

$$I = \begin{bmatrix} 1\,0\,0 \\ 0\,1\,0 \\ 0\,0\,1 \end{bmatrix} \tag{4.8}$$

3-4 합벡터

모든 원소가 1로 구성된 벡터를 합벡터(sum vector)라 한다. 열벡터인 합벡터를 u로 표기하면, 행벡터인 합벡터는 u'이 된다.

$$u = \begin{bmatrix} 1 \\ 1 \\ \vdots \\ 1 \end{bmatrix}, \quad u' = \begin{bmatrix} 1\,1 \cdots 1 \end{bmatrix} \tag{4.9}$$

합벡터를 이용하면 어떤 행렬의 행별 및 열별 합, 그리고 벡터의 합을 손쉽게 구할 수 있다.

3-5 영행렬

모든 원소가 0으로 이루어진 행렬을 영행렬(zero matrix)이라 부르며 O로 표기한다. 2×3 영행렬을 나타내면 다음과 같다.

$$O = \begin{bmatrix} 0\,0\,0 \\ 0\,0\,0 \end{bmatrix} \tag{4.10}$$

3-6 R 코드

R에서 간단한 명령어를 이용하여 다양한 행렬을 정의할 수 있다.

- t(행렬)

  어떤 행렬의 **전치행렬**을 생성한다. t( ) 함수는 벡터에도 적용할 수 있다.

- diag(벡터)

  어떤 벡터의 원소를 주대각원소로 하고, 나머지 원소의 값은 모두 0인 **대각행렬**을 생성한다.

- diag(k)

  k가 양의 정수일 때 k차 **단위행렬**을 생성한다.

- matrix(1, nrow=p)

  p차 **열벡터인 합벡터**를 생성한다.

  matrix(1, ncol=q)

  q차 **행벡터인 합벡터**를 생성한다.

- matrix(0, nrow=p, ncol=q)

  p×q **영행렬**을 생성한다.

```
# 다양한 행렬 생성 예제
m1<-matrix(1:4,nrow=2)      # 2×2 정방행렬을 생성
m1
     [,1] [,2]
[1,]    1    3
[2,]    2    4
m2<-t(m1)                   # m1 행렬의 전치행렬을 생성
m2
     [,1] [,2]
[1,]    1    2
[2,]    3    4
v1<-c(1:2)                  # v1 벡터를 생성
v1
[1] 1 2
m3<-diag(v1)                # v1의 대각행렬 m3를 생성
m3
     [,1] [,2]
[1,]    1    0
[2,]    0    2
I<-diag(2)                  # 2차 단위행렬을 생성
I
     [,1] [,2]
[1,]    1    0
[2,]    0    1
u1<-matrix(1,nrow=2)        # 2차 열벡터인 합벡터를 생성
u1
     [,1]
[1,]    1
[2,]    1
u2<-matrix(1,ncol=2)        # 2차 행벡터인 합벡터를 생성
u2
     [,1] [,2]
[1,]    1    1
m4<-matrix(0, nrow=2, ncol=2)     # 2×2 영행렬을 생성
m4
     [,1] [,2]
[1,]    0    0
[2,]    0    0
```

4 행렬 연산과 R

4-1 행렬의 덧셈과 뺄셈

행렬 A와 행렬 B에 대한 덧셈과 뺄셈 연산을 하려면 두 행렬의 차원이 같아야 한다. 차원이 같은 두 행렬의 덧셈은 각 행렬에서 동일한 위치에 있는 원소를 더하면 된다. 차원이 m×n인 두 행렬 A와 B의 덧셈 결과는 다음과 같다.

$$A+B=\begin{bmatrix} a_{11}+b_{11} & a_{12}+b_{12} & \cdots & a_{1n}+b_{1n} \\ a_{21}+b_{21} & a_{22}+b_{22} & \cdots & a_{2n}+b_{2n} \\ \vdots & \vdots & \ddots & \vdots \\ a_{m1}+b_{m1} & a_{m2}+b_{m2} & \cdots & a_{mn}+b_{mn} \end{bmatrix} \tag{4.11}$$

이어서 두 행렬 A와 B의 뺄셈은 각 행렬에서 같은 위치에 있는 원소를 빼면 된다. 행렬 A에서 행렬 B를 뺀 결과는 다음과 같다.

$$A-B=\begin{bmatrix} a_{11}-b_{11} & a_{12}-b_{12} & \cdots & a_{1n}-b_{1n} \\ a_{21}-b_{21} & a_{22}-b_{22} & \cdots & a_{2n}-b_{2n} \\ \vdots & \vdots & \ddots & \vdots \\ a_{m1}-b_{m1} & a_{m2}-b_{m2} & \cdots & a_{mn}-b_{mn} \end{bmatrix} \tag{4.12}$$

행렬 덧셈 연산에서는 $A+B=B+A$가 성립하고, 행렬의 뺄셈 연산에서는 행렬 A와 행렬 B가 같은 경우를 제외하면 $A-B \neq B-A$가 성립한다.

4-2 행렬의 곱셈

행렬의 다양한 곱셈 연산에 대해 살펴본다. 먼저, m×n 행렬 A와 스칼라 k의 곱셈은 행렬 A의 모든 원소에 k를 곱하면 된다.

$$kA = \begin{bmatrix} ka_{11} & ka_{12} & \cdots & ka_{1n} \\ ka_{21} & ka_{22} & \cdots & ka_{2n} \\ \vdots & \vdots & \ddots & \vdots \\ ka_{m1} & ka_{m2} & \cdots & ka_{mn} \end{bmatrix} \tag{4.13}$$

m×n 행렬 A와 p×q 행렬 B에 대해서 행렬의 곱셈 연산이 가능하기 위해서는 행렬 A의 열의 수와 행렬 B의 행의 수가 같아야 한다. 즉, n=p인 경우에만 두 행렬에 대한 행렬의 곱셈(AB) 연산을 수행할 수 있다. 일반적으로 차원이 2 이상인 두 행렬의 곱셈 연산에 대하여 $AB \neq BA$가 성립한다.

m×n 행렬 A에 대한 거듭제곱 연산은 행렬 A가 정방행렬일 때 가능하다. 예를 들어, $AA=A^2$이 되려면 결국 m=n이어야 하기 때문이다. 또한 $AB=C$라고 하면, 행렬 C의 차원은 m×q가 되며 그 원소 c_{ij}는 다음과 같이 계산한다.

$$c_{ij}=a_{i1}b_{1j}+a_{i2}b_{2j}+\cdots+a_{in}b_{nj}\ (n=p) \tag{4.14}$$

다음으로, 어떤 행렬 A에 대해서 $AI=IA=A$가 성립한다. 이는 어떤 행렬에 단위행렬을 곱하면 해당 행렬 그 자체가 된다는 것을 의미한다. 예를 들어, 2차 정방행렬 A에 대하여 AI와 IA를 각각 구하면 아래와 같은 결과가 도출된다.

$$AI = \begin{bmatrix} 1 & 3 \\ 2 & 4 \end{bmatrix} \begin{bmatrix} 1 & 0 \\ 0 & 1 \end{bmatrix} = \begin{bmatrix} 1 & 3 \\ 2 & 4 \end{bmatrix} = A \tag{4.15}$$

$$IA = \begin{bmatrix} 1 & 0 \\ 0 & 1 \end{bmatrix} \begin{bmatrix} 1 & 3 \\ 2 & 4 \end{bmatrix} = \begin{bmatrix} 1 & 3 \\ 2 & 4 \end{bmatrix} = A \tag{4.16}$$

그리고 3×2 행렬 B의 앞과 뒤에 각각 곱셈 연산이 가능한 합벡터를 곱하면 다음과 같다.

$$u'B = [1\ 1\ 1]\begin{bmatrix}1\ 2\\3\ 4\\5\ 6\end{bmatrix} = \begin{bmatrix}9\\12\end{bmatrix},\quad Bu = \begin{bmatrix}1\ 2\\3\ 4\\5\ 6\end{bmatrix}\begin{bmatrix}1\\1\end{bmatrix} = \begin{bmatrix}3\\7\\11\end{bmatrix} \tag{4.17}$$

위 식으로부터 행렬 B의 앞에 행벡터인 합벡터 u'을 곱하면 행렬 B의 열 합을 구하게 되고, 행렬 B의 뒤에 열벡터인 합벡터 u를 곱하면 행렬 B의 행 합을 구하게 된다.

한편, 하다마드 곱셈(hadamard product)이라는 특수한 형태의 행렬 곱셈도 있다. 하다마드 곱셈은 차원이 같은 두 행렬에서 동일한 위치에 있는 원소끼리의 곱셈을 의미하고, 일반적인 행렬의 곱셈법과 구분하기 위하여 ⊗로 표시한다. $m \times n$차원으로 구성된 두 행렬 A와 B에 대한 하다마드 곱셈은 다음과 같이 나타낸다.

$$A \otimes B = \begin{bmatrix} a_{11}b_{11} & a_{12}b_{12} & \cdots & a_{1n}b_{1n} \\ a_{21}b_{21} & a_{22}b_{22} & \cdots & a_{2n}b_{2n} \\ \vdots & \vdots & \ddots & \vdots \\ a_{m1}b_{m1} & a_{m2}b_{m2} & \cdots & a_{mn}b_{mn} \end{bmatrix} \tag{4.18}$$

4-3 R 코드

행렬의 연산과 관련된 R의 다양한 연산자를 살펴본다.

- 행렬 덧셈 : +

  $A+B$는 두 행렬의 원소별 덧셈 연산을 수행한다.

- 행렬 뺄셈 : -

  $A-B$는 행렬 A에서 행렬 B의 원소별 뺄셈 연산을 수행한다.

- 행렬 곱셈 : %*%

  A%*%B는 두 행렬의 곱셈 연산을 수행한다.

• 하다마드 곱셈 : *

*A**B*는 두 행렬의 원소별 곱셈 연산을 수행한다.

k가 어떤 실수일 때, k*A는 스칼라와 행렬 *A*의 곱셈 연산을 수행한다.

```
# 행렬 연산 예제
A<-matrix(1:4,nrow=2)                # 2×2 정방행렬 A를 생성
B<-matrix(2,nrow=2, ncol=2)          # 2×2 정방행렬 B를 생성
A+B                                  # 행렬의 덧셈 연산을 수행
    [,1] [,2]
[1,]  3    5
[2,]  4    6
A-B                                  # 행렬의 뺄셈 연산을 수행
    [,1] [,2]
[1,] -1    1
[2,]  0    2
A%*%B                                # 행렬의 곱셈 연산을 수행
    [,1] [,2]
[1,]  8    8
[2,] 12   12
A*B                                  # 행렬의 하다마드 곱셈 연산을 수행
    [,1] [,2]
[1,]  2    6
[2,]  4    8
3*A                                  # 3과 행렬 A의 곱셈 연산을 수행
    [,1] [,2]
[1,]  3    9
[2,]  6   12
```

5 행렬식과 R

5-1 행렬식

행렬식(determinant)은 2차원 이상인 정방행렬 A에 대해 정의되며, 행렬 A의 원소를 일정한 법칙에 따라서 계산하여 스칼라값에 대응시키는 함수 또는 그 스칼라값이다. 행렬 A의 행렬식은 $|A|$ 혹은 det(A)로 표기한다. 2차 정방행렬 A의 행렬식을 구하면 다음과 같다.

$$A = \begin{bmatrix} a_{11} & a_{12} \\ a_{21} & a_{22} \end{bmatrix},\ |A| = \begin{vmatrix} a_{11} & a_{12} \\ a_{21} & a_{22} \end{vmatrix} = a_{11}a_{22} - a_{12}a_{21} \tag{4.19}$$

예를 들어, $A = \begin{bmatrix} 2 & 1 \\ 2 & 4 \end{bmatrix}$라는 2차 정방행렬의 행렬식을 구하면 $|A| = \begin{bmatrix} 2 & 1 \\ 2 & 4 \end{bmatrix} = 8 - 2 = 6$이다.

n차($n \geq 2$) 정방행렬 A에 대한 행렬식을 구하기 위한 일반화된 방법으로 라플라스 전개(Laplace expansion)에 의한 도출법이 있다. 이는 다음 식과 같다.

$$|A| = \sum_{j=1}^{n} a_{ij}(-1)^{i+j}|M_{ij}| \tag{4.20}$$

앞의 식은 임의의 i행을 대상으로 행렬식을 구하는 것을 나타낸다.[2] 즉, 어느 행을 기준으로 행렬식을 구해도 그 값은 동일하다. 여기서 M_{ij}는 행렬 A의 임의의 원소 a_{ij}가 있을 때 i행과 j열을 제거한 행렬로 소행렬이라 부르며, $|M_{ij}|$는 소행렬의 행렬식이라는 의미에서 소행렬식(minor)이라 한다.

2 여기서 임의의 열을 기준으로 구한 결과는 $|A| = \sum_{i=1}^{n} a_{ij}(-1)^{i+j}|M_{ij}|$와 같으며, 어느 열을 기준으로 구하든 같은 값을 가지게 된다.

5-2 여인수

소행렬식에 일정한 원칙에 의해 부호를 붙인 값을 여인수(cofactor)라 하고 C_{ij}로 표기한다. 소행렬식과 여인수의 관계는 다음과 같다.

$$C_{ij} = (-1)^{i+j} |M_{ij}| \tag{4.21}$$

위 식에서 $i+j$의 값이 짝수이면 여인수는 양(+)의 값을 지니지만, $i+j$의 값이 홀수이면 여인수는 음(-)의 값을 지니게 된다. 이제 식 (4.21)과 식 (4.20)을 이용하면 행렬 A의 행렬식은 다음과 같다.

$$|A| = \sum_{j=1}^{n} a_{ij} C_{ij} \tag{4.22}$$

5-3 R 코드

정방행렬 A의 행렬식은 R에 내장된 함수인 det( ) 함수를 이용하여 구할 수 있고, 여인수는 matlib 패키지에서 제공하는 cofactor( ) 함수를 이용하여 구할 수 있다.

- det(A)

  정방행렬 A의 **행렬식**을 연산한다.
- matlib 패키지의 cofactor(A, i, j)

  여인수 C_{ij}의 값을 연산한다. i와 j는 각각 행과 열을 의미한다.

```
# 행렬식 계산 예제
A<-matrix(c(2,2,1,4),nrow=2)       # 2차 정방행렬 A를 생성
det(A)                             # 2차 정방행렬 A의 행렬식을 계산
[1] 6

# 여인수 계산 예제
install.packages("matlib")         # matlib 패키지 설치
library(matlib)                    # matlib 패키지 불러들임
cofactor(A, 1, 2)                  # 여인수 C12의 연산
[1] -2
```

6 역행렬과 R

6-1 역행렬

행렬 A와 행렬 B가 모두 n차 정방행렬일 때 $AB=BA=I$인 행렬 B가 존재하는 경우, 행렬 A를 가역적(invertible)이라 한다. 여기서 $AB=BA=I$가 성립하는 유일한 행렬 B를 행렬 A의 역행렬(inverse matrix)이라 부르며 A^{-1}로 표기한다. 행렬 A와 그 역행렬 A^{-1} 간에는 항상 $AA^{-1}=A^{-1}A=I$가 성립한다.

n차 정방행렬 A에서 역행렬이 존재하려면 행렬식 $|A|$의 값이 0이 아니어야 하는데, $|A|\neq 0$인 행렬 A를 비특이행렬(nonsingular matrix)이라고 한다.[3] 다시 말해 어떤 n차 정방행렬 A의 행렬식이 0이 아니면 행렬 A는 비특이행렬이고, 행렬 A의 유일한 역행렬 A^{-1}가 존재하는 것이다.

6-2 수반행렬

행렬 A의 역행렬 A^{-1}은 수반행렬을 이용하여 구할 수 있다. n차 정방행렬 A의 원소 a_{ij}의 여인수를 C_{ij}라 하고, 여인수로 이루어진 여인수 행렬을 C라 하자. 수반행렬(adjoint matrix)은 여인수 행렬 C의 전치행렬이다. 수반행렬은 $adj(A)$라 표기하며 다음과 같이 나타낸다.

$$adj(A)=\begin{bmatrix} C_{11} & \cdots & C_{1n} \\ \vdots & \ddots & \vdots \\ C_{n1} & \cdots & C_{nn} \end{bmatrix} \tag{4.23}$$

예를 들어, 3차 행렬 A에 대한 여인수 행렬 C와 수반행렬 $adj(A)$를 구하면 각각 다음과 같다.

---

3 $|A|=0$인 행렬 A를 특이행렬(singular matrix)이라 부른다.

$$A=\begin{bmatrix}1&2&0\\3&0&1\\4&1&2\end{bmatrix},\ C=\begin{bmatrix}-1&-2&3\\-4&2&7\\2&-1&-6\end{bmatrix},\ adj(A)=\begin{bmatrix}-1&-4&2\\-2&2&-1\\3&7&-6\end{bmatrix} \tag{4.24}$$

위 식의 행렬 A와 수반행렬 $adj(A)$의 곱셈 결과는 다음과 같다.

$$A\,adj(A)=\begin{bmatrix}1&2&0\\3&0&1\\4&1&2\end{bmatrix}\begin{bmatrix}-1&-4&2\\-2&2&-1\\3&7&-6\end{bmatrix}=\begin{bmatrix}-5&0&0\\0&-5&0\\0&0&-5\end{bmatrix}=-5I \tag{4.25}$$

앞의 식의 -5는 행렬 A의 행렬식이다. 이를 통하여 n차 정방행렬 A와 그 수반행렬 $adj(A)$는 다음의 관계를 지님을 알 수 있다.

$$A\,adj(A)=|A|I \tag{4.26}$$

이어서 위 식의 양변을 $|A|$로 나누면 다음과 같다.

$$I=A\frac{adj(A)}{|A|} \tag{4.27}$$

위 식의 양변에 역행렬 A^{-1}를 곱하면 다음 식이 유도된다.

$$A^{-1}=\frac{1}{|A|}adj(A) \tag{4.28}$$

식 (4.28)에서 $|A|\neq 0$을 만족하는 경우(행렬 A가 비특이행렬인 경우)에 정방행렬 A의 역행렬 A^{-1}이 존재할 수 있음을 알 수 있다.

역행렬과 관련된 주요 성질을 정리하면 다음과 같다.

- $(A^{-1})^{-1}=A$
- $(A')^{-1}=(A^{-1})'$
- $(ABC)^{-1}=C^{-1}B^{-1}A^{-1}$

- $(kA)^{-1} = \frac{1}{k} A^{-1}$ (단, $k \neq 0$인 실수)
- $(A^n)^{-1} = (A^{-1})^n$

6-3 R 코드

정방행렬 A의 역행렬은 R에 내장된 solve( ) 함수를 이용하여 구하고, 그 수반행렬은 matlib 패키지의 adjoint( ) 함수를 이용하여 구한다.

- solve(A)

  정방행렬 A의 **역행렬**을 연산한다.
- matlib 패키지의 adjoint(A)

  정방행렬 A의 **수반행렬**을 연산한다.

```
# 역행렬 연산 예제
A<-matrix(c(2,0,5,7),nrow=2)          # 2차 정방행렬 A를 생성
B<-solve(A)                           # 정방행렬 A의 역행렬을 B에 저장
B                                     # 정방행렬 A의 역행렬 B를 확인
     [,1]       [,2]
[1,] 0.5 -0.3571429
[2,] 0.0  0.1428571

# 수반행렬 계산 예제
library(matlib)                       # matlib 패키지를 불러옴
adjoint(A)                            # 정방행렬 A의 수반행렬을 연산
     [,1] [,2]
[1,]    7   -5
[2,]    0    2
det(A)                                # 정방행렬 A의 행렬식을 연산
[1] 14
(1/det(A))*adjoint(A)                 # 식 (4.28)을 검증
     [,1]       [,2]
[1,] 0.5 -0.3571429
[2,] 0.0  0.1428571
```

7 벡터 및 행렬의 색인

7-1 벡터의 색인

산업연관분석을 위해서는 벡터와 행렬에서 특정 조건을 만족하는 데이터를 추출하거나 제거할 필요가 있는데, 이를 색인(indexing)이라 부른다. R에서 벡터는 1차원 데이터 구조이고, 행렬은 2차원 데이터 구조이므로 벡터의 색인 방법과 행렬의 색인 방법은 서로 다르다.

R에서 벡터의 색인은 대괄호[ ]를 이용하고, 색인의 시작번호는 1이다. p차원의 v라는 벡터에 대한 색인 방법을 정리하면 다음과 같다.

- v[i] : i번째 원소 추출
- v[i:j] : i번째 원소부터 j번째 원소까지 연속적인 원소 추출
- v[i,j] : i번째 원소와 j번째 원소의 비연속적인 원소 추출
- v[−i] : i번째 원소 제거
- v[−c(i:j)] : i번째 원소부터 j번째 원소까지 연속적인 원소 제거
- v[−c(i,j)] : i번째 원소와 j번째 원소의 비연속적인 원소 제거

```
#벡터의 색인 예제
v1<-c(1,2,3,4,5)       #v1 벡터 생성
v1[1]                  #개별 원소 추출
[1] 1
v1[1:3]                #연속적인 원소 추출
[1] 1 2 3
v1[c(1,3)]             #비연속적인 원소 추출
[1] 1 3
v1[-2]                 #개별 원소 제거
[1] 1 3 4 5
v1[-c(2:3)]            #연속적인 원소 제거
[1] 1 4 5
v1[-c(1,4)]            #비연속적인 원소 제거
[1] 2 3 5
```

7-2 행렬의 색인

행렬의 색인은 대괄호 [ ] 안에 콤마(,)를 추가한 [,]를 이용한다. R에서 p×q차원의 행렬 m에 대한 색인 방법은 다음과 같다.

- m[i,] : i번째 행 추출
- m[,j] : j번째 열 추출
- m[i,j] : i번째 행의 j번째 열에 위치한 원소 추출
- m[i:j,] : i번째 행부터 j번째 행까지의 연속적인 행 추출
- m[,i:j] : i번째 열부터 j번째 열까지의 연속적인 열 추출
- m[c(i,j),] : i번째 행과 j번째 행의 비연속적인 행 추출
- m[,c(i,j)] : i번째 열과 j번째 열의 비연속적인 열 추출
- m[-i,] : i번째 행 제거
- m[,-j] : j번째 열 제거
- m[-i,-j] : i번째 행과 j번째 열을 제거
- m[-c(i:j),] : i번째 행부터 j번째 행까지의 연속적인 행 제거
- m[,-c(i:j)] : i번째 열부터 j번째 열까지의 연속적인 열 제거
- m[-c(i,j),] : i번째 행과 j번째 행의 비연속적인 행 제거
- m[,-c(i,j)] : i번째 열과 j번째 열의 비연속적인 열 제거

```
# 행렬의 색인 예제
m<-matrix(1:9,nrow=3)        # 3×3 정방행렬을 생성
m[1,]                        # 1번째 행 추출
[1] 1 4 7
m[,1]                        # 1번째 열 추출
[1] 1 2 3
m[1,1]                       # 1번째 행의 1번째 열에 위치한 원소 추출
[1] 1
m[1:2,]                      # 1번째 행부터 2번째 행까지 연속적인 행 추출
     [,1] [,2] [,3]
[1,]    1    4    7
[2,]    2    5    8
```

```
m[,1:2]                        # 1번째 열부터 2번째 열까지 연속적인 열 추출
     [,1] [,2]
[1,]  1    4
[2,]  2    5
[3,]  3    6
m[c(1,3),]                     # 1번째 행과 3번째 행의 비연속적인 행 추출
     [,1] [,2] [,3]
[1,]  1    4    7
[2,]  3    6    9
m[,c(1,3)]                     # 1번째 열과 3번째 열의 비연속적인 열 추출
     [,1] [,2]
[1,]  1    7
[2,]  2    8
[3,]  3    9
m[-1,]                         # 1번째 행 제거
     [,1] [,2] [,3]
[1,]  2    5    8
[2,]  3    6    9
m[,-2]                         # 2번째 열 제거
     [,1] [,2]
[1,]  1    7
[2,]  2    8
[3,]  3    9
m[-1,-2]                       # 1번째 행과 2번째 열 제거
     [,1] [,2]
[1,]  2    8
[2,]  3    9
m[-c(1:2),]                    # 1번째 행부터 2번째 행까지 연속적인 행 제거
[1] 3 6 9
m[,-c(1:2)]                    # 1번째 열부터 2번째 열까지 연속적인 열 제거
[1] 7 8 9
m[-c(1,3),]                    # 1번째 행과 3번째 행의 비연속적인 행 제거
[1] 2 5 8
m[,-c(1,3)]                    # 1번째 열과 3번째 열의 비연속적인 열 제거
[1] 4 5 6
```

연습문제

1. 두 행렬 A와 B에 대하여 행렬 연산을 실습해보자.

$$A=\begin{bmatrix}2 & 0\\4 & 6\end{bmatrix},\quad B=\begin{bmatrix}1 & 4\\5 & 0\end{bmatrix}$$

(1) 행렬 A와 행렬 B를 생성해보자.

(2) 행렬 A와 행렬 B의 행렬 곱셈 AB를 구해보자.

(3) 행렬 A와 행렬 B의 하다마드 곱셈을 구해보자.

2. 앞의 행렬 A의 여인수 C_{22}를 구하시오. 이때 matlib 패키지를 이용한다.

3. 앞의 행렬 B를 이용하자.

(1) $\frac{1}{|B|}adj(B)$를 구해보자.

(2) R의 solve( ) 함수를 이용하여 B의 역행렬을 구해보자.

4. 행렬 C는 다음과 같다.

$$C = \begin{bmatrix} 1 & 0 & 3 \\ 10 & 5 & 7 \\ 0 & 15 & 20 \end{bmatrix}$$

(1) 행렬 C를 생성한 후에 제2행의 제1열의 원소를 추출해보자.

(2) 행렬 C에서 제3열을 추출해보자.

(3) 행렬 C에서 제1열과 제3열을 동시에 추출해보자.

(4) 행렬 C에서 제1행과 제3행을 동시에 제거해보자.

ch 5

산업연관표와 R

1 산업연관표의 이해

1-1 공급사용표와 투입산출표

산업연관표는 크게 공급사용표(Supply-Use Tables, SUTs)와 투입산출표(Input-Output Table, IOT)로 구분할 수 있다. 공급사용표는 1993년에 개정한 국민계정체계(System of National Account 1993, 1993 SNA)에서 채택된 통계표이다.[1] 한국은행에서 1960년부터 2009년까지 작성하여 공표한 산업연관표는 투입산출표이며, 2010년 실측 산업연관표부터 공급사용표와 투입산출표를 함께 작성하여 공표하고 있다.[2] 공급사용표와 투입산출표의 차이는 공급사용표는 「상품×산업」 행렬 형식의 통계표이지만, 투입산출표는 「상품×상품」 행렬 형식의 통계표라는 것이다.[3]

재화 및 서비스의 거래액을 어떠한 가격을 기준으로 평가할 것인지에 따라 산업연관표의 평가방식이 달라진다. 산업연관표의 작성을 위한 가격은 구매자가격(purchaser prices), 생산자가격(producer prices), 기초가격(basic prices)으로 구분할 수 있다.[4] 구매자가격이란 구매자가 재화 및 서비스를 소비하기 위하여 지불한 가격이며, 생산자가격은 구매자가격에서 도소매마진과 화물운임을 차감한 가격이다. 그리고 기초가격은 생산자가 실제 수취하는 금액으로 생산자가격에서 순생산물세(생산물세－생산물보조금)를 차감한 가격이다.[5]

---

1 여기서 SNA는 경제 활동을 측정하고 집계하는 방법을 국제적으로 표준화한 권고사항을 말한다. 1993 SNA는 2008년에 개정되어 현재는 2008 SNA가 국민계정 작성을 위한 국제적인 표준이 되고 있다.

2 한국은행은 2014년에 공표한 2010년 실측 산업연관표부터 공급사용표를 신규 편제하였다.

3 이때 상품은 스마트폰, 자동차, 금융서비스 등과 같이 소비자가 거래하는 단위인 재화와 서비스를 말한다. 산업은 유사한 성질을 갖는 활동에 종사하는 사업장 집단을 의미한다. 어느 한 사업장에서 다수의 상품을 생산하여 판매하는 경우, 산업은 이 사업장에서 가장 많은 부가가치를 창출하는 상품(주생산물)에 따라 결정된다.

4 한국은행(2014).

5 생산물세는 생산자가 재화 및 서비스를 생산, 배달, 판매 또는 기타 용도로 사용할 경우 동 재화 및 서비스에 대해 부과되는 세금이다. 생산물보조금은 생산자가 재화 및 서비스를 생산, 판매 또는 수입하였을 때 정부로부터 받은 보조금을 뜻한다. 순생산물세는 생산물세에서 생산물보조금을 차감한 것이다.

가격 기준 비교

- 구매자가격 = 생산자가격 + 도소매마진 + 화물운임
- 생산자가격 = 구매자가격 - 도소매마진 - 화물운임
- 기초가격 = 생산자가격 - 순생산물세(= 생산물세 - 생산물보조금)

한국은행에서 작성하여 공표하는 공급표, 사용표, 투입산출표를 활용하기 위해서는 가격평가 기준에 대한 이해가 선행되어야 한다.

1-2 공급표의 이해

공급사용표는 공급표(supply table)와 사용표(use table)로 구성된다. 공급표는 산업별 상품의 공급 내역을 보여주는 「상품×산업」으로 작성된 행렬 형태의 통계표이다. 3개 상품-3개 산업으로 구성된 기본적인 공급표의 구조를 나타내면 다음과 같다.

		산업			기초가격			가격전환 벡터			구매자가격
		농업	제조업	서비스업	총산출	수입	총공급	순생산물세	도소매마진	화물운임	총공급
상품	농산품										
	공산품										
	서비스										
계											

[그림 5-1] 공급표의 구조

공급표의 행 방향은 한 상품이 어느 산업에서 얼마만큼 공급되었는지를 보여준다. 각 산업에서 공급된 모든 상품을 행 방향으로 더하면 기초가격으로 평가된 상품별 총산출이 된다. 공급표의 열 방향은 특정 산업이 어떤 종류의 상품을 얼마만큼 공급했는지를 보여준다. 각 산업에서 공급된 모든 상품을 열 방향으로 더하면 기초가격으로 평가된 산업별 총산출이 된다.

국내시장에는 국내에서 생산된 상품뿐만 아니라 해외에서 수입된 상품도 공급된다. 공급표에서는 수입상품을 CIF(Cost, Insurance and Freight)로 평가하여 수입에 기록한

다.[6] 국내에서 공급된 총산출과 해외로부터 공급된 수입을 합하면, 기초가격으로 평가된 각 상품의 총공급이 된다. 이어서 기초가격 기준의 상품별 총공급에 순생산물세, 도소매마진, 화물운임을 더하면, 구매자가격 기준의 상품별 총공급이 된다. 이때 순생산물세, 도소매마진, 화물운임을 기초가격을 구매자가격으로 변환시키는 매개가 되는 역할을 담당한다는 의미에서 가격전환 벡터라 부른다.

공급표의 균형 관계식

- 총공급액(기초가격) = 산출액(기초가격) + 수입액(CIF)
- 총공급액(구매자가격) = 총공급액(기초가격) + 가격전환 벡터

1-3 사용표의 이해

사용표는 산업별 상품의 사용 내역을 보여주는 「상품×산업」으로 작성된 행렬 형태의 통계표이다. 사용표에는 기초가격 사용표와 구매자가격 사용표가 있으며, 작성 과정에서 국산품과 수입품을 구분하여 취급한다. 국산품을 기준으로 작성된 사용표를 국산거래표라 하고, 수입품을 기준으로 작성된 사용표를 수입거래표라 하며, 두 거래표를 통합한 사용표를 총거래표라 한다.

3개 상품-3개 산업으로 구성된 기초가격 사용표와 구매자가격 사용표의 구조를 나타내면 다음과 같다.

6 CIF는 수입품 기준의 기초가격에 해당한다.

A. 기초가격 사용표(총거래표)

		중간수요(산업)				최종수요				총수요
		농업	제조업	서비스업	중간수요계	소비	투자	수출	최종수요계	
상품	농산품									
	공산품									
	서비스									
순생산물세										
중간투입계										
부가가치										
총투입계										

B. 구매자가격 사용표(총거래표)

		중간수요(산업)				최종수요				총수요
		농업	제조업	서비스업	중간수요계	소비	투자	수출	최종수요계	
상품	농산품									
	공산품									
	서비스									
중간투입계										
부가가치										
총투입계										

주: 총거래표=국산거래표+수입거래표

[그림 5-2] 사용표의 구조

기초가격 사용표와 구매자가격 사용표의 차이점을 살펴보면 다음과 같다. 첫째, 기초가격 사용표에서는 각 산업의 순생산물세를 부문 간의 거래내역에 포함하지 않고 별도의 행 벡터로 제시하며, 구매자가격 사용표에서는 순생산물세를 부문 간의 거래내역에 포함한다. 둘째, 기초가격 사용표에서는 구매자가격 사용표의 부문 간 거래액에 포함되어 있던 도소매마진과 화물운임을 분리하여 각각 도소매서비스와 운송서비스의 투입으로 취급한다.

사용표의 열 방향은 각 산업에서 생산활동을 위하여 필요한 각종 상품을 얼마만큼 중간재로 투입했는지에 대한 내역을 보여준다. 그리고 각 산업의 생산활동으로 발생한 본원적 생산요소에 대한 지출로 인해 얼마만큼의 부가가치가 창출되었는지에 대한 내역도 보여준다. 사용표의 열 방향에서 각 산업의 생산활동을 위하여 투입된 모든 상품을 더하면 산업별 중간투입계가 도출된다. 또한 각 산업의 중간투입계에 산업별 부가가치를 더하면 각 산업의 총투입이 도출된다. 이때 산업별 생산활동에 의해 발생한 부가가치가 곧 국민소득계정의 경제활동별 GDP(Gross Domestic Product)이다.[7]

사용표의 행 방향은 각 상품이 어떤 산업의 생산활동을 위하여 얼마만큼 중간수요로 사용되었는지에 대한 내역을 보여준다. 그리고 각 상품이 소비, 투자, 수출 등의 최종수요로 얼마나 사용되었는지에 대한 내역도 보여준다. 사용표에서 모든 산업의 생산활동을 위하여 사용된 각 상품의 중간재를 모두 더하면 상품별 중간수요계가 된다. 또한 상품별 중간수요계에 각 상품의 최종수요계를 더하면 상품별 총수요가 도출된다.

사용표의 균형 관계식

- 총수요액(기초가격)
  = 중간수요액(기초가격) + 최종수요액(기초가격)
  = 총공급액(기초가격)

- 총수요액(구매자가격)
  = 중간수요액(구매자가격) + 최종수요액(구매자가격)
  = 총공급액(구매자가격)

공급표에서 기초가격으로 평가된 상품별 총공급은 기초가격 사용표의 상품별 총수요와 일치하며, 공급표에서 구매자가격으로 평가된 상품별 총공급은 구매자가격 사용표의 상품별 총수요와 일치한다.

7 사용표에서 산업별 부가가치는 국민소득계정의 경제활동별 GDP와 일치한다. 예를 들어, 2015년 실측 사용표에서 농림어업의 부가가치는 33,225.2십억 원이고, 이는 2015년 국민소득계정에서 농림어업에 대한 경제활동별 GDP의 값과 동일하다.

1-4 투입산출표의 이해

투입산출표는 국민경제 내에서 거래되는 재화 및 서비스의 생산과 투입에 대한 내역을 「상품×상품」의 행렬 형태로 나타낸 통계표이다. 투입산출표의 열 방향은 상품의 투입구조를 나타내지만, 사용표의 열 방향은 산업의 투입구조를 나타낸다. 따라서 투입산출표는 사용표와 달리 열과 행에 대한 일관된 해석이 가능하며, 그로 인해 투입산출표를 이용하여 부문 간 상호의존관계를 분석할 수 있다.

투입산출표는 경쟁수입형표와 비경쟁수입형표로 구분된다. '경쟁수입형표'는 거래되는 상품이 국산품인지 수입품인지를 구분하지 않고 작성한 표이다. 반면 '비경쟁수입형표'는 각 상품이 국산품인지 혹은 수입품인지를 구분하여 작성한 표이다. 우리나라는 비경쟁수입형 투입산출표를 작성하고 있으며, 그에 따라 국산품을 대상으로 작성된 '국산거래표'와 수입품을 대상으로 작성된 '수입거래표'가 별도로 존재한다. 국산거래표와 수입거래표를 통합한 투입산출표는 '총거래표'라 부른다.[8]

한편, 투입산출표를 어떠한 가격으로 평가하는지에 따라서 기초가격평가표, 생산자가격평가표, 구매자가격평가표가 존재한다. 현재 한국은행은 실측 투입산출표가 작성되는 연도에서는 기초가격평가표, 생산자가격평가표, 구매자가격평가표를 모두 작성하여 공표하지만, 연장 투입산출표가 작성되는 연도에서는 각종 분석의 기준이 되는 평가표만을 작성해 공표하고 있다. 한국은행은 2016년부터 분석의 기준이 되는 평가표를 생산자가격평가표로 정하였고, 그로 인해 한국은행에서 작성된 2016년 이후의 연장 투입산출표는 생산자가격평가표만 존재한다.[9] 이러한 배경에서 이 책에서는 생산자가격평가표를 중심으로 다룬다.

3개 부문으로 구성된 생산자가격 투입산출표의 기본 구조는 다음과 같다.

---

8 여기서 총거래표는 국산거래표와 수입거래표가 통합된 투입산출표이므로 결국 경쟁수입형 투입산출표를 의미한다.

9 한국은행에서 2011년부터 분석의 기준이 되는 가격을 기초가격으로 정함에 따라 2011년부터 2014년까지 해당 기간에 작성된 연장 투입산출표는 기초가격평가표만 존재한다.

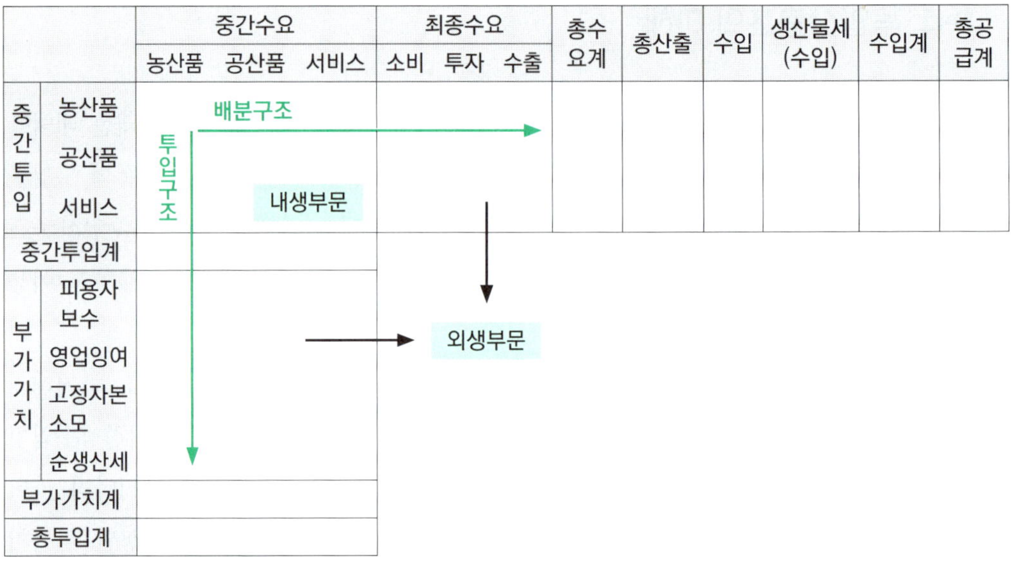

주: 총거래표=국산거래표+수입거래표.

[그림 5-3] 투입산출표의 구조 (생산자가격, 총거래표)

투입산출표의 열 방향은 각 상품의 생산을 위한 투입구조를 나타낸다. [그림 5-3]에서 보듯이 투입산출표의 열 방향을 통해 각 상품의 생산을 위한 중간재 투입 내역과 각종 부가가치의 내역을 파악할 수 있다. 또한 각 상품의 중간투입계에 부가가치계를 더하면 상품별 총투입이 도출된다.

투입산출표의 행 방향은 각 상품의 배분구조를 나타낸다. [그림 5-3]에서 보듯이 투입산출표의 행 방향을 통해 각 상품이 다른 상품의 생산을 위하여 중간재로 판매된 중간수요 내역과 각종 최종수요의 내역을 파악할 수 있다. 그리고 각 상품의 중간수요계에 최종수요계를 더하면 상품별 총수요액이 도출되며, 이는 상품별 총공급액과 일치한다. 상품별 총공급액은 각 상품의 총산출에 상품별 수입계[10]를 더한 값이다. 또한 상품별 총수요액에서 각 상품의 수입계를 공제하면 상품별 총산출이 도출된다. 투입산출표에서 상품별 총투입액과 상품별 총산출액이 일치하고, 상품별 총수요액은 상품별 총공급액과 일치한다.

---

10 수입계는 수입에 생산물세(수입)를 더한 값이다.

✿ 투입산출표의 균형 관계식

- 상품별 총투입액 = 상품별 중간투입계 + 상품별 부가가치계
  = 상품별 총산출액
- 상품별 총수요액 = 상품별 중간수요계 + 상품별 최종수요계
  = 상품별 총공급액
  = 상품별 총산출액 + 상품별 수입액

[그림 5-3]에 나타난 바와 같이 투입산출표에서 상품 간 거래내역을 나타낸 부분을 내생부문이라 하고, 최종수요 부분과 부가가치 부분을 외생부문이라 부른다. 최종수요 부분은 소비, 투자, 수출로 구분되며,[11] 부가가치는 피용자보수, 영업잉여, 고정자본소모, 순생산세로 구성된다.

한편, 특정 연도의 생산자가격 투입산출표에서 측정된 총부가가치[12]는 같은 연도의 국민소득계정의 GDP와 다소 차이를 보인다. 그 원인은 국민소득계정과 투입산출표에서 수입에 대한 처리를 다르게 하기 때문이다. 국민소득계정에서는 수입에 대한 생산물세(수입)를 부가가치 항목으로 설정하는 반면, 투입산출표에서는 수입에 대한 생산물세(수입)를 부가가치 항목으로 설정하지 않는다. 따라서 생산자가격 투입산출표의 부가가치 합계에 생산물세(수입)를 더하면 국민소득계정의 GDP와 일치한다.[13]

11 실제 투입산출표에서 소비는 민간소비지출과 정부소비지출로 구분되고, 투자는 민간고정자본형성, 정부고정자본형성, 재고증감, 귀중품 순취득으로 구분된다.

12 여기서 총부가가치는 생산자가격 투입산출표에 나타난 부가가치의 합계를 뜻한다.

13 2015년 생산자가격 투입산출표의 부가가치액은 1,637조 원, 생산물세(수입)는 21조 원이다. 이때 2015년 생산자가격 투입산출표에서 부가가치액과 생산물세(수입)의 합은 1,658조 원이고, 이는 국민소득계정의 2015년 명목 GDP와 일치한다.

1-5 산업연관표와 국민소득계정의 관계

국민소득계정에서 한 국가의 GDP는 생산(production), 소득(income), 지출(expenditure) 3가지 측면에서 추계할 수 있으며, 이를 각각 생산국민소득, 분배국민소득, 지출국민소득이라 부른다. '생산국민소득'은 산업의 생산활동에 의해 창출된 경제활동별(산업별) 부가가치로 측정하며 '분배국민소득'은 생산활동으로 인해 창출된 부가가치가 각 경제주체에게 어떻게 배분되었는지를 측정하는 것이다. 그리고 '지출국민소득'은 한 국가 경제에서 생산된 최종생산물에 대한 지출로 측정한다.[14]

산업연관표 중 공급사용표를 이용하면 생산국민소득, 분배국민소득, 지출국민소득이 모두 일치하는 국민소득의 삼면등가 원칙을 확인할 수 있다. 한국은행은 2014년부터 국민계정통계에 공급사용표를 새롭게 도입하여 편제하고 있다. 공급사용표는 투입산출표와 달리 「상품×산업」의 행렬 형식으로 작성되며, 이로써 산업의 생산활동에 의한 상품의 공급과 각 상품에 대한 수요를 일치시켜 국민소득통계의 정합성을 제고한다. 공급표와 사용표로부터 [그림 5-4]와 같이 통합된 형식의 통계표를 나타낼 수 있다.

<table>
<tr><td colspan="2" rowspan="2"></td><td rowspan="2">중간수요
(산업, A)</td><td colspan="4">최종수요(B)</td><td rowspan="2">총수요
(A+B)</td><td rowspan="2">총산출
(X)</td><td rowspan="2">수입
(M)</td><td rowspan="2">총공급
(X+M)</td></tr>
<tr><td>소비</td><td>투자</td><td>정부
지출</td><td>수출</td></tr>
<tr><td colspan="2">상품</td><td>「상품×산업」의
중간수요</td><td colspan="4">지출국민소득</td><td></td><td></td><td></td><td></td></tr>
<tr><td rowspan="4">부
가
가
치</td><td>피용자보수</td><td rowspan="4">분배국민소득,
생산국민소득</td></tr>
<tr><td>영업잉여</td></tr>
<tr><td>고정자본소모</td></tr>
<tr><td>순생산세</td></tr>
<tr><td colspan="2">총투입(X)</td><td></td></tr>
</table>

[그림 5-4] 산업연관표와 GDP 간의 관계

[그림 5-4]에서 행 방향으로 보면 총공급과 총수요가 일치한다. 총공급은 총산출(X)과 수입(M)을 더한 값이며, 총수요는 중간수요(A)에 최종수요(B)를 더한 값이다. 또한 최

14 한국은행(2015).

종수요(B)는 소비, 투자, 정부지출, 수출로 구성된다. 이러한 관계를 수식으로 나타내면 다음과 같다.

행 방향 관계식

- 총공급 = 총수요
  총산출 + 수입 = 중간수요 + 최종수요
  최종수요 = 소비 + 투자 + 정부지출 + 수출

[그림 5-4]에서 열 방향으로 보면, 총투입에서 중간투입을 차감하면 부가가치가 도출된다. 부가가치는 피용자보수, 영업잉여, 고정자본소모, 순생산세(생산세-보조금)로 구성된다. 이러한 관계를 수식으로 표현하면 다음과 같다.

열 방향 관계식

- 총투입 = 중간투입 + 부가가치
  부가가치 = 피용자보수 + 고정자본소모 + 영업잉여 + 순생산세

이때 경제 전체의 측면에서 중간수요(A)와 중간투입은 일치하며, 총산출(X)과 총투입(X)도 일치한다. 따라서 위의 행 방향의 관계식과 열 방향의 관계식에 기초하여 다음의 관계를 도출할 수 있다.

국민소득 삼면등가의 도출

- 최종수요 − 수입 = 소비 + 투자 + 정부지출 + 수출 − 수입
  = 촌산출 − 중간수요
  = 총투입 − 중간투입
  = 부가가치
  = 피용자보수 + 영업잉여 + 고정자본소모 + 순생산세

- 지출국민소득 = 생산국민소득
  = 분배국민소득

이상의 논의에서 공급사용표를 이용하면 국민경제에 대한 거시경제의 방정식 체계를 도출할 수 있고, 국민소득의 삼면등가 원칙을 확인할 수 있다. [그림 5-4]에서 보듯이 생산국민소득과 분배국민소득은 산업 수준에서 측정되며, 지출국민소득은 상품 수준에서 측정된다.

2 R에서 투입산출표 다루기

2-1 산업연관표 내려받기

R에서 산업연관분석을 수행하기 위해서는 먼저 산업연관표를 입수하여야 한다. 산업연관표는 한국은행에서 발간하는 산업연관표 책자의 부록으로 제공되는 CD(compact disc)에서 구하거나, 경제통계시스템 홈페이지(https://ecos.bok.or.kr)에서 '13. 산업연관표'를 클릭해 엑셀 파일 형태로 내려받을 수 있다.

[그림 5-5] 경제통계시스템의 산업연관표 제공 화면

한국은행은 실측표를 작성하는 시점마다 산업연관표 작성을 위해 필요한 산업 및 상품 분류표를 조정한다. 실측표 작성 시점에 공표된 산업 및 상품 분류는 해당 실측표를 기반으로 연장된 연장표의 산업 및 상품 분류에 동일하게 적용된다. 한국은행이 가장 최근에 발표한 2015년 실측표 작성을 위한 부문 분류표를 보면, 상품분류는 대분류 33개, 중분류 83개, 소분류 165개, 기본부문 381개로 분류되며, 산업분류는 대분류 32개, 중분류 78개, 소분류 174개, 기본부문 278개로 분류된다.

한국은행에서 발간하는 책자의 부록 CD에는 대분류, 중분류, 소분류, 기본부문에 해당하는 산업연관표가 모두 존재한다. 반면에 한국은행의 경제통계시스템 홈페이지에서는 2015년 실측표에 대해 중분류까지의 공급사용표와 소분류까지의 투입산출표만 제공한다. 2016년부터 한국은행은 연장표에 대해서는 산업연관표 책자와 각종 통계를 담은 부록 CD를 발간하지 않으며, 경제통계시스템 홈페이지에서는 중분류까지의 공급사용표와 기본부문까지의 투입산출표만 제공하고 있다.[15]

2-2 R에서 투입산출표 파일 불러오기

경제통계시스템 홈페이지에 접속하여 2018년 대분류 투입산출표를 내려받은 후 엑셀 파일을 열면 여러 개의 시트(sheet)가 나온다. 첫 번째 시트에는 총거래표가 있으며, 두 번째 시트와 세 번째 시트에는 각각 수입거래표와 국산거래표가 있다. 2018년의 대분류 투입산출표(총거래표)는 다음 [그림 5-6]과 같다.

15 실측표의 경우에는 기존과 동일하게 한국은행에서 산업연관표 책자와 각종 통계를 담은 부록 CD를 발간하고 있다.

	A	B	C	D	E	F	G
1	투입산출표_총거래표(2018년 가격)						
2	2018년						
3	생산자가격						
4	단위 : 백만원						
5		상품	A	B	C01	C02	C03
6	상품		농림수산품	광산품	음식료품	섬유 및 가죽제품	목재 및 종이, 인쇄
7	A	농림수산품	3,484,423	5,443	36,160,552	688,387	866,398
8	B	광산품	1,135	3,066	31,348	3,510	26,894
9	C01	음식료품	9,031,278	9,404	24,372,387	646,557	68,663
10	C02	섬유 및 가죽제품	738,115	15,253	177,548	21,175,236	377,662
11	C03	목재 및 종이, 인쇄	686,563	13,382	2,810,790	844,654	14,968,721
12	C04	석탄 및 석유제품	1,630,474	137,239	482,139	369,935	274,157
13	C05	화학제품	4,532,776	144,507	3,724,550	7,435,551	3,116,276
14	C06	비금속광물제품	22,051	8,901	778,719	38,992	-12,499
15	C07	1차 금속제품	53,691	7,677	4,502	15,930	34,471
16	C08	금속가공제품	72,047	74,815	1,800,899	294,647	310,980
17	C09	컴퓨터, 전자 및 광학기기	112,000	6,425	123,425	60,643	104,537
18	C10	전기장비	111,813	23,372	40,358	65,093	55,575
19	C11	기계 및 장비	219,699	95,539	227,075	98,628	63,968
20	C12	운송장비	199,944	57,785	29,622	20,136	49,958

[그림 5-6] 2018년 대분류 투입산출표(총거래표) 예시

한국은행에서 제공하는 산업연관표 엑셀 파일은 xls 확장자와 xlsx 확장자로 구분된다. 엑셀 2003 이하 버전에서 저장된 엑셀 파일은 xls 확장자로 저장되며, 엑셀 2007 이상 버전에서 저장된 엑셀 파일은 xlsx 확장자로 저장된다. 한국은행에서 제공하는 산업연관표 엑셀 파일은 2010년 실측표부터 xlsx 확장자를 지니며, 그 이전의 산업연관표 엑셀 파일은 xls 확장자를 지닌다. readxl 패키지의 read_ecxel( ) 함수를 이용하면 확장자와 무관하게 엑셀 파일을 R에 불러들일 수 있다.[16]

16 readxl 패키지의 설치에 관해서는 2장 3-1절 '패키지 설치와 사용'의 내용을 참고하라(p. 26).

엑셀 파일 불러오는 함수

- read_excel("경로/file",sheet=숫자,range="범위",col_names=TRUE)

➡ "경로/file"에서 '경로/'는 작업 디렉터리를 기본값으로 가진다. 만일, 불러들이고자 하는 엑셀 파일이 작업 디렉터리에 있다면 '경로/' 부분을 생략하고 file 이름만 입력하면 된다.
사용자가 작업 디렉터리가 아닌 폴더에 있는 엑셀 파일을 불러들이기를 원한다면 '경로/' 부분에 해당 엑셀 파일이 존재하는 주소를 입력하면 된다. 예를 들어, "D:/R/file.xlsx"를 입력하면 D 드라이브의 R 폴더에 존재하는 file.xlsx 엑셀 파일을 R에 불러온다.

➡ 'sheet=숫자'에는 불러오고자 하는 데이터가 위치한 시트의 번호를 입력한다. 예를 들어, sheet=1은 해당 엑셀 파일의 첫 번째 시트의 데이터를 가져온다는 의미이다.

➡ 'range="범위"'에는 불러들이려는 데이터의 행과 열의 범위를 입력한다. 예를 들어, range="C7:E15"는 엑셀 파일에서 입력된 범위(C7:E15)에 존재하는 데이터만 불러들인다는 의미이다.

➡ col_names에서 TRUE는 불러들이려는 데이터의 첫 번째 행을 열 이름으로 사용한다는 뜻이며, col_names=TRUE는 기본값으로 적용된다.

[그림 5-6]에서 보듯이 투입산출표 엑셀 파일에는 각종 거래내역을 기록한 수치형 데이터 부분과 행과 열 이름 등을 표시한 문자형 데이터 부분이 존재한다. 그러므로 R에 투입산출표 엑셀 파일을 그대로 불러들이면, 데이터 유형의 우선순위에 따라서 모두 문자형 데이터로 인식하게 된다. 이러한 문제를 제거하기 위해서 불러들이고자 하는 데이터가 존재하는 행과 열의 범위를 선택하고, 이를 range="범위"에 정확히 반영하여야 한다. 예를 들어, 앞의 [그림 5-6]의 투입산출표에서 첫 번째 행을 열 이름으로 부여하면서 투입산출표와 관련된 수치형 데이터만 불러오려면 range="C6:AZ46"을 입력하면 된다.

R에서 read_excel( ) 함수로 불러들인 투입산출표 엑셀 파일을 행렬로 인식시키기 위해서는 as.matrix( ) 함수를 이용한다. R에서는 함수의 중복 사용이 허용되므로 as.matrix(read_excel( ))을 입력하면, R에 불러들인 투입산출표를 곧바로 행렬로 인식시킬 수 있다. 이제 2018년 대분류 투입산출표를 R에 불러들이는 과정을 정리하면 다음과 같다.

- 1단계 : 데이터 준비

  경제통계시스템 홈페이지에서 내려받은 2018년 대분류 투입산출표의 파일명을 IOT_2018로 변경한 후에 작업 디렉터리로 옮긴다.

- 2단계 : readxl 패키지의 사용

  library(readxl)

- 3단계 : 투입산출표 엑셀 파일 불러오기

  IOT18<-as.matrix(read_excel("IOT_2018.xlsx",sheet=1, range="C6:AZ46")) : 작업 디렉터리의 IOT_2018로부터 C6:AZ46 범위에 존재하는 데이터를 불러들인 후에 행렬로 전환하여 IOT18에 저장한다.

```
# 투입산출표 엑셀 파일 불러오기 예제
library(readxl)      # readxl 패키지 사용
IOT18<-as.matrix(read_excel("IOT_2018.xlsx",sheet=1, range="C6:AZ46"))
# 투입산출표를 행렬로 전환하여 IOT18에 저장
```

2-3 R에서 투입산출표 편집하기

(1) 투입산출표의 색인

R에 불러들인 투입산출표를 편집하는 방법에 대하여 살펴보자. 이 책에서는 투입산출표를 [그림 5-7]과 같이 구분하고자 한다.

⑨ namec

<table>
<tr><td colspan="2" rowspan="2"></td><td colspan="3">중간수요</td><td colspan="3">최종수요</td><td rowspan="2">총수요계</td><td rowspan="2">총산출</td><td rowspan="2">수입</td><td rowspan="2">생산물세(수입)</td><td rowspan="2">수입계</td><td rowspan="2">총공급계</td></tr>
<tr><td>농산품</td><td>공산품</td><td>서비스</td><td>소비</td><td>투자</td><td>수출</td></tr>
<tr><td rowspan="3">중간투입</td><td>농산품</td><td colspan="3" rowspan="3">① Z</td><td colspan="3" rowspan="3">② Y</td><td rowspan="3">③ AD</td><td rowspan="3">④ X</td><td rowspan="3"></td><td rowspan="3"></td><td rowspan="3">⑤ M</td><td rowspan="3">⑥ AS</td></tr>
<tr><td>공산품</td></tr>
<tr><td>서비스</td></tr>
<tr><td colspan="2">중간투입계</td><td colspan="3"></td></tr>
<tr><td rowspan="4">부가가치</td><td>피용자 보수</td><td colspan="3" rowspan="4">⑦ va</td></tr>
<tr><td>영업잉여</td></tr>
<tr><td>고정자본 소모</td></tr>
<tr><td>순생산세</td></tr>
<tr><td colspan="2">부가가치계</td><td colspan="3">⑧ VA</td></tr>
<tr><td colspan="2">총투입계</td><td colspan="3"></td></tr>
</table>

[그림 5-7] 투입산출표의 영역 구분

투입산출표의 각 영역은 다음과 같다.

① Z: 중간재 거래 행렬

② Y: 항목별 최종수요 행렬[17]

③ AD: 총수요계 벡터

④ X: 총산출 벡터

⑤ M: 수입계 벡터

⑥ AS: 총공급계 벡터

⑦ va: 항목별 부가가치 행렬

⑧ VA: 부가가치계 벡터

⑨ namec: 부문명 벡터(문자형)

17 투입산출표에서 최종수요의 세부 항목은 민간소비지출, 정부소비지출, 민간고정자본형성, 정부고정자본형성, 재고증감, 귀중품순취득, 수출로 구분된다. [그림 5-7]에서는 항목별 최종수요를 소비(민간소비지출+정부소비지출), 투자(민간고정자본형성+정부고정자본형성+재고증감+귀중품순취득), 수출로 나타냈다.

행렬과 벡터에 대한 색인 방법을 이용하여 [그림 5-7]에 제시된 9개 영역을 편집하기 위한 R 코드는 다음과 같다. 앞서 R에 불러들인 2018년 대분류 투입산출표(IOT18)를 예로 살펴보자.

- IOT18[1:33,열 번호]: ①부터 ⑥까지의 항목은 행 크기가 동일하고, 열 번호만 상이하다. 따라서 다음과 같이 입력하면 각각의 항목에 대한 데이터를 추출할 수 있다.
  ① Z<-IOT18[1:33,1:33]: 중간재 거래 행렬의 추출
  ② Y<-IOT18[1:33,35:41]: 항목별 최종수요 행렬의 추출
  ③ AD<-IOT18[1:33,43]: 최종수요계 벡터의 추출
  ④ X<-IOT18[1:33,44]: 총산출 벡터의 추출
  ⑤ M<-IOT18[1:33,47]: 수입계 벡터의 추출
  ⑥ AS<-IOT18[1:33,50]: 총공급계 벡터의 추출

- IOT18[행 번호,1:33]: ⑦과 ⑧의 두 항목은 열 크기가 동일하고, 행 번호만 상이하다. 그러므로 다음과 같이 입력하면 각각의 항목에 대한 데이터를 추출할 수 있다.
  ⑦ va<-IOT18[35:38,1:33]: 항목별 부가가치 행렬의 추출
  ⑧ VA<-IOT18[39,1:33]: 부가가치계 벡터의 추출

- colnames( ) 함수를 이용하면, 부문명 벡터를 추출할 수 있다.[18]
  ⑨ namec<-colnames(IOT18)[1:33]: 부문명 벡터의 추출

```
# 투입산출표 색인 예제
Z<-IOT18[1:33,1:33]                    # 중간재 거래 행렬의 추출
Y<-IOT18[1:33,35:41]                   # 항목별 최종수요 행렬의 추출
AD<-IOT18[1:33,43]                     # 총수요계 벡터의 추출
X<-IOT18[1:33,44]                      # 총산출 벡터의 추출
M<-IOT18[1:33,47]                      # 수입계 벡터의 추출
AS<-IOT18[1:33,50]                     # 총공급계 벡터의 추출
```

18 colnames( ) 함수와 관련해서는 이 책의 3장 3-3절 '행렬' 부분을 참고하라(p. 44).

```
va<-IOT18[35:38,1:33]                          # 항목별 부가가치 행렬의 추출
VA<-IOT18[39,1:33]                             # 부가가치계 벡터의 추출
namec<-colnames(IOT18)[1:33]                   # 부문명 벡터의 추출
colnames(Z)<-namec; rownames(Z)<-namec         # 행렬 Z에 이름 부여
rownames(Y)<-namec                             # Y에 행 이름 부여
colnames(Y)<-c("민간소비지출","정부소비지출","민간고정자본형성","정부고정자본형성","재
고증감","귀중품순취득","수출")                    # Y에 열 이름 부여
names(AD)<-namec                               # AD에 이름 부여
names(X)<-namec                                # X에 이름 부여
names(M)<-namec                                # M에 이름 부여
names(AS)<-namec                               # AS에 이름 부여
colnames(va)<-namec                            # va에 열 이름 부여
rownames(va)<-c("피용자보수","영업잉여","고정자본소모","순생산세")
                                               # va에 행 이름 부여
names(VA)<-namec                               # VA에 이름 부여
```

(2) 벡터와 행렬 결합하기

R에서 투입산출표로부터 각종 행렬과 벡터를 추출하여 분석을 진행할 때 추출된 행렬과 벡터를 다시 결합해야 하는 경우가 있다. R에서 벡터와 행렬의 결합을 위한 함수로는 rbind( ) 함수와 cbind( ) 함수가 있다. rbind( ) 함수는 벡터와 행렬을 행 방향으로 결합하는 데 이용하며, cbind( ) 함수는 열 방향으로 결합하는 데 이용한다.

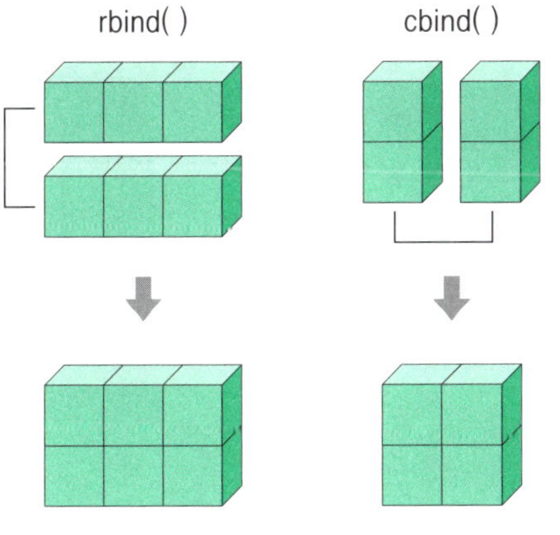

[그림 5-8] rbind( )와 cbind( )의 비교

벡터 및 행렬 결합 함수

- rbind(벡터 1, 벡터 2, …)

➡ 결합하고자 하는 벡터를 행 방향으로 결합한다.

- cbind(벡터 1, 벡터 2, …)

➡ 결합하고자 하는 벡터를 열 방향으로 결합한다.

rbind( ) 함수와 cbind( ) 함수를 이용하여 벡터와 벡터를 결합하면 행렬이 생성된다. rbind( ) 함수와 cbind( ) 함수는 행렬과 행렬의 결합 혹은 행렬과 벡터의 결합에도 이용할 수 있다.

```
# 벡터 및 행렬 결합 예제
XM<-cbind(X,M)       # X와 M을 열 방향으로 결합
ZVA<-rbind(Z,VA)     # Z와 VA를 행 방향으로 결합
```

(3) 행렬의 행 합과 열 합 구하기

투입산출표를 분석하는 과정에서 어떤 행렬의 열 합 또는 행 합을 계산해야 할 때가 있다. R에서는 apply( ) 함수를 이용해 어떤 행렬의 행 합과 열 합을 간단히 구할 수 있다.

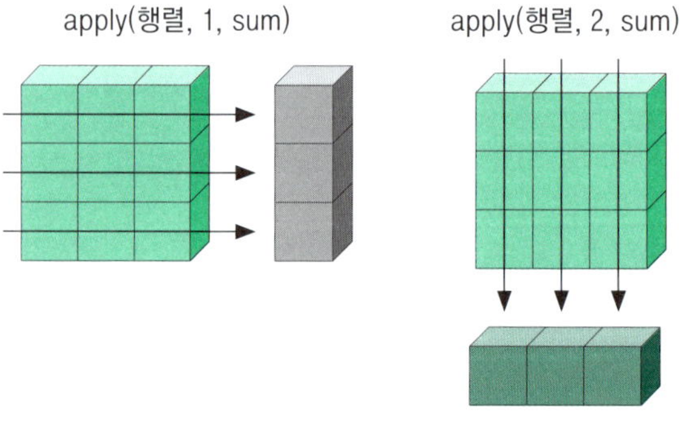

[그림 5-9] apply( ) 함수를 이용한 행 합과 열 합

⚙ 행 합 또는 열 합 연산 함수

apply(행렬 또는 배열, 함수 적용 방향(1 또는 2), 적용 함수)

➡ apply( ) 함수는 행렬과 배열 모두에서 적용할 수 있으며 그 값을 벡터, 배열 등으로 반환한다. 함수 적용 방향의 경우에 1은 행 방향을 의미하고, 2는 열 방향을 의미한다.

➡ 적용 함수에는 sum, mean 등 다양한 연산 함수를 입력하면 된다. 이때 행 합 또는 열 합을 구하기 위해서는 sum을 입력해야 한다.

이제 apply( ) 함수를 사용해 항목별 최종수요 행렬의 행 합과 중간재 거래 행렬의 열 합을 구한다.

```
# 행렬의 열 합 또는 행 합 연산 예제
Yr<-apply(Y,1,sum)    # 최종수요 행렬의 부문별 행 합을 연산
Zc<-apply(Z,2,sum)    # 중간재 거래 행렬의 부문별 열 합을 연산
```

2-4 R에서 투입산출표 부문 통합하기

(1) 투입산출표의 부문 통합 방법

연구의 목적에 따라서 한국은행에서 제공하는 표준적인 부문 분류가 아닌 새로운 부문 분류를 적용해야 하는 경우가 있다. 이때는 원래 투입산출표의 행과 열을 통합하여 새로운 부문 분류에 부합된 투입산출표를 새롭게 생성해야 한다. 이에 투입산출표의 행과 열을 통합하는 방법에 대해 자세히 살펴보자.

먼저 3개 부문으로 구성된 국가 경제를 고려한다. 3개 부문 사례에서의 중간재 거래 행렬 Z는 다음과 같이 나타낼 수 있다.

$$Z = \begin{bmatrix} z_{11} & z_{12} & z_{13} \\ z_{21} & z_{22} & z_{23} \\ z_{31} & z_{32} & z_{33} \end{bmatrix} \tag{5.1}$$

원래 행렬에서 부문 1과 부문 2를 통합하여 분석하기를 원한다면 [그림 5-10]과 같은 방법을 적용한다.

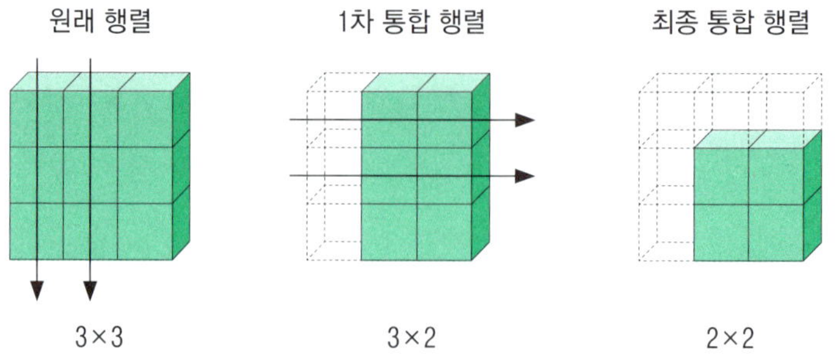

[그림 5-10] 부문 통합 예시

[그림 5-10]에서 보듯이 Z의 제1열과 제2열을 더하여 1차 통합을 실행하고, 다시 1차 통합된 행렬로부터 제1행과 제2행을 더하여 최종적인 행렬을 구한다. 통합 전 본래 행렬은 3×3 행렬이었으나 통합 후 행렬은 2×2 행렬이 된다. 이러한 방법을 통하여 Z의 부문 1과 부문 2를 통합한 행렬을 Z^*라 표기하고, 이를 나타내면 다음과 같다.

$$Z^* = \begin{bmatrix} z_{11}^* & z_{12}^* \\ z_{21}^* & z_{22}^* \end{bmatrix} = \begin{bmatrix} z_{11} + z_{12} + z_{21} + z_{22} & z_{13} + z_{23} \\ z_{31} + z_{32} & z_{33} \end{bmatrix} \tag{5.2}$$

여기서 z_{ij}^*(단, $i, j = 1, 2$)는 Z^*의 원소이다. 부문 1과 부문 2가 통합됨에 따라서 z_{11}^*은 $z_{11} + z_{12} + z_{21} + z_{22}$와 같고, z_{12}^*는 $z_{13} + z_{23}$과 같고, z_{21}^*은 $z_{31} + z_{32}$와 같으며, z_{22}^*는 z_{33}과 같다.

(2) 열 통합 행렬과 행 통합 행렬

'부문 통합 행렬'을 이용하면 투입산출표의 부문 통합 작업을 용이하게 수행할 수 있다. 부문 통합 행렬은 1 또는 0을 원소로 하는 행렬을 말하며, '열 통합 행렬'과 '행 통합 행렬'로 구분된다. 이 책에서는 열 통합 행렬은 C로 표기하고, 행 통합 행렬은 R로 표기한다. 여기서 C의 차원은 '본래 행렬 부문 수×통합 후 행렬 부문 수'이며, R의 차원은 '통합 후 행렬 부문 수×본래 행렬 부문 수'이다. 이러한 논의에서 앞의 식 (5.1)에서 행렬 Z의 부문 1과 부문 2를 통합하기 위한 C와 R은 각각 다음과 같이 나타낼 수 있다.

$$C = \begin{bmatrix} 1\,0 \\ 1\,0 \\ 0\,1 \end{bmatrix}, \quad R = \begin{bmatrix} 1\,1\,0 \\ 0\,0\,1 \end{bmatrix} \tag{5.3}$$

이때 C의 제1열은 통합 부문 1을 생성하기 위한 것이고, 제2열은 통합 부문 2를 생성하기 위한 것이다. 마찬가지로 R의 제1행은 통합 부문 1을 위한 것이고, 제2행은 통합 부문 2를 위한 것이다.

또한 C와 R의 원소는 1 또는 0이고, 각 원소의 값은 다음과 같은 기준으로 정한다. C와 R에서 본래 행렬의 부문과 통합 부문이 연계되는 부문이 존재하는 자리에는 1의 값을 주고, 연계되지 않는 부문이 존재하는 자리에는 0의 값을 준다. 예를 들어, 식 (5.3)에서 R의 제1행을 보사. 본래 행렬에서 부문 1과 부문 2를 통합함으로써 통합 행렬의 부문 1이 도출되므로 R의 제1행의 원소에 대해서 본래 행렬의 부문 1과 부문 2가 연계되는 자리에는 1의 값을 주고, 그렇지 않은 자리에는 0의 값을 준다. 이에 R의 제1행은 [1 1 0]의 값을 지니게 된다.

(3) 열 통합 행렬과 행 통합 행렬을 이용한 부문 통합

R과 C를 이용하면 중간재 거래 행렬에 대한 부문 통합을 손쉽게 수행할 수 있다. 예컨대 식 (5.1)의 사례에서 부문 1과 부문 2를 통합하려면 다음과 같이 RZC를 구하면 된다.

$$\begin{aligned} RZC &= \begin{bmatrix} 1\,1\,0 \\ 0\,0\,1 \end{bmatrix} \begin{bmatrix} z_{11} & z_{12} & z_{13} \\ z_{21} & z_{22} & z_{23} \\ z_{31} & z_{32} & z_{33} \end{bmatrix} \begin{bmatrix} 1\,0 \\ 1\,0 \\ 0\,1 \end{bmatrix} \\ &= \begin{bmatrix} z_{11} + z_{21} + z_{12} + z_{22} & z_{13} + z_{23} \\ z_{31} + z_{32} & z_{33} \end{bmatrix} \end{aligned} \tag{5.4}$$

이때 R은 2×3 행렬, Z는 3×3 행렬, C는 3×2 행렬이다. 그러므로 RZC는 2×2 행렬이 된다.[19]

투입산출표의 최종수요 벡터, 수입 벡터, 총산출 벡터 등에 대한 부문 통합에는 R을 이용하고, 부가가치 벡터, 총투입 벡터 등에 대한 부문 통합에는 C를 이용한다. 예를 들어, 3개 부문 사례에서 최종수요 벡터 Y와 부가가치 벡터 VA가 다음과 같다고 하자.

$$Y = \begin{bmatrix} y_1 \\ y_2 \\ y_3 \end{bmatrix}, \; VA = [\upsilon a_1 \; \upsilon a_2 \; \upsilon a_3] \tag{5.5}$$

앞의 Z와 마찬가지로 부문 1과 부문 2를 통합한다고 하자. RY를 연산하면 Y에서 부문 1과 부문 2가 통합되며, VAC를 연산하면 VA에서 부문 1과 부문 2가 통합된다. 이제 통합 후의 최종수요 벡터와 부가가치 벡터를 각각 Y^*와 VA^*라 하면 이는 다음과 같다.

$$Y^* = RY = \begin{bmatrix} 1\,1\,0 \\ 0\,0\,1 \end{bmatrix} \begin{bmatrix} y_1 \\ y_2 \\ y_3 \end{bmatrix} = \begin{bmatrix} y_1 + y_2 \\ y_3 \end{bmatrix} \tag{5.6}$$

$$VA^* = VAC = [\upsilon a_1 \; \upsilon a_2 \; \upsilon a_3] \begin{bmatrix} 1\,0 \\ 1\,0 \\ 0\,1 \end{bmatrix} = [\upsilon a_1 + \upsilon a_2 \; \upsilon a_3] \tag{5.7}$$

식 (5.6)과 식 (5.7)에서 보듯이 R(행 통합 행렬)과 C(열 통합 행렬)를 이용하면 투입산출표에 대한 부문 통합을 손쉽게 수행할 수 있다.

(4) 부문 분류 연계표 작성

실제 투입산출표의 부문을 통합하기 위해서는 본래 부문 분류와 통합된 부문 분류를 연결하는 부문 분류 연계표를 작성하여야 한다. 이 책에서는 2018년 대분류 투입산출표를 8개의 통합 부문으로 새롭게 분류하고자 한다. 2018년 대분류 투입산출표는 2015년 실

19 식 (5.4)의 결과는 식 (5.2)의 결과와 일치한다.

측 투입산출표에 기초하여 작성된 연장표이며, 동 투입산출표의 부문 분류는 2015년 실측 투입산출표의 상품분류와 같다.

한국은행의 경제통계시스템 홈페이지에 접속한 후 '13.산업연관표 → 2015 부문 분류표'를 선택하면 2015년 기준의 부문 분류표를 엑셀 파일로 내려받을 수 있다. 그런 다음 한국은행의 대분류 33개 부문에 대응하는 8개의 통합 부문을 연결하는 부문 분류 연계표를 작성해보면 [표 5-1]과 같다.

[표 5-1] 부문 분류 연계표

통합 분류		한국은행 대분류(2015년 상품분류)	
코드	통합 부문명	코드	부문명
c1	농림수산품	A	농림수산품
c2	광산품	B	광산품
c3	조립가공제품	C09~C12	컴퓨터, 전자 및 광학기기, 전기장비, 기계 및 장비, 운송장비
c4	일반공산품	C01~C08, C13~C14	음식료품, 섬유 및 가죽제품, 목재 및 종이, 인쇄, 석탄 및 석유제품, 화학제품, 비금속광물제품, 1차 금속제품, 금속가공제품, 기타 제조업 제품, 제조임가공 및 산업용 장비 수리
c5	전기,가스,수도	D, E	전력, 가스 및 증가, 수도, 폐기물처리 및 재활용서비스
c6	건설	F	건설
c7	생산자서비스	J, K, L, M, N	정보통신 및 방송 서비스, 금융 및 보험 서비스, 부동산서비스, 전문, 과학 및 기술 서비스, 사업지원서비스
c8	일반서비스	G, H, I, O, P, Q, R, S, T	도소매 및 상품중개서비스, 운송서비스, 음식점 및 숙박서비스, 공공행정, 국방 및 사회보장, 교육서비스, 보건 및 사회복지 서비스, 예술, 스포츠 및 여가 관련 서비스, 기타 서비스, 기타

주: ( ) 안의 숫자는 통합되는 대분류의 부문 수.

(5) R 코드

R에서 2018년 대분류 투입산출표를 8개 부문으로 통합한다. 본래 투입산출표의 부문 수가 33개이고 통합 행렬의 부문 수가 8개이므로 *R*의 차원은 8×33이고, *C*의 차원은 33×8이다. 그리고 [표 5-1]을 참고하여 *R*과 *C*에 대한 적절한 원소의 값을 부여한다. 예를 들어 [표 5-1]에서 통합 코드 c3(조립가공제품)은 한국은행의 대분류 코드 C09부터 C12까지의 4개의 대분류 코드를 통합한 것이다. 따라서 *R*의 제3행에서 11번째(한국은행의 대분류 코드 C09의 위치)부터 14번째(한국은행의 대분류 코드 C14의 위치)까지 원소의 값은 1로 하고, 나머지 모든 원소의 값은 0으로 두어야 한다. 그리고 *C*의 제3열에서 11번째부터 14번째까지 원소의 값은 1로 하고, 나머지 모든 원소의 값은 0으로 한다. 이러한 방법을 통하여 *R*과 *C*에 대한 원소의 값을 정할 수 있다.

이상의 논의에서 투입산출표 33개 대분류를 8개 부문으로 통합하기 위한 부문 통합 행렬 *C*와 *R*을 생성하는 과정에 대해 상세히 살펴보았다. R에서 부문 통합 행렬을 생성하는 다양한 방법이 존재하는데, 이 책에서는 rep( ) 함수, cbind( ) 함수, rbind( ) 함수를 이용하여 부문 통합 행렬 *C*와 *R*을 생성하고자 한다.

- 1단계 : 영 벡터의 생성

  우선 rep( ) 함수를 이용하여 통합하고자 하는 행렬의 열 또는 행의 차원에 부합되는 영 벡터를 생성한다. 예를 들어, 2018년 대분류 투입산출표는 33개 부문이 존재한다. 이에 zero1<-rep(0, times=33)을 입력하여 33차원의 영 벡터를 생성한다. 이러한 영 벡터는 통합 분류의 부문 수만큼 생성하여야 한다. 이때 이미 생성한 영 벡터 zero1을 이용하여 zero2<-zero1, …, zero8<-zero1을 입력하면, 매번 rep( ) 함수를 입력하지 않고도 영 벡터를 생성할 수 있다.

- 2단계 : 통합 부문에 대응하는 벡터 생성

  부문 분류 연계표를 참고하여 통합 부문에 대응하는 벡터를 생성한다. 예를 들어, zero1[1]<-1은 통합 부문 1에 대응하는 벡터를 생성하여 v1으로 저장한 것이다. 이는 33차원의 영 벡터에서 1번째 원소의 값을 1로 부여한 벡터가 통합 부문 1에 대응하는 벡터이기 때문이다. 만일 통합 부문 3에 대응하는 벡터를 생성하려면, zero3[11:14]<-1을 입력하면 된다. 이는 통합 부문 3은 한국은행의 대분류 33개 부문에서 11번째부터

14번째 부문을 통합한 결과이기 때문이다. 이러한 방식으로 [표 5-1]의 부문 분류 연계표를 참고하여 통합 부문에 대응하는 벡터를 생성하면 된다.

- 3단계 : 열 통합 행렬과 행 통합 행렬의 생성

통합 부문에 대응하는 8개의 벡터를 이용하여 열 통합 행렬과 행 통합 행렬을 생성한다. 이때 열 통합 행렬은 cbind( ) 함수를 이용하고, 행 통합 행렬은 rbind( ) 함수를 이용한다.

```
# 부문 통합 예제
# 33차원의 영 벡터를 생성
zero1<-rep(0, times=33)    # rep( ) 함수로 영 벡터 zero1을 생성
zero2<-zero1; zero3<-zero1; zero4<-zero1; zero5<-zero1
zero6<-zero1; zero7<-zero1; zero8<-zero1  # zero1을 zero2부터 zero8까지 저장

# 통합 부문에 대응하는 벡터 생성
zero1[1]<-1                 # 통합 부문 1에 대응하는 벡터를 생성
zero2[2]<-1                 # 통합 부문 2에 대응하는 벡터를 생성
zero3[11:14]<-1             # 통합 부문 3에 대응하는 벡터를 생성
zero4[3:10]<-1              # 통합 부문 4에 대응하는 벡터를 생성
zero4[13:14]<-1             # 통합 부문 4에 대응하는 벡터를 생성
zero5[17:18]<-1             # 통합 부문 5에 대응하는 벡터를 생성
zero6[19]<-1                # 통합 부문 6에 대응하는 벡터를 생성
zero7[23:27]<-1             # 통합 부문 7에 대응하는 벡터를 생성
zero8[20:22]<-1             # 통합 부문 8에 대응하는 벡터를 생성
zero8[28:33]<-1             # 통합 부문 8에 대응하는 벡터를 생성

# 33×8인 열 통합 행렬 C를 생성
C<-cbind(zero1,zero2,zero3,zero4,zero5,zero6,zero7,zero8)
# 8×33인 행 통합 행렬 R을 생성
R<-rbind(zero1,zero2,zero3,zero4,zero5,zero6,zero7,zero8)
```

이제 앞에서 생성한 *R*과 *C*를 이용하여 2018년 대분류 투입산출표의 중간재 거래 행렬, 항목별 최종수요 행렬, 총산출 벡터, 부가가치 벡터를 각각 8개 부문으로 통합한다.

- **4단계 : 통합 대상 데이터 추출**

  통합하고자 하는 투입산출표 파일을 R에 불러온 후에 행렬의 색인을 이용하여 통합하고자 하는 데이터를 추출한다. 예를 들어, R에서 2018년 대분류 투입산출표를 변수명 IOT18에 행렬 데이터 구조로 저장한 후에 통합하고자 하는 데이터, 즉 중간재 거래 행렬(Z), 항목별 최종수요 행렬(Y), 총산출 벡터(X), 부가가치 벡터(VA) 등을 행렬의 색인 방법을 이용하여 각각 추출한다.

- **5단계 : *R*과 *C*를 이용한 부문 통합**

  통합하고자 하는 대상 데이터의 차원을 고려하여 *R*과 *C*를 이용해 부문 통합을 수행한다. 이때 중간재 거래 행렬(Z)에 대한 부문 통합은 식 (5.4)를 이용하고, 항목별 최종수요 행렬(Y)과 총산출 벡터(X)에 대한 부문 통합은 식 (5.6)을 활용한다. 그리고 부가가치 벡터(VA)에 대한 부문 통합은 식 (5.7)을 이용한다. 예를 들어, 중간재 거래 행렬(Z)을 통합하기 위해서는 식 (5.4)의 사례에서 다루었듯이 R%*%Z%*%C를 입력하면 된다.[20]

- **6단계 : 통합된 행렬과 벡터의 차원 확인**

  부문 통합이 정상적으로 이루어졌는지를 확인하기 위해서 통합된 행렬과 벡터의 차원을 확인해야 한다. R에서 행렬과 벡터의 차원을 확인하기 위한 함수는 dim( )이다. 예를 들어, dim(행렬)을 입력하면 해당 행렬의 행 차원과 열 차원이 순차적으로 표시된다.

20 중간재 거래 행렬에 대한 통합 결과는 [그림 5-11]에 제시하였다(p. 106).

```
#투입산출표 부문 통합 예제
library(readxl)          #readxl 패키지의 사용
#2018년 대분류 투입산출표를 행렬로 전환하여 IOT18에 저장
IOT18<-as.matrix(read_excel("IOT_2018.xlsx",sheet=1, range="C6:AZ46"))

#투입산출표의 색인
Z<-IOT18[1:33,1:33]      #중간재 거래 행렬을 추출
Y<-IOT18[1:33,35:41]     #항목별 최종수요 행렬을 추출
X<-IOT18[1:33,44]        #총산출 벡터를 추출
VA<-IOT18[39,1:33]       #부가가치계 벡터를 추출

#열 통합 행렬과 행 통합 행렬을 이용한 부문 통합
newZ<-R%*%Z%*%C          #중간재 거래 행렬의 부문 통합
newY<-R%*%Y              #항목별 최종수요 행렬의 부문 통합
newX<-R%*%X              #총산출 벡터의 부문 통합
newVA<-VA%*%C            #부가가치 벡터의 부문 통합

#통합된 행렬과 벡터의 차원 확인
dim(newZ)                #통합된 중간재 거래 행렬의 차원 확인
[1] 8 8
dim(newY)                #통합된 항목별 최종수요 행렬의 차원 확인
[1] 8 7
dim(newX)                #통합된 총산출 벡터의 차원 확인
[1] 8 1
dim(newVA)               #통합된 부가가치 벡터의 차원 확인
[1] 1 8
```

2-5 R 데이터를 엑셀 파일로 저장하기

R에서 작업한 데이터를 엑셀 파일로 저장하기 위해서는 openxlsx 패키지가 필요하다. openxlsx 패키지의 wirte.xlsx( ) 함수를 이용하면 R 데이터를 엑셀 파일로 저장할 수 있다.

엑셀 파일 저장 함수

write.xlsx(데이터, file = "경로/저장할 파일명.xlsx", colNames = TRUE, rowNames = TRUE)

➡ R 데이터를 xlsx 확장자를 지닌 엑셀 파일로 저장한다. 이때 별도로 특정한 '경로/'를 지정하지 않으면 작업 디렉터리에 엑셀 파일이 저장된다.

➡ colNames = TRUE와 rowNames = TRUE는 각각 저장할 데이터의 열 이름과 행 이름을 엑셀 파일에 나타낸다는 것을 의미한다.

```
# 엑셀 파일 저장 예제
install.packages("openxlsx")    # openxlsx 패키지를 설치
library(openxlsx)               # openxlsx 패키지 사용

# 통합 분류의 부문명 벡터 생성
name<-c("농림수산품","광산품","조립가공제품","일반공산품","전기,가스,수도","건설","생산자서
비스","일반서비스")

# 통합된 행렬과 벡터에 이름 부여
rownames(newZ)<-name; colnames(newZ)<-name
write.xlsx(newZ, file = "newZ.xlsx", colNames = TRUE, rowNames = TRUE)
# 행렬 newZ를 엑셀 파일로 저장
```

	A	B	C	D	E	F	G	H	I
1		농림수산품	광산품	조립가공제품	일반공산품	전기,가스,수도	건설	생산자서비스	일반서비스
2	농림수산품	3,484,423	5,443	44,420	38,830,085	12,289	514,398	283,978	12,040,223
3	광산품	1,135	3,066	51,821	117,032,468	40,546,084	297,956	28,062	21,698
4	조립가공제품	643,456	183,121	269,319,862	146,702,797	4,274,837	19,401,126	23,697,186	35,905,526
5	일반공산품	17,186,638	564,502	258,811,818	545,439,829	10,610,469	86,445,663	32,075,525	173,364,994
6	전기,가스,수도	936,215	121,023	8,586,666	35,080,708	16,613,606	1,067,839	14,633,234	24,523,204
7	건설	88,532	18,059	438,055	915,835	506,777	85,451	10,031,793	2,071,947
8	생산자서비스	2,695,970	611,426	37,525,118	73,983,895	7,836,954	34,780,756	203,270,744	141,671,709
9	일반서비스	4,718,000	861,887	51,795,567	106,992,831	4,477,056	13,375,373	56,641,281	154,122,916

[그림 5-11] 통합 중간재 거래 행렬(8개 부문) 저장 예시

연습문제

1. 한국은행의 경제통계시스템 홈페이지(https://ecos.bok.or.kr)에 접속하여 2017년 대분류 공급표와 사용표(기초가격)를 내려받자.

(1) 운수업에서 음식료품은 얼마만큼 공급되었는지 써보자.

(2) 운송장비 제조업의 산출액(기초가격)은 얼마인지 써보자.

(3) 농림수산품에 대한 가격전환계는 얼마인지 써보자.

(4) 운수업의 부가가치액을 써보자.

(5) 운송장비 제조업에서 국산품 1차 금속제품과 수입품 1차 금속제품을 각각 얼마만큼 투입했는지 써보자.

(6) 운수업의 피용자보수를 써보자.

(7) 기초가격 사용표에서 경제 전체의 총부가가치와 한국은행 국민계정의 경제활동별 총부가가치[21]를 써보자.

21 국민계정의 경제활동별 총부가가치는 한국은행의 경제통계시스템 홈페이지에 접속하여 '10.국민계정(2015년 기준년) → 10.2.경세활동별, 지출항목별 규모 → 10.2.1.3.경제활동별 GDP 및 GNI(원계열, 명목, 분기 및 연간)'을 선택한 후에 '총부가가치(기초가격)' 항목을 확인하면 된다. 이때 주기를 '분기'가 아닌 '년'으로 설정하여야 한다.

2. 한국은행의 경제통계시스템 홈페이지에 접속하여 2017년 대분류 생산자가격 투입산출표를 내려받자. 파일명을 IOT_2017로 변경한 후에 작업 디렉터리 폴더로 옮기자.

(1) IOT_2017에서 수치형 데이터만 R에 불러들여서 행렬로 저장하자. 이때, 변수명은 IOT17이라 하자.

(2) IOT17의 총거래표에서 중간재 거래 행렬을 추출하여 Z로 저장하자.

(3) 행렬 Z에서 부문별 중간수요계를 Zr로 저장하고, 부문별 중간투입계를 Zc로 저장하자.

(4) Zr과 Zc를 열 방향으로 결합하여 Z2에 저장하자.

(5) Z2를 엑셀 파일로 작업 디렉터리 폴더에 저장하자. 이때 파일명을 Z2로 하자.

ch 6

산업연관분석의 기본 원리

1 투입산출표의 수학적 표기

국민경제 내에 n개의 부문이 존재한다고 가정하고 투입산출표의 구조를 나타내면 다음과 같다.

		중간수요						최종수요	수입(공제)	총산출액
		1	2	⋯	j	⋯	n			
중간투입	1	z_{11}	z_{12}	⋯	z_{1j}	⋯	z_{1n}	y_1	m_1	x_1
	2	z_{21}	z_{21}	⋯	z_{2j}	⋯	z_{2n}	y_2	m_2	x_2
	⋮	⋮	⋮	⋱	⋮	⋮	⋮	⋮	⋮	⋮
	i	z_{i1}	z_{i2}	⋯	z_{ij}	⋯	z_{in}	y_i	m_i	x_i
	⋮	⋮	⋮	⋱	⋮	⋱	⋮	⋮	⋮	⋮
	n	z_{n1}	z_{n2}	⋯	z_{nj}	⋯	z_{nn}	y_n	m_n	x_n
부가가치		va_1	va_2	⋯	va_j	⋯	va_n			
총투입액		x_1	x_2	⋯	x_j	⋯	x_n			

[그림 6-1] 투입산출표(총거래표)의 형식과 표기

위의 [그림 6-1]에서 부문 1을 사례로 들어 각 기호의 의미를 살펴보자. z_{11}은 부문 1에서의 생산을 위하여 필요한 부문 1(자기 부문)에서의 중간투입액을 뜻하고, z_{1n}은 부문 n에서의 생산에 필요한 부문 1에서의 중간투입액을 뜻한다. 이어서 y_1은 부문 1에 대한 최종수요이며, m_1은 해외에서 생산되어 공급된 부문 1의 수입을 나타낸다. 그리고 va_1은 부문 1의 생산과정에서 필요한 노동, 자본 등의 본원적 생산요소의 투입에 의해서 발생한 부문 1의 부가가치액이며, x_1은 부문 1의 총투입액(총산출액)이다. 이러한 내용에 기초하여 앞의 투입산출표에 나타난 각각의 기호에 대한 의미를 정리하면 다음과 같다.

✿ 투입산출표의 표기

- Z_{ij}: 부문 i와 부문 j 간의 중간재 거래내역, 부문 j의 생산을 위해 투입된 부문 i의 중간재 투입액 또는 부문 i의 부문 j로부터의 중간재 수요액
- y_i: 부문 i의 최종수요
- m_i: 부문 i의 수입
- va_j: 부문 j의 부가가치
- x_i: 부문 i의 총산출액; x_j: 부문 j의 총투입액

한편, 각 부문의 투입산출 균형식을 나타내면 다음과 같다.

$$\begin{array}{l} z_{11} + z_{12} + \cdots + z_{1n} + y_1 - m_1 = x_1 \\ \vdots \qquad \vdots \qquad \vdots \qquad \vdots \\ z_{i1} + z_{i2} + \cdots + z_{in} + y_i - m_i = x_i \\ \vdots \qquad \vdots \qquad \vdots \qquad \vdots \\ z_{n1} + z_{n2} + \cdots + z_{nn} + y_n - m_n = x_n \end{array} \tag{6.1}$$

식 (6.1)의 좌변은 각 부문의 중간수요 합에 최종수요를 더한 후 부문별 수입을 차감한 값을 나타내며, 우변은 각 부문의 총산출액을 나타낸다. 따라서 앞의 식 (6.1)은 부문별 총수요액에서 각 부문의 수입을 차감한 값이 곧 부문별 총산출액이 되는 관계를 식으로 나타낸 것이다.

2 투입계수의 도입

2-1 투입계수의 정의

투입계수(input coefficients)는 각 부문에서 산출물 생산을 위해 필요로 하는 중간투입액을 해당 부문의 총투입액으로 나눈 값이다. 따라서 투입계수는 각 부문의 산출액 1단위를 생산하기 위해 필요한 중간재 투입비율이며, 일반적으로 a_{ij}로 표기한다. 투입계수의 정의를 수식으로 표현하면 다음과 같다.

$$a_{ij} = \frac{z_{ij}}{x_j} \tag{6.2}$$

부문 1의 총투입액이 1,000만 원이고, 부문 1의 산출물을 생산하기 위해 부문 2로부터 80만 원에 해당하는 중간재가 투입되었다면, 투입계수는 다음과 같이 계산한다.

$$a_{21} = z_{21}/x_1 = 80\text{만 원}/1{,}000\text{만 원} = 0.08 \tag{6.3}$$

국민경제를 구성하고 있는 각 부문에서 생산을 위해 필요로 하는 각 부문의 중간재 투입액은 상이하며, 따라서 어떤 한 부문의 산출물이 다른 부문의 산출물 1단위를 생산하기 위해 중간재로 투입되는 비율도 부문별로 다르다. 예를 들어, 농산품의 산출물 1단위를 생산하기 위해 공산품으로부터 공급되는 중간재의 투입비율과, 운송서비스의 산출물 1단위를 생산하기 위해 공산품으로부터 공급되는 중간재의 투입비율은 상이할 수 있다. 이처럼 각 부문의 산출물 1단위를 생산하기 위해 필요한 중간재 투입비율은 서로 상이한데, 이러한 특성을 고려하여 투입계수를 기술계수(technical coefficients)라고도 부른다.

다음으로, 부가가치계수(value-added coefficients)는 각 부문에서 산출물의 생산활동을 통해 창출된 부가가치액을 해당 부문의 총투입액으로 나눈 값이다. 즉 부가가치계수는 특정 부문의 산출물 1단위 생산 시 창출되는 해당 부문의 부가가치 단위로, 직접 부가가치율을 나타낸다. 부가가치계수의 정의에 따라 부문 j의 부가가치계수를 수식으로 표현하면 다음과 같다.

$$\upsilon_j = \frac{\upsilon a_j}{x_j} \tag{6.4}$$

2-2 투입계수표

투입계수와 부가가치계수의 정의에 기초하면, 특정 부문의 산출물 생산을 위하여 요구되는 중간재 투입비율이 낮을수록 직접 부가가치율은 높게 나타난다.

	1	2	⋯	j	⋯	n
1	$a_{11}(=z_{11}/x_1)$	$a_{12}(=z_{12}/x_2)$	⋯	$a_{1j}(=z_{1j}/x_j)$	⋯	$a_{1n}(=z_{1n}/x_n)$
2	$a_{21}(=z_{21}/x_1)$	$a_{22}(=z_{22}/x_2)$	⋯	$a_{2j}(=z_{2j}/x_j)$	⋯	$a_{2n}(=z_{2n}/x_n)$
⋮	⋮	⋮	⋱	⋮	⋮	⋮
i	$a_{i1}(=z_{i1}/x_1)$	$a_{i2}(=z_{i2}/x_2)$	⋯	$a_{ij}(=z_{ij}/x_j)$	⋯	$a_{in}(=z_{in}/x_n)$
⋮	⋮	⋮	⋱	⋮	⋱	⋮
n	$a_{n1}(=z_{n1}/x_1)$	$a_{n2}(=z_{n2}/x_2)$	⋯	$a_{nj}(=z_{nj}/x_j)$	⋯	$a_{nn}(=z_{nn}/x_n)$
부가가치계수	$v_1(-va_1/x_1)$	$v_2(-va_2/x_2)$	⋯	$v_j(=va_j/x_j)$		$v_n(=va_n/x_n)$
계	1	1	⋯	1	⋯	1

[그림 6-2] 투입계수표의 구조

투입계수와 부가가치계수를 이용하여 [그림 6-1]에 제시된 투입산출표로부터 투입계수표를 구해 나타내면 [그림 6-2]와 같다. [그림 6-1]에서 부문별 중간투입액과 부가가치액의 합이 총투입액이 된다. 이를 통해 어느 한 부문의 투입계수와 부가가치계수의 합은 항상 1이 된다는 점을 알 수 있다.

투입계수의 정의에 기초하여 부문 간 중간재 거래내역을 투입계수와 총산출의 곱으로 나타낼 수 있다. 예를 들어 z_{11}은 $a_{11}x_1$과 같다. 따라서 앞의 식 (6.1)은 다음의 수식으로 나타낼 수 있다.

$$\begin{aligned} &a_{11}x_1 + a_{12}x_2 + \cdots + a_{1n}x_n + y_1 - m_1 = x_1 \\ &\ \vdots \qquad \vdots \qquad\quad \vdots \qquad \vdots \\ &a_{i1}x_1 + a_{i2}x_2 + \cdots + a_{in}x_n + y_i - m_i = x_i \\ &\ \vdots \qquad \vdots \qquad\quad \vdots \qquad \vdots \\ &a_{n1}x_1 + a_{n2}x_2 + \cdots + a_{nn}x_n + y_n - m_n = x_n \end{aligned} \tag{6.5}$$

식 (6.5)를 행렬로 나타내면 다음과 같다.

$$\begin{bmatrix} a_{11} & \cdots & a_{1n} \\ \vdots & \ddots & \vdots \\ a_{1n} & \cdots & a_{nn} \end{bmatrix} \begin{bmatrix} x_1 \\ \vdots \\ x_n \end{bmatrix} + \begin{bmatrix} y_1 \\ \vdots \\ y_n \end{bmatrix} - \begin{bmatrix} m_1 \\ \vdots \\ m_n \end{bmatrix} = \begin{bmatrix} x_1 \\ \vdots \\ x_n \end{bmatrix} \tag{6.6}$$

3 생산유발계수

3-1 생산유발계수의 도출

투입계수는 특정 부문의 산출물 1단위를 생산하기 위해서 요구되는 각 부문의 중간재 투입단위에 대한 직접적인 의존관계를 측정하는 데 이용된다. 예를 들어 $a_{12}=0.2$라고 하자. 이 경우 부문 2에서 50단위의 산출물을 생산한다면 $a_{12}=0.2$에 의해서 부문 1로부터 10단위의 중간재 투입이 이루어져야 한다. 이처럼 투입계수를 이용하면 각 부문의 생산을 위하여 형성된 직접적인 중간재 의존관계를 분석할 수 있다.

한편, 산업연관분석에서는 투입계수를 매개로 하여 국민경제 내에 존재하는 다양한 부문 간의 직접적인 의존관계뿐만 아니라 간접적인 상호의존관계도 분석할 수 있다. 간접적인 상호의존관계가 형성되는 과정을 선박과 곡물을 예로 들어 살펴보자. 일반적으로 곡물은 선박의 생산을 위한 중간재로 활용되지 않는다.[1] 그러나 부문 간 의존관계를 거치면 곡물 부문은 선박 부문과 간접적으로 연계될 수 있다.

먼저, 선박 부문에서 선박 운항시스템에 대한 수요가 발생한다면 소프트웨어 개발업체에서 선박 운항시스템을 개발할 것이다. 이어서 소프트웨어 개발업체에서 선박 운항시스템과 관련된 특허 등록을 위해 외부 기관으로부터 법률자문서비스를 받았다면, 법률자문서비스가 소프트웨어 개발업체에 중간재로 투입된다. 그리고 법률자문서비스를 제공하는 기관에서 법률전문가에게 외부음식물을 제공하였다면, 음식점이 법률자문서비스에

1 실제로 2015년 실측 투입산출표에서 선박의 생산활동에서 곡물로부터의 중간재 투입은 0이다.

중간재로 투입된다. 그 결과, 음식점은 법률자문기관에 음식물을 공급하기 위하여 곡물을 중간재로 소비하게 된다. 이러한 과정을 통해서 직접적인 중간재 의존관계가 형성되지 않은 선박 부문과 곡물 부문이 여타 부문 간의 상호의존관계를 통하여 간접적인 상호의존관계를 맺게 되는 것이다.

국민경제 내에 존재하는 모든 부문에 대한 직접적인 의존관계뿐만 아니라 간접적인 의존관계는 투입계수를 매개로 하여 생산유발계수를 도출함으로써 손쉽게 분석할 수 있다. 투입계수를 이용하여 생산유발계수를 도출하는 과정을 설명하면 다음과 같다. 앞의 식 (6.6)에서 총산출액이 있는 항목을 좌변으로 이동시키고, 나머지 항목들을 우변으로 옮겨 정리하면 다음의 식들이 유도된다.

$$\begin{bmatrix} x_1 \\ \vdots \\ x_n \end{bmatrix} - \begin{bmatrix} a_{11} \cdots a_{1n} \\ \vdots \ \ddots \ \vdots \\ a_{1n} \cdots a_{nn} \end{bmatrix} \begin{bmatrix} x_1 \\ \vdots \\ x_n \end{bmatrix} = \begin{bmatrix} y_1 \\ \vdots \\ y_n \end{bmatrix} - \begin{bmatrix} m_1 \\ \vdots \\ m_n \end{bmatrix} \tag{6.7}$$

$$\left(\begin{bmatrix} 1 \cdots 0 \\ \vdots \ddots \vdots \\ 0 \cdots 1 \end{bmatrix} - \begin{bmatrix} a_{11} \cdots a_{1n} \\ \vdots \ \ddots \ \vdots \\ a_{1n} \cdots a_{nn} \end{bmatrix} \right) \begin{bmatrix} x_1 \\ \vdots \\ x_n \end{bmatrix} = \begin{bmatrix} y_1 \\ \vdots \\ y_n \end{bmatrix} - \begin{bmatrix} m_1 \\ \vdots \\ m_n \end{bmatrix} \tag{6.8}$$

이어서 투입계수 행렬을 A, 최종수요 벡터를 Y, 수입 벡터를 M, 총산출 벡터를 X, 그리고 단위행렬을 I로 각각 표기한다.

$$A = \begin{bmatrix} a_{11} \cdots a_{1n} \\ \vdots \ \ddots \ \vdots \\ a_{1n} \cdots a_{nn} \end{bmatrix}, \ Y = \begin{bmatrix} y_1 \\ \vdots \\ y_n \end{bmatrix}, \ M = \begin{bmatrix} m_1 \\ \vdots \\ m_n \end{bmatrix}$$

$$X = \begin{bmatrix} x_1 \\ \vdots \\ x_n \end{bmatrix}, \ I = \begin{bmatrix} 1\,0 \cdots 0 \\ 0\,1 \cdots 0 \\ \vdots\ \vdots \ddots \vdots \\ 0\,0 \cdots 1 \end{bmatrix} \tag{6.9}$$

식 (6.9)를 이용하면 식 (6.8)은 다음과 같은 행렬식으로 나타낼 수 있다.

$$(I-A)X = Y-M \tag{6.10}$$

앞의 식을 총산출 벡터(X)에 대해 정리하면 식 (6.11)이 유도된다.

$$X=(I-A)^{-1}(Y-M) \\ =B(Y-M) \tag{6.11}$$

여기서 $B=(I-A)^{-1}$은 생산유발계수행렬(total requirements matrix)로 국민경제 내에 존재하는 각 부문의 직간접적인 상호의존관계를 분석하는 데 이용된다. 생산유발계수행렬은 레온티에프 역행렬(Leontief inverse matrix)이라고도 부른다.[2]

3-2 생산유발계수의 경제적 의미

이제 생산유발계수행렬이 어떠한 경제적 의미를 지니는지 알아보자. 우선 무한등비급수의 수렴조건[3]을 이용하여 생산유발계수행렬을 나타내면 다음의 식과 같다.

$$B=(I-A)^{-1}=\sum_{k=0}^{\infty} A=I+A+A^2+\cdots \tag{6.12}$$

식 (6.12)를 이용하면 식 (6.11)을 다음과 같이 쓸 수 있다.

$$X=(I+A+A^2+\cdots)(Y-M) \\ =B(Y-M) \tag{6.13}$$

명확한 이해를 위하여 수입(M)이 없는 상황을 가정하면 식 (6.13)은 다음과 같이 쓸 수 있다.

$$X=(I+A+A^2+\cdots)Y \\ =BY \tag{6.14}$$

---

2 본서에서는 생산유발계수행렬($(I-A)^{-1}$)을 투입계수행렬(A)과 구분하기 위해 B로 나타냈다. 연구자 또는 문헌에 따라서 생산유발계수행렬을 L, R 등의 다양한 기호로 표기하기도 한다.

3 $\sum_{k=0}^{\infty} r^k=1+r+r^2+\cdots$는 어떤 실수 r이 $0<r<1$일 때 $\frac{1}{1-r}$로 수렴한다.

이때 국민경제는 3개의 부문($n=3$)으로 구성되어 있고, 부문 1의 최종수요는 1이고, 나머지 모든 부문의 최종수요는 0인 최종수요 벡터를 Y^{1-}라 하자. 그러면 식 (6.14)는 다음과 같이 나타낼 수 있다.

$$\underbrace{\begin{bmatrix} x_1 \\ x_2 \\ x_3 \end{bmatrix}}_{X} = \underbrace{\begin{bmatrix} 1 \\ 0 \\ 0 \end{bmatrix}}_{IY^{1-}} + \underbrace{\begin{bmatrix} a_{11} \\ a_{21} \\ a_{31} \end{bmatrix}}_{AY^{1-}} + \underbrace{\begin{bmatrix} a_{11}a_{11}+a_{12}a_{21}+a_{13}a_{31} \\ a_{21}a_{11}+a_{22}a_{21}+a_{23}a_{31} \\ a_{31}a_{11}+a_{32}a_{21}+a_{33}a_{31} \end{bmatrix}}_{A^2Y^{1-}} + \cdots$$

$$= \underbrace{\begin{bmatrix} b_{11}b_{12}b_{13} \\ b_{21}b_{22}b_{23} \\ b_{31}b_{32}b_{33} \end{bmatrix}}_{B} \underbrace{\begin{bmatrix} 1 \\ 0 \\ 0 \end{bmatrix}}_{Y^{1-}} = \begin{bmatrix} b_{11} \\ b_{21} \\ b_{31} \end{bmatrix} \qquad (6.15)$$

식 (6.15)의 IY^{1-}은 부문 1의 최종수요 1단위를 충족시키기 위하여 부문 1에서 직접적으로 생산된 산출물 1단위로 부문 1의 최종수요이다. 이에 IY^{1-}를 부문 1에 의한 직접생산효과라 부른다. 식 (6.15)의 AY^{1-}은 투입계수행렬의 제1열이며, 이는 부문 1의 최종수요 1단위를 충족시키기 위하여 생산된 1단위 산출물을 생산하기 위하여 요구되는 각 부문의 중간재 투입액이다. 그러므로 AY^{1-}은 부문 1의 최종수요 1단위에 의해 유발된 1차 생산파급효과가 된다.

그리고 식 (6.15)의 A^2Y^{1-}은 부문 1의 최종수요 1단위를 충족시키기 위하여 발생한 1차 생산파급효과에 의해 유발된 2차 생산파급효과이다. A^2Y^{1-}의 제1행($a_{11}a_{11}+a_{12}a_{21}+a_{13}a_{31}$)이 지니는 경제적 의미를 살펴보자. 먼저 부문 1의 최종수요 1단위를 충족시키기 위해 유발된 1차 생산파급효과로 인해 부문 1은 a_{11}, 부문 2는 a_{21}, 부문 3은 a_{31}을 각각 생산하게 된다. 그러면 다시 부문 1에서 a_{11}을 생산하기 위해서 부문 1에서 a_{11}만큼의 중간투입이 이루어지므로 두 항을 곱한 $a_{11}a_{11}$만큼의 생산이 유발된다. 또한 부문 2에서 a_{21}을 생산하기 위해서는 부문 1에서 부문 2로 a_{12}만큼의 중간투입이 필요하므로 두 항을 곱한 $a_{12}a_{21}$만큼의 생산이 유발된다. 동일한 원리로 부문 3에서 a_{31}을 생산하기 위하여 부문 1에서 부문 3으로 a_{13}의 중간투입이 이루어져야 하므로 두 항을 곱한 $a_{13}a_{31}$만큼의 생산이 유발된다. 결국 A^2Y^{1-}의 제1행은 부문 1의 최종수요 1단위를 충족시키기 위하여 부문 1에서 유발된 2차 생산파급효과($\sum_{j=1}^{3} a_{1j}a_{j1},\ j=1, 2, 3$)가 되는 것이다.

이상에서 설명한 부문 1의 최종수요 1단위를 충족시키기 위하여 발생한 생산파급효과는 경제 내에서 무한히 발생하며, 각 단계의 생산파급효과를 일일이 계산하여 더하는 것은 매우 어려운 일이다. 그러나 앞의 식 (6.15)에서 부문 1의 최종수요 1단위를 충족시키기 위한 직접적인 생산효과(IY^{1-})와 그로 인해 유발된 모든 단계에서의 생산파급효과의 합($\sum_{k=1}^{\infty} A^k Y^{1-}$)을 더하면 BY^{1-}가 되며, 이 BY^{1-}는 생산유발계수행렬의 제1열이다. 이러한 논의를 통하여 생산유발계수행렬의 특정 j열은 부문 j의 최종수요 1단위를 충족시키기 위하여 유발된 각 부문의 직간접적인 산출물 단위라는 경제적인 의미를 지님을 알 수 있다.

한편, Y^1을 모든 원소가 1인 최종수요 벡터라 하고 Y^1을 식 (6.14)에 적용하면 다음의 식이 도출된다.

$$\underbrace{\begin{bmatrix} x_1 \\ x_2 \\ x_3 \end{bmatrix}}_{X} = \underbrace{\begin{bmatrix} b_{11} b_{12} b_{13} \\ b_{21} b_{22} b_{23} \\ b_{31} b_{32} b_{33} \end{bmatrix}}_{B} \underbrace{\begin{bmatrix} 1 \\ 1 \\ 1 \end{bmatrix}}_{Y^1} = \begin{bmatrix} b_{11} + b_{12} + b_{13} \\ b_{21} + b_{22} + b_{23} \\ b_{31} + b_{32} + b_{33} \end{bmatrix} \tag{6.16}$$

위 식에서 BY^1은 생산유발계수행렬의 행별 합이며, 이는 모든 부문에서 최종수요가 각각 1단위씩 발생하는 경우 이를 충족시키기 위하여 유발된 각 부문의 직간접적인 산출물 단위라는 경제적 의미를 지닌다. 예를 들어, 식 (6.16)에서 우변의 제1행($b_{11} + b_{12} + b_{13}$)에서 b_{11}은 부문 1의 최종수요 1단위를 충족시키기 위하여 유발된 부문 1에서의 직간접적인 산출물 단위이고, b_{12}는 부문 2의 최종수요 1단위를 충족시키기 위하여 유발된 부문 1에서의 간접적인 산출물 단위이며, b_{13}은 부문 3의 최종수요 1단위를 충족시키기 위하여 유발된 부문 1에서의 간접적인 산출물 단위이다. 따라서 $b_{11} + b_{12} + b_{13}$는 모든 부문에서 최종수요가 각각 1단위씩 증가한 경우에 이를 충족시키기 위하여 유발된 부문 1에서의 직간접적인 산출물 단위가 된다.

지금까지의 논의를 바탕으로 n개 부문으로 구성된 생산유발계수행렬에 대한 경제적인 해석을 정리하면 다음 [표 6-1]과 같다.

[표 6-1] 생산유발계수행렬의 경제적 의미

구분		의미
주대각원소	b_{jj}	부문 j의 최종수요 1단위를 충족시키기 위하여 요구되는 부문 j에서의 직간접적인 산출물 단위
비대각원소	b_{ij} (단, $i \neq j$)	부문 j의 최종수요 1단위를 충족시키기 위하여 요구되는 부문 i에서의 간접적인 산출물 단위
행 합	$\sum_{j=1}^{n} b_{ij}$	각 부문의 최종수요를 1단위씩 충족시키기 위하여 요구되는 부문 i에서의 직간접적인 산출물 단위
열 합	$\sum_{i=1}^{n} b_{ij}$	부문 j의 최종수요 1단위를 충족시키기 위하여 요구되는 모든 부문에서의 직간접적인 산출물 단위

4 호킨스-사이먼 조건

투입산출표를 이용한 산업연관분석의 분석 결과가 경제적인 의미를 지니기 위해서는 이른바 호킨스-사이먼 조건(Hawkins-Simon condition)을 만족해야 한다. 특히, 특정 시점의 투입계수행렬을 이용하여 새로운 시점에 대한 투입계수행렬을 예측하는 경우에 예측한 투입계수행렬을 바탕으로 도출된 분석 결과가 경제적 의미를 지니는지를 확인해야 하는데, 이를 위한 방법이 바로 호킨스-사이먼 조건을 만족하는지를 검정하는 것이다.[4]

호킨스-사이먼 조건이란 투입산출 균형식인 $(I-A)X=Y-M$에서 비음(non-negative)인 최종수요($X \geq 0$)가 충족되는 비음인 총산출($X \geq 0$)이 반드시 존재하기 위한 조건이다. 호킨스-사이먼 조건은 구체적으로 $(I-A)$행렬의 연속적인 주소행렬식(leading principal minors)이 모두 양의 값을 가져야 한다는 조건이며, 이를 식으로 나타내면 다음과 같다.[5]

4 투입계수행렬을 예측하는 방법론은 10장에서 상세히 다룬다.

5 강광하(2000).

$$1-a_{11}>0,\ \begin{vmatrix}1-a_{11} & -a_{12}\\ -a_{21} & 1-a_{22}\end{vmatrix}>0,$$

$$\cdots\begin{vmatrix}1-a_{11} & -a_{12} & \cdots & -a_{1n}\\ -a_{21} & 1-a_{22} & \cdots & -a_{22}\\ \vdots & \vdots & \ddots & \vdots\\ -a_{n1} & -a_{n2} & \cdots & 1-a_{nn}\end{vmatrix}>0 \tag{6.17}$$

호킨스-사이먼 조건의 경제적 의미를 명확히 이해하기 위해서 수입이 없는 상황에서 2개 부문으로 구성된 경제를 고려한다. 2개 부문 사례에서 투입계수행렬은 $A=\begin{bmatrix}a_{11} & a_{12}\\ a_{21} & a_{22}\end{bmatrix}$ 이고, 식 (6.17)에 의해서 호킨스-사이먼 조건을 다음과 같이 나타낼 수 있다.

$$\begin{aligned}&1-a_{11}>0,\\ &|I-A|=\begin{vmatrix}1-a_{11} & -a_{12}\\ -a_{21} & 1-a_{22}\end{vmatrix}=(1-a_{11})(1-a_{22})-a_{12}a_{21}>0\end{aligned} \tag{6.18}$$

식 (6.18)과 같이 2개 부문 사례에서 호킨스-사이먼 조건을 만족하면, 이용하려는 투입산출 체계가 외생적인 양(+)의 최종수요에 대한 양(+)의 균형 산출량을 가지기 위한 필요충분조건을 만족한다. 그렇다면 식 (6.18)이 지니는 의미가 무엇인지 살펴볼 필요가 있다. 2개 부문 사례에서 투입계수의 정의를 이용하면 투입산출 균형식은 다음과 같이 나타낼 수 있다.

$$\begin{aligned}&a_{11}X_1+a_{12}X_2+y_1=X_1,\\ &a_{21}X_1+a_{22}X_2+y_2=X_2\end{aligned} \tag{6.19}$$

위의 두 식을 각각 X_2에 관하여 정리하면 다음과 같다.

$$\text{(a)}\ X_2=-\frac{y_1}{a_{12}}+\frac{(1-a_{11})}{a_{12}}X_1, \tag{6.20}$$

$$\text{(b)}\ X_2=\frac{y_2}{(1-a_{22})}+\frac{a_{21}}{(1-a_{22})}X_1$$

여기서 음(−)이 아닌 투입계수의 정의에 따라서 $a_{ij} \geq 0$이 되고 $a_{ij} < 1$이 된다. 이에 위의 두 식을 X축을 X_1으로 하고, Y축을 X_2로 하는 2차원의 그래프로 나타내면 다음과 같다.

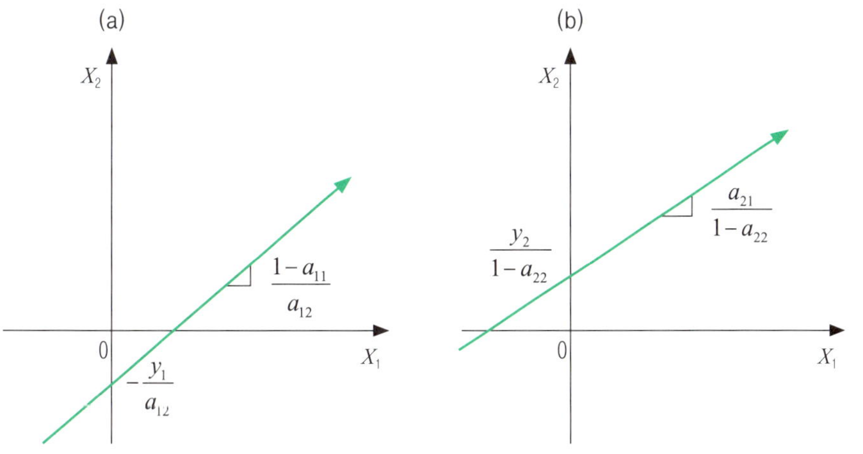

[그림 6-3] 식 (6.20)의 그래프 표현

또한 식 (6.20)의 조건에서 다음의 관계식이 유도된다.

$$\frac{1-a_{11}}{a_{12}} > \frac{a_{21}}{1-a_{22}} \tag{6.21}$$

식 (6.21)의 좌변은 [그림 6-3]의 그래프 (a)의 기울기에 해당하고, 우변은 [그림 6-3]의 그래프 (b)의 기울기에 해당한다. 따라서 식 (6.21)로부터 [그림 6-3]의 그래프 (a)의 기울기($\frac{1-a_{11}}{a_{12}}$)가 그래프 (b)의 기울기($\frac{a_{21}}{1\ \ a_{22}}$)보다 크다는 것을 알 수 있다. 그 결과 [그림 6-4]에서 볼 수 있듯이 그래프 (a)와 그래프 (b)가 제1사분면에서 만나면서 양(+)의 균형해가 존재하게 된다.

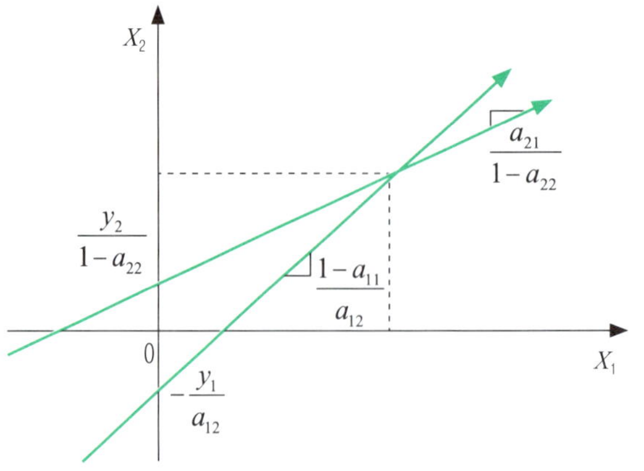

[그림 6-4] 균형해의 그래프

한편, 식 (6.18)의 두 번째 줄의 관계를 다시 정리하면 다음 식을 얻을 수 있다.

$$1 > a_{22} + a_{21}(1 - a_{11})^{-1} a_{12} \tag{6.22}$$

식 (6.22)에서 우변의 첫째 항 a_{22}는 부문 2의 산출물 1단위를 생산하는 데 필요한 부문 2(자기 부문)에서의 투입계수이다. 위 식에서 우변의 둘째 항 $a_{21}(1-a_{11})^{-1}a_{12}$의 각 항목을 분해해보면 $(1-a_{11})^{-1}a_{12}$는 부문 2의 산출물 1단위 생산을 위하여 필요한 부문 1에서 유발된 산출물 단위이고, $a_{21}(1-a_{11})^{-1}a_{12}$는 부문 1에서 $(1-a_{11})^{-1}a_{12}$를 생산하기 위해서 부문 2로부터 부문 1로 공급되어야 하는 부문 2의 산출물 단위이다. 이러한 논의에서 $a_{21}(1-a_{11})^{-1}a_{12}$는 부문 2의 간접적인 산출물 단위를 나타낸다. 따라서 식 (6.22)는 부문 2에서 생산된 직간접적인 산출물 단위의 합은 1보다 작아야 한다는 것을 뜻한다. 이러한 조건이 만족할 때 [그림 6-4]와 같이 경제적으로 의미 있는 균형해가 존재하게 된다. 그러므로 호킨스-사이먼 조건은 외생적인 양(+)의 최종수요가 주어질 때 생산유발계수행렬을 매개로 양(+)의 균형해가 도출되기 위한 필요충분조건을 나타낸다.

5 경제적 파급효과 분석

5-1 개요

한국은행에서 작성하여 공표하는 투입산출표는 비경쟁수입형표에 해당하며, 이는 국산거래표와 수입거래표를 구분하여 작성되는 투입산출표를 의미한다. 경쟁수입형 투입산출표는 거래되는 재화와 서비스가 국산품인지 수입품인지를 구분하지 않고 작성되는 투입산출표이다. 이 책에서는 비경쟁수입형표에 기초하여 경제적 파급효과를 분석하고자 한다. 경제적 파급효과는 생산유발효과, 수입유발효과, 부가가치유발효과, 노동유발효과로 구분되며, 이러한 경제적 파급효과의 분석은 외생적으로 주어지는 최종수요에 의하여 유발되는 직간접적인 유발효과를 분석한다는 의미에서 수요유도형 모형(demand-driven model)이라 한다.

5-2 분석 모형

(1) 생산유발효과

국산품과 수입품을 구분하여 작성되는 비경쟁수입형 투입산출표를 이용하는 경우 순수한 국내생산유발효과를 측정할 수 있다. 이제 국산품에 대한 중간재 거래 행렬을 총투입으로 나누어 구한 국산투입계수행렬을 A^d라 표기하고, Y^d를 국산품에 대한 최종수요라 표기하자. 투입계수의 정의를 이용하면 국산품 중간재는 A^dX가 되고, A^dX에 Y^d를 더하면 총산출액 X가 도출된다. 이러한 관계를 식으로 나타내면 다음과 같다.

$$A^dX + Y^d = X \tag{6.23}$$

식 (6.23)을 X에 대하여 정리하면 다음 식을 얻을 수 있다.

$$X = (I - A^d)^{-1}Y^d = B^dY^d \tag{6.24}$$

식 (6.24)에서 $B^d=(I-A^d)^{-1}$는 국산투입계수행렬에 의하여 도출된 생산유발계수행렬로, 국산품에 대한 최종수요가 한 단위 발생할 때 이를 충족시키기 위하여 유발된 직간접적인 생산유발효과를 나타낸다.

(2) 수입유발효과

수입유발효과는 수입거래표의 수급 균형식을 이용하여 분석한다. 수입품에 대한 중간재 거래 행렬을 총투입액으로 나누어 도출하는 수입투입계수행렬을 A^m이라 표기하고, 수입품에 대한 최종수요를 Y^m이라 표기하자. 수입투입계수의 정의에 따라서 중간재 수입액은 A^mX가 되며, A^mX에 Y^m을 더하면 총수입액 M이 도출된다. 이러한 관계를 식으로 나타내면 다음과 같다.

$$M=A^mX+Y^m \tag{6.25}$$

식 (6.25)의 X에 앞의 식 (6.24)를 대입하면 다음 식이 유도된다.

$$M=A^mB^dY^d+Y^m \tag{6.26}$$

식 (6.26)에서 A^mB^d는 수입유발계수행렬이며, 국산품에 대한 최종수요가 1단위 발생할 때 이를 충족시키기 위해서 직간접적으로 유발되는 수입 단위를 나타낸다.

(3) 부가가치유발효과

국민경제 내에 n개 부문이 존재하는 경우에 부가가치의 열 벡터를 VA라 표기하고, 부가가치계수의 대각행렬을 $\hat{V}$이라 하자.

$$VA=\begin{bmatrix} va_1 \\ va_2 \\ \vdots \\ va_n \end{bmatrix},\ \hat{V}=\begin{bmatrix} v_1 & 0 & \cdots & 0 \\ 0 & v_2 & \cdots & 0 \\ \vdots & \vdots & \ddots & \vdots \\ 0 & 0 & \cdots & v_n \end{bmatrix} \tag{6.27}$$

$\hat{V}$을 이용하여 부가가치의 열 벡터를 나타내면 다음 식과 같다.

$$VA = \hat{V}X \tag{6.28}$$

식 (6.28)의 X에 식 (6.24)를 대입하면 다음 식이 도출된다.

$$VA = \hat{V}B^d Y^d \tag{6.29}$$

식 (6.29)에서 $\hat{V}B^d$를 부가가치유발계수행렬이라 한다. 이것은 국산품에 대한 최종수요가 1단위 발생할 때 이를 충족시키기 위한 생산활동을 통하여 각 부문에서 직간접적으로 유발된 부가가치 단위를 나타낸다.

(4) 노동유발효과

노동유발효과를 분석하기 위해서는 투입산출표와 고용표가 모두 필요하다. 고용표는 피용자 수와 취업자 수에 대한 통계 정보를 제공한다. 피용자는 임금근로자를 뜻하며, 취업자는 피용자에 자영업자 및 무급가족종사자를 더한 것이다.[6] 다만, 투입산출표는 기본부문까지 존재하지만 고용표는 소분류까지 존재한다.

투입산출표와 고용표로부터 노동계수를 정의할 수 있으며, 노동계수란 일정 기간(흔히 1년) 동안 생산활동에 투입된 노동량을 총산출액(혹은 총투입액)으로 나눈 값이다.[7] 노동계수는 고용계수와 취업계수로 구분할 수 있다. 고용계수는 피용자 기준의 노동계수로 l^e라 표기하고, 취업계수는 취업자 기준의 노동계수로 l^w라 표기한다. 이제 어떤 부문 j의 고용계수와 취업계수를 구하면 다음과 같다.[8]

---

6 무급가족종사자란 자영업자의 가족으로서 급여를 받지 않고 근무를 하는 근로자를 뜻한다.

7 일반적으로 노동계수는 10억 원당 노동자 수로 환산하여 나타낸다.

8 여기서 식 (6.30)의 노동계수는 백만 원당 노동자 수로 정의된 것이며, 이를 10억 원당 노동자 수로 표기하기 위해서는 1,000을 곱하여야 한다.

$$l_j^e = \frac{w_j^e}{x_j},\ l_j^w = \frac{w_j^w}{x_j} \tag{6.30}$$

여기서 x_j는 부문 j의 총산출액이며, w_j^e는 부문 j의 피용자 수이고, w_j^w는 부문 j의 취업자 수이다. 이어서 피용자 벡터와 취업자 벡터를 각각 W^e와 W^w라 표기하고, 고용계수의 대각행렬과 취업계수의 대각행렬을 각각 $\hat{L}^e$와 $\hat{L}^w$라 표기하자. $\hat{L}^e$와 $\hat{L}^w$를 이용하면 피용자 벡터와 취업자 벡터를 각각 다음과 같이 나타낼 수 있다.

$$\begin{aligned} W^e &= \hat{L}^e X \\ W^w &= \hat{L}^w X \end{aligned} \tag{6.31}$$

위 식의 X에 앞의 식 (6.24)를 대입하면 다음 식이 유도된다.

$$\begin{aligned} W^e &= \hat{L}^e B^d Y^d \\ W^w &= \hat{L}^w B^d Y^d \end{aligned} \tag{6.32}$$

위 식에서 $\hat{L}^e B^d$는 고용유발계수행렬이고, $\hat{L}^w B^d$는 취업유발계수행렬이다. 고용유발계수행렬은 국산품에 대한 최종수요가 1단위 발생할 때 이를 충족하기 위하여 유발된 직간접적인 피용자 수를 뜻한다. 그리고 취업유발계수행렬은 국산품에 대한 최종수요가 1단위 발생할 때 이를 충족하기 위하여 유발된 직간접적인 취업자 수를 의미한다.[9]

한편, 노동량을 측정하는 단위는 연인원(man-year) 취업자 수 및 피용자 수, 전업환산기준(full-time equivalent) 취업자 수 및 피용자 수 2가지로 크게 구분할 수 있다.[10] 연인원은 1년 동안 각 사업장에 투입된 실제 노동량을 측정하기 위하여 사용하는 단위이다. 전업환산기준은 1년 동안 각 사업장에 투입된 노동량에서 근로기간뿐만 아니라 근로시간까지 고려하여 노동량을 측정하는 데 이용하는 단위이다. 예를 들어, A 사업장에서 근무한 근로자 B와 C가 있다고 하자. 이때 근로자 B는 하루 평균 8시간씩 6개월을 근무했고, C는 하루 평균 4시간씩 6개월을 근무했다고 하자. 이러한 사례에서 A 사업장에 대한 연

9 여기서, 백만 원당 노동자 수를 10억 원당 노동자 수로 전환하려면 고용유발계수행렬과 취업유발계수행렬에 각각 1,000을 곱하여야 한다.

10 한국은행(2014).

인원 기준 취업자 수를 보면, 근로자 B는 0.5명, 근로자 C는 0.5명으로 총 1명으로 측정한다.[11] 반면, A 사업장에 대한 전업환산기준 취업자 수는 근로기간뿐만 아니라 근로시간도 고려한다. 이때, 전업 평균 근로시간을 8시간으로 하는 경우 A 사업장에 대한 전업환산기준 취업자 수를 보면, 근로자 B는 0.5명이고 근로자 C는 0.25명이 되어 총 0.75명으로 측정한다.[12] 한국은행은 2010년 실측 산업연관표부터 고용표의 단위를 연인원기준에서 전업환산기준으로 전환하였다.

6 R 실습

6-1 생산유발계수행렬 도출 실습

R에서 지원하는 행렬대수를 위한 각종 연산자를 이용하면 투입계수와 생산유발계수행렬을 손쉽게 구할 수 있다. 다만, R에서 벡터와 행렬은 서로 다른 데이터 구조로 인식되기 때문에 투입계수행렬를 구하는 데 유의할 부분이 있다. 이 책에서는 3개 부문으로 구성된 투입산출표를 예로 들어 투입계수행렬을 도출하기 위한 R 코드를 설명한다.

먼저 중간재 거래 행렬(Z), 총산출액(또는 총투입액) 벡터(X)가 각각 다음과 같다고 하자.

$$Z = \begin{bmatrix} 10 & 20 & 0 \\ 15 & 5 & 0 \\ 30 & 40 & 0 \end{bmatrix}, \quad X = \begin{bmatrix} 100 \\ 80 \\ 0 \end{bmatrix} \tag{6.33}$$

11 연인원 취업자 수는 1년 동안 근무한 실제 노동량을 측정하는 것이다. 근로자 B와 근로자 C는 6개월씩 근무했으므로 각각 0.5명(=1명×(6개월/12개월))으로 계산한다.

12 전입환산기준 취업자 수를 보면, 근로자 B는 하루 평균 8시간씩 6개월을 근무하였으므로 0.5명(=1명×(6개월/12개월)×(평균 8시간/평균 8시간))이 된다. 근로자 C는 하루 평균 4시간씩 6개월을 근무하였으므로 0.25명(=1명×(6개월/12개월)×(평균 4시간/평균 8시간))이 된다.

총산출액 벡터의 역수를 취한 후 그 대각행렬을 구하여 $(\hat{X})^{-1}$라 표기하고, 이를 나타내면 다음과 같다.

$$(\hat{X})^{-1} = \begin{bmatrix} 1/100 & 0 & 0 \\ 0 & 1/80 & 0 \\ 0 & 0 & 0 \end{bmatrix} \tag{6.34}$$

R에서 총산출액의 역수를 구하는 과정에서 특정 부문의 총산출액이 0인 부문이 존재할 때, 1/0에 해당하는 총산출액의 역수는 Inf가 된다. 이에 Inf를 0으로 처리하는 과정을 추가해야 하는데, R에서 Inf를 0으로 대체하기 위한 코드는 '벡터[is.infinite(벡터)]<-0'이다. 이제 $(\hat{X})^{-1}$을 이용하면 투입계수행렬(A)은 다음 식을 통하여 구할 수 있다.

$$A = Z(\hat{X})^{-1} = \begin{bmatrix} 10 & 20 & 0 \\ 15 & 5 & 0 \\ 30 & 40 & 0 \end{bmatrix} \begin{bmatrix} 1/100 & 0 & 0 \\ 0 & 1/80 & 0 \\ 0 & 0 & 0 \end{bmatrix} = \begin{bmatrix} 0.1 & 0.25 & 0 \\ 0.15 & 0.0625 & 0 \\ 0.3 & 0.5 & 0 \end{bmatrix} \tag{6.35}$$

2018년 대분류 투입산출표를 이용하여 투입계수행렬을 도출하기 위한 R 코드 생성 과정을 정리하면 다음과 같다.

- 1단계 : 데이터 입력
  - library(readxl) : readxl 패키지를 사용한다.
  - IOT18<-as.matrix(read_excel("IOT_2018.xlsx",sheet=1, range="C6:AZ46")) : 2018년 대분류 투입산출표에서 총거래표를 행렬로 전환하여 IOT18에 저장한다.

- 2단계 : 투입산출표의 색인
  - Z<-IOT18[1:33,1:33] : 총거래표에서 중간재 거래 행렬을 추출한다.
  - X<-IOT18[1:33,44] : 총거래표에서 총산출 벡터를 추출한다.

- 3단계 : 투입계수행렬 도출
  - X1<-1/X : 총산출 벡터의 역수를 구한다.
  - X1[is.infinite(X1)]<-0 : Inf를 0으로 대체한다.

- X2<-diag(X1): X1의 대각행렬을 구한다.
- A<-Z%*%X2: 투입계수행렬을 도출한다.

R에서 앞서 구한 투입계수행렬을 이용하여 생산유발계수행렬을 도출하기 위하여 역행렬을 구하는 solve( ) 함수를 이용한다. 이때 생산유발계수행렬은 $(I-A)^{-1}$로 정의된다.

- 4단계: diag( ) 함수를 이용하여 단위행렬 생성
  - I<-diag(33): 33×33의 단위행렬을 생성하여 I에 저장한다.

- 5단계: solve( ) 함수를 이용하여 $I-A$의 역행렬 도출
  - B<-solve(I-A): $I-A$의 역행렬을 구한 후 B에 저장한다.

```
# 투입계수행렬과 생산유발계수행렬의 도출 예제
library(readxl)              # readxl 패키지의 사용
IOT18<-as.matrix(read_excel("IOT_2018.xlsx",sheet=1, range="C6:AZ46"))
# 총거래표를 행렬로 전환하여 IOT18에 저장

# 투입산출표의 색인
Z<-IOT18[1:33,1:33]          # 중간재 거래 행렬을 추출
X<-IOT18[1:33,44]            # 총산출 벡터를 추출

# 투입계수행렬 도출
X1<-1/X                      # 총산출 벡터의 역수를 X1에 저장
X1[is.infinite(X1)]<-0       # Inf를 0으로 대체
X2<-diag(X1)                 # X1의 대각행렬 도출
A<-Z%*%X2                    # 투입계수행렬 도출

# 생산유발계수행렬 도출
I<-diag(33)                  # 단위행렬 생성
B<-solve(I-A)                # 생산유발계수행렬 도출
```

6-2 호킨스-사이먼 조건의 검정 실습

호킨스-사이먼 조건을 검증하기 위해서는 $(I-A)$의 연속적인 주소행렬식이 모두 양(+)의 값을 지니는지를 확인하여야 한다. R에서 연속적인 주소행렬은 행렬의 색인으로 구하고, 각각의 주소행렬에 대한 행렬식은 det( ) 함수를 이용하여 계산하면 된다. $(I-A)$의 차원이 클수록 해당 행렬의 연속적인 주소행렬식을 구하기 위해 R 코드를 일일이 입력하여야 한다. 그러나 R의 for 문을 이용하면 반복되는 함수의 연산작업을 간단히 수행할 수 있다. 이 책에서는 for 반복문을 활용하여 $(I-A)$의 연속적인 주소행렬식을 구하는 과정을 설명한다.

먼저 R에서 for 반복문은 다음과 같은 방법으로 이용한다.

for 반복문

```
for(반복변수 in 반복횟수){
        반복변수가 포함된 반복할 식
  }
```

➡ 'for(반복변수 in 반복횟수){'에서 반복변수는 x, year, gdp 등 다양한 변수를 이용할 수 있는데, 일반적으로는 i와 j를 주로 사용한다. 반복횟수는 콜론(:)을 이용하여 '시작 값:끝 값'을 입력한다. 예를 들어 'for(i in 1:3){'은 반복변수 i가 포함된 식에 1, 2, 3을 순차적으로 입력한다는 의미이다.

➡ for 반복문을 작성한 후에 반드시 '}'를 닫아야 for 반복문이 실행된다.

```
# for 반복문 사용 예제
for(i in 1:3){     # 1, 2, 3을 순차적으로 콘솔창에 출력
 print(i)
 }
[1] 1
[1] 2
[1] 3
for(j in 1:3){     # j에 1, 2, 3을 순차적으로 더해 콘솔창에 출력
 a<-1+j
 print(a)
}
[1] 2
[1] 3
[1] 4
```

이제 for 반복문을 활용하여 $(I-A)$의 연속적인 주소행렬식을 연산하고, 그 값을 벡터로 반환하고자 한다. 이러한 분석을 위한 R 코드는 다음과 같다.

- 1단계 : 리스트 생성

  \- minors<-list( ) : 주소행렬식의 값을 저장하기 위한 리스트를 생성한다.

- 2단계 : 반복횟수 지정

  \- for(i in 2:33) : 시작 값은 2로 지정하고, 끝 값은 33으로 지정한다. 행렬식은 2차원 이상의 정방행렬에 대해서 정의되므로 시작 값을 2로 한다.

- 3단계 : 단위행렬 및 $(I-A)$ 생성

  \- I<-diag(33); newA<-I-A : 단위행렬은 투입계수행렬과 동일한 차원이어야 한다. $(I-A)$를 생성하여 newA에 저장한다.

- 4단계 : 반복할 식 생성

  \- minors[[i]]<-det(newA[1:i,1:i]) : 각 단계에서 연속된 주소행렬식을 구한 후에 리스트에 저장하는 수식을 입력한다. 1번째 연산(i=2)에서 minors[[2]]에 2차 정방행렬에 대한 행렬식 det(newA[1:2,1:2])를 구하여 저장한다. 2번째 연산(i=3)에서 minors[[3]]에 3차 정방행렬에 대한 행렬식 det(newA[1:3,1:3])을 구하여 저장한다. 이러한 연산 과정은 마지막 연산(i=33)을 수행할 때까지 반복된다.

- 5단계 : 연산 결과를 벡터로 반환

  \- Vm<-unlist(minors) : 리스트를 벡터로 반환하여 Vm에 저장한다.

```
# 연속적인 주소행렬식 도출 예제
minors<-list()                          # 리스트 생성
for(i in 2:33){                         # 반복구간의 시작
I<-diag(33)                             # 33차원의 단위행렬을 생성
newA<-I-A                               # (I-A) 행렬을 newA로 저장
minors[[i]]<-det(newA[1:i,1:i])         # 단계별 결과를 리스트에 저장
}                                       # 반복구간의 종료
Vm<-unlist(minors)                      # 리스트를 벡터로 변환
Vm                                      # 연속적인 주소행렬식의 값을 확인
[1]  0.943901025  0.731591056  0.518206656  0.353026052
[5]  0.331226163  0.219887007  0.186626974  0.117907145
[9]  0.100779171  0.071041238  0.057127889  0.045552624
[13] 0.032336035  0.030516838  0.027649363  0.023136024
[17] 0.022330779  0.022299796  0.021200313  0.017413447
[21] 0.016981839  0.014548028  0.012166248  0.011691330
[25] 0.010723312  0.009700110  0.009698522  0.009691706
[29] 0.009633846  0.009238083  0.009132907  0.008963797
# 연속적인 주소행렬식의 값이 모두 0보다 큰 값으로 나타남
# 이는 (I-A)행렬이 호킨스-사이먼 조건을 만족함을 의미함
```

6-3 경제적 파급효과 분석 실습

R에서 경제적 파급효과를 분석하기 위한 각종 유발계수를 도출한다. 이때 노동유발효과를 분석하기 위해서는 고용표를 입수하여야 한다. 고용표는 한국은행의 경제통계시스템 홈페이지 화면에서 '2015년 실측표 기준'을 선택한 후 하위 항목인 '고용표'를 클릭하면 내려받을 수 있다. 한국은행은 2015년 실측표와 그 연장표에 대한 고용표를 통합하여 하나의 엑셀 파일로 제공한다. 이어서 경제통계시스템 홈페이지에서 내려받은 고용표를 Labor.xlsx라는 파일명으로 저장하고 작업 디렉터리 폴더로 옮긴다.[13]

이제 R에서 2018년 대분류 기준의 비경쟁수입형 투입산출표를 이용하여 생산유발계수행렬, 수입유발계수행렬, 부가가치유발계수행렬, 고용유발계수행렬, 취업유발계수행렬

13 이때 투입산출표도 작업 디렉터리 폴더에 있어야 한다. 작업 디렉터리 폴더에 투입산출표를 옮긴 내용은 5장 2-2절의 내용을 참고하라(p. 91).

을 구한다. 이러한 분석을 위한 R 코드 생성 과정은 다음과 같다.

- 1단계 : 데이터 입력
  - IOT18<-as.matrix(read_excel("IOT_2018.xlsx",sheet=1, range="C6:AZ46")) : 2018년 대분류 투입산출표의 총거래표를 불러들인다. 이때 첫 번째 시트에 총거래표가 존재하여 sheet=1을 입력한다.
  - Im18<-as.matrix(read_excel("IOT_2018.xlsx",sheet=2, range="C6:AS39")) : 수입거래표를 불러들인다. 두 번째 시트에 수입거래표가 존재하여 sheet=2를 입력한다.
  - Dm18<-as.matrix(read_excel("IOT_2018.xlsx",sheet=3, range="C6:AS39")) : 국산거래표를 불러들인다. 세 번째 시트에 국산거래표가 존재하여 sheet=3을 입력한다.
  - W18<-as.matrix(read_excel("Labor.xlsx",sheet=1, range="C6:J39")) : 고용표를 불러들인다.

- 2단계 : 투입산출표의 색인
  - X<-IOT18[1:33,44] : 총거래표에서 총산출 벡터를 추출한다.
  - VA<-IOT18[39,1:33] : 총거래표에서 부가가치계 벡터를 추출한다.
  - Zm<-Im18[1:33,1:33] : 수입거래표에서 수입품 중간재 거래 행렬을 추출한다.
  - Zd<-Dm18[1:33,1:33] : 국산거래표에서 국산품 중간재 거래 행렬을 추출한다.
  - Yd<-Dm18[1:33,42] : 국산거래표에서 국산품 최종수요 벡터를 추출한다.
  - Ww<-W18[1:33,7] : 고용표에서 2018년 취업자 벡터를 추출한다.
  - We<-W18[1:33,8] : 고용표에서 2018년 피용자 벡터를 추출한다.

- 3단계 : 각종 계수의 도출
  - X1<-1/X : 총산출 벡터의 역수를 구하여 X1으로 저장한다.
  - X1[is.infinite(X1)]<-0 : X1에 존재하는 Inf를 0으로 대체한다. 만일, Inf가 없다면 실질적으로 X1에 변화되는 원소는 없다.
  - X2<-diag(X1) : X1의 대각행렬을 구하여 X2로 저장한다.
  - Ad<-Zd%*%X2 : 국산투입계수행렬을 도출한다.
  - Am<-Zm%*%X2 : 수입투입계수행렬을 도출한다.

- V<-as.vector(VA%*%X2) : 부가가치계수 벡터를 도출한다.
- Lw<-as.vector(Ww%*%X2) : 취업계수 벡터를 도출한다.
- Le<-as.vector(We%*%X2) : 고용계수 벡터를 도출한다.

• 4단계 : 각종 유발계수행렬의 도출
- I<-diag(33) : 33×33 차원의 단위행렬을 생성한다.
- Bd<-solve(I-Ad) : 생산유발계수행렬을 도출한다.
- Bm<-Am%*%Bd : 수입유발계수행렬을 도출한다.
- Vd<-diag(V)%*%Bd : 부가가치유발계수행렬을 도출한다.
- LW<-diag(Lw)%*%Bd*1000 : 취업유발계수행렬을 도출한다.[14]
- LE<-diag(Le)%*%Bd*1000 : 고용유발계수행렬을 도출한다.[15]
- namec<-colnames(IOT18)[1:33] : 부문명 벡터를 도출한다.
- colnames(Bd)<-namec; rownames(Bd)<-namec : Bd에 이름을 부여한다.
- colnames(Bm)<-namec; rownames(Bm)<-namec : Bm에 이름을 부여한다.
- colnames(Vd)<-namec; rownames(Vd)<-namec : Vd에 이름을 부여한다.
- colnames(LW)<-namec; rownames(LW)<-namec : LW에 이름을 부여한다.
- colnames(LE)<-namec; rownames(LE)<-namec : LE에 이름을 부여한다.

• 5단계 : 분석 결과 저장
- library(openxlsx) : openxlsx 패키지를 사용한다.
- result<-list( ) : 각종 유발계수행렬을 저장하기 위한 list를 생성한다.
- result[[1]]<-Bd : 생산유발계수행렬을 result[[1]]에 저장한다.
- result[[2]]<-Bm : 수입유발계수행렬을 result[[2]]에 저장한다.
- result[[3]]<-Vd : 부가가치유발계수행렬을 result[[3]]에 저장한다.
- result[[4]]<-LW : 취업유발계수행렬을 result[[4]]에 저장한다.

---

14 10억 원당 취업자 수로 나타내기 위하여 1,000을 곱하였다.

15 10억 원당 피용자 수로 나타내기 위하여 1,000을 곱하였다.

- result[[5]]<-LE : 고용유발계수행렬을 result[[5]]에 저장한다.
- write.xlsx(result, file = "result.xlsx", colNames = TRUE, rowNames = TRUE) : result를 엑셀 파일로 저장한다.

```
# 경제적 파급효과 분석 예제
# 데이터 입력
library(readxl)                    # readxl 패키지 사용
IOT18<-as.matrix(read_excel("IOT_2018.xlsx",sheet=1, range="C6:AZ46"))
# 총거래표를 불러들임
Im18<-as.matrix(read_excel("IOT_2018.xlsx",sheet=2, range="C6:AS39"))
# 수입거래표를 불러들임
Dm18<-as.matrix(read_excel("IOT_2018.xlsx",sheet=3, range="C6:AS39"))
# 국산거래표를 불러들임
W18<-as.matrix(read_excel("Labor.xlsx",sheet=1, range="C6:J39"))
# 고용표를 불러들임

# 투입산출표의 색인
X<-IOT18[1:33,44]                  # 총산출 벡터 추출
VA<-IOT18[39,1:33]                 # 부가가치계 벡터 추출
Zm<-Im18[1:33,1:33]                # 수입품 중간재 거래 행렬 추출
Zd<-Dm18[1:33,1:33]                # 국산품 중간재 거래 행렬 추출
Yd<-Dm18[1:33,42]                  # 국산품 최종수요 벡터 추출
Ww<-W18[1:33,7]                    # 취업자 수 벡터 추출
We<-W18[1:33,8]                    # 피용자 수 벡터 추출

# 각종 계수의 도출
X1<-1/X                            # 총산출 벡터의 역수를 X1에 저장
X1[is.infinite(X1)]<-0             # Inf를 0으로 대체
X2<-diag(X1)                       # X1의 대각행렬 도출
Ad<-Zd%*%X2                        # 국산투입계수행렬 도출
Am<-Zm%*%X2                        # 수입투입계수행렬 도출
V<-as.vector(VA%*%X2)              # 부가가치계수 벡터 도출
Lw<-as.vector(Ww%*%X2)             # 취업계수 벡터 도출
Le<-as.vector(We%*%X2)             # 고용계수 벡터 도출
```

```
# 각종 유발계수행렬의 도출
I<-diag(33)                          # 단위행렬 생성
Bd<-solve(I-Ad)                      # 생산유발계수행렬 도출
Bm<-Am%*%Bd                          # 수입유발계수행렬 도출
Vd<-diag(V)%*%Bd                     # 부가가치유발계수행렬 도출
LW<-diag(Lw)%*%Bd *1000              # 취업유발계수행렬 도출
LE<-diag(Le)%*%Bd*1000               # 고용유발계수행렬 도출

# 행렬에 이름 부여
namec<-colnames(IOT18)[1:33]     # 부문명 벡터 추출
colnames(Bd)<-namec; rownames(Bd)<-namec
colnames(Bm)<-namec; rownames(Bm)<-namec
colnames(Vd)<-namec; rownames(Vd)<-namec
colnames(LW)<-namec; rownames(LW)<-namec
colnames(LE)<-namec; rownames(LE)<-namec

# 분석 결과를 엑셀 파일로 저장
library(openxlsx)
result<-list()                       # 각종 유발계수행렬을 저장하기 위한 list 생성
result[[1]]<-Bd                      # 생산유발계수행렬을 result[[1]]에 저장
result[[2]]<-Bm                      # 수입유발계수행렬을 result[[2]]에 저장
result[[3]]<-Vd                      # 부가가치유발계수행렬을 result[[3]]에 저장
result[[4]]<-LW                      # 취업유발계수행렬을 result[[4]]에 저장
result[[5]]<-LE                      # 고용유발계수행렬을 result[[5]]에 저장
write.xlsx(result, file = "result.xlsx", colNames = TRUE, rowNames = TRUE)
# result를 엑셀 파일로 저장
```

R을 활용하여 2018년 대분류 기준의 생산유발계수행렬, 수입유발계수행렬, 부가가치유발계수행렬, 취업유발계수행렬, 고용유발계수행렬을 구한 후 이를 result.xlsx라는 엑셀 파일로 저장한다. 여기서 result.xlsx는 리스트라는 데이터 구조로부터 저장한 엑셀 파일이다. 리스트의 각 원소에 저장된 행렬은 엑셀 파일의 각 시트에 순차적으로 저장된다. 예를 들어, result라는 리스트의 1번째 원소(result[[1]])에 저장된 행렬은 result.xlsx라는 엑셀 파일의 sheet 1에 저장된다. 그리고 result라는 리스트의 2번째 원소(result[[2]])에 저장된 행렬은 result.xlsx라는 엑셀 파일의 sheet 2에 저장된다([그림 6-5] 참고).

	A	B	C	D	E	F	G	H	I	J
1		농림수산품	광산품	음식료품	섬유 및 가죽	목재 및 종이	석탄 및 석유	화학제품	비금속광물	1차 금속제품
2	농림수산품	1.09706799	0.0085185	0.28734764	0.00591772	0.01604296	0.00135457	0.00656617	0.00581201	0.00392371
3	광산품	0.00047298	1.0012712	0.00110419	0.00048317	0.00054222	0.00079944	0.00192937	0.08103327	0.00487311
4	음식료품	0.18117437	0.01709143	1.18226394	0.0118359	0.01430336	0.00298594	0.0135016	0.01241368	0.00852914
5	섬유 및 가죽	0.01708019	0.01073492	0.01089093	1.16942969	0.01652616	0.00193237	0.01101427	0.01190288	0.00707929
6	목재 및 종이	0.02480735	0.01240398	0.04170569	0.01601741	1.27569245	0.00345024	0.01648481	0.02400582	0.00883405
7	석탄 및 석유	0.04381363	0.06181939	0.03189366	0.02507305	0.02891142	1.02321782	0.08641296	0.0819518	0.02196312
8	화학제품	0.09905084	0.06481556	0.07800484	0.12939484	0.11102984	0.02051197	1.28018419	0.0726378	0.03410718
9	비금속광물	0.00289407	0.00471997	0.00916407	0.00248934	0.0013544	0.00125649	0.0061984	1.13530742	0.02323448
10	1차 금속제품	0.00689331	0.01765882	0.00997134	0.00897175	0.00945791	0.00654897	0.01527761	0.038343	1.28179209
11	금속가공제	0.0091711	0.02960504	0.02378008	0.01140036	0.01607245	0.01268779	0.01585844	0.02669415	0.01864619
12	컴퓨터, 전자	0.00756152	0.01176688	0.00929742	0.01004078	0.01044126	0.00609247	0.00982589	0.01175807	0.01031775
13	전기장비	0.00666191	0.01648386	0.00729626	0.00845219	0.00864859	0.00354113	0.00735061	0.01449801	0.00903401
14	기계 및 장비	0.00765677	0.02904118	0.00738996	0.00707926	0.00687504	0.00905552	0.01713104	0.01714716	0.01311546
15	운송장비	0.00856911	0.03013321	0.00839302	0.00756503	0.00932565	0.00268823	0.00709885	0.02121581	0.00751181
16	기타 제조업	0.00175426	0.00278203	0.00382243	0.00331308	0.0024949	0.00057846	0.00166995	0.00219899	0.00160552
17	제조임가공	0.01912922	0.04410077	0.0486102	0.12899758	0.05640032	0.00551314	0.03593989	0.0423094	0.0356299
18	전력, 가스 및	0.03070973	0.04503521	0.03333698	0.03168751	0.05830499	0.02459687	0.05031472	0.07198286	0.08870684
19	수도, 폐기물	0.00475032	0.00648004	0.00749026	0.00610176	0.01703777	0.0015391	0.01147262	0.01449979	0.03138628
20	건설	0.00286338	0.00589307	0.00277104	0.00198506	0.00253199	0.00102746	0.00241235	0.00326983	0.00311755
21	도소매 및 상	0.07295305	0.04043774	0.12103065	0.12099764	0.08408017	0.01550004	0.0628391	0.06185056	0.04209688
22	운송서비스	0.03482979	0.16064921	0.06967291	0.05333967	0.07915113	0.01253327	0.05347793	0.16245716	0.05428331
23	음식점 및 숙	0.02110392	0.03920121	0.02216792	0.02319227	0.02841523	0.0070356	0.0206489	0.02855614	0.01989867
24	정보통신 및	0.01590231	0.02410992	0.02002712	0.01694012	0.02152123	0.00894827	0.01810329	0.02400101	0.01692942
25	금융 및 보험	0.03434853	0.06149564	0.0311846	0.02947456	0.03734913	0.00646219	0.02705511	0.03843743	0.02932638
26	부동산서비	0.01145268	0.01594558	0.01720785	0.01870978	0.01773397	0.00474671	0.01254518	0.01577304	0.01330352
27	전문, 과학 및	0.04175444	0.07303449	0.06270216	0.04008748	0.04720739	0.02994427	0.07501106	0.06840063	0.05682031
28	사업지원서	0.01275735	0.06057764	0.01850767	0.01838625	0.02437952	0.00743375	0.01686756	0.02867658	0.02350452
29	공공행정, 국	0.00409719	0.00275465	0.00194201	0.001226	0.00168786	0.00067181	0.00252845	0.00147697	0.00102054
30	교육서비스	0.0005199	0.00078373	0.00089202	0.00084167	0.00100724	0.0003644	0.00094298	0.00110187	0.00103207
31	보건 및 사회	0.00324803	0.00422997	0.00280006	0.00217131	0.00304711	0.00069803	0.00212443	0.00298307	0.00218315
32	예술, 스포츠	0.00264138	0.00829911	0.00286363	0.00270548	0.00384586	0.00112625	0.00273866	0.00435283	0.00339268
33	기타 서비스	0.00434202	0.01072044	0.00568461	0.00456491	0.0058743	0.00186833	0.00428844	0.00887523	0.00545382
34	기타	0.00671575	0.00446192	0.00316253	0.00199289	0.00274143	0.00109852	0.00413199	0.00236275	0.00165508

[그림 6-5] 각종 유발계수행렬 분석 결과 예시

1. 어떤 국가의 경쟁수입형 투입산출표가 다음과 같다.

(단위: 백만 원)

	1차 상품	공산품	서비스	최종수요	총수요	총산출	총수입	총공급
1차 상품	100	50	20	395	565	400	165	565
공산품	50	350	120	480	1,000	800	200	1,000
서비스	30	100	200	815	1,145	1,000	145	1,145
부가가치	220	300	660					
총투입	400	800	1,000					

(1) R에서 투입계수행렬(A)과 부가가치계수 벡터(V)를 구해보자. 괄호 안은 변수명을 뜻한다.

(2) 호킨스-사이먼 조건을 검정해보자.

(3) 생산유발계수(B)를 구하고, 투입산출 균형식인 식 (6.13)이 성립하는지 검정해보자.

(4) 생산유발계수행렬에서 B[2,3]의 값을 적고, 그 경제적인 의미를 서술해보자.

(5) 생산유발계수행렬 B에서 제1행의 합을 구하고, 그 경제적인 의미를 서술해보자.

(6) 생산유발계수행렬 B에서 제2열의 합을 구하고, 그 경제적인 의미를 서술해보자.

2. 어떤 국가의 비경쟁수입형 투입산출표는 다음과 같다.

(단위: 백만 원, 명)

		1차 상품	공산품	서비스	최종수요(국산품)	최종수요(수입품)	총산출	총수입
국산 거래표	1차 상품	60	15	15	310	-	400	-
	공산품	40	150	110	400	-	800	-
	서비스	25	50	125	800	-	1,000	-
수입 거래표	1차 상품	40	35	5	-	85	-	165
	공산품	10	100	10	-	80	-	200
	서비스	5	50	75	-	15	-	145
부가가치		220	300	660				
총투입		400	800	1,000				
취업자		5	3	10				

(1) 국산투입계수행렬(Ad), 수입투입계수행렬(Am), 부가가치계수 벡터(V), 취업계수 벡터(L)를 각각 구해보자.

(2) 1차 상품(국산품)에 대한 최종수요가 1억 원 증가한다면, 각 부문에서 얼마만큼의 생산유발효과가 발생하는지 구해보자.

(3) 공산품(국산품)에 대한 최종수요가 10억 원 증가한다면, 각 부문에서 발생하는 수입유발효과의 크기는 얼마인지 구해보자.

(4) 국산품 서비스의 최종수요는 800백만 원이며, 이를 생산함으로써 유발된 공산품의 부가가치는 얼마인지 구해보자.

(5) 10억 원만큼의 국산품 최종수요를 구매하려고 한다. 1차 상품, 공산품, 서비스 세 부문 중에서 국산품 최종수요 10억 원 구매로 인하여 경제 전체에서 유발되는 취업자 수가 가장 큰 부문은 어느 부문인가?

ch 5

ch 6

ch 7

기본 모형의 확장

1 최종수요 항목별 분석

투입산출표에서 최종수요는 민간소비지출, 정부소비지출, 민간고정자본형성, 정부고정자본형성, 재고증감, 귀중품순취득, 수출로 구분되며, 이를 다시 소비, 투자, 수출로 나타낼 수 있다.[1] 그러므로 외생적으로 주어지는 최종수요에 의해 유발된 각종 경제적 파급효과를 최종수요의 구성 항목별로 분해하여 분석할 수 있다.

우선 국산거래표에서 소비 벡터, 투자 벡터, 수출 벡터를 각각 Y^C, Y^I, Y^{EX}라 표기하면, 국산품에 대한 최종수요 Y^d는 다음과 같이 최종수요 항목별 벡터의 합으로 나타낼 수 있다.[2]

$$Y^d = Y^C + Y^I + Y^{EX} \tag{7.1}$$

이제 위 식을 앞의 식 (6.24)에 대입하면 다음 식이 도출된다.

$$\begin{aligned} X &= B^d(Y^C + Y^I + Y^{EX}) \\ &= B^d Y^C + B^d Y^I + B^d Y^{EX} = X^C + X^I + X^{EX} \end{aligned} \tag{7.2}$$

위 식에서 $X^C = B^d Y^C$는 소비를 충족시키기 위하여 유발된 직간접적인 생산유발액이다. $X^I = B^d Y^I$는 투자를 충족시키기 위하여 유발된 직간접적인 생산유발액이며, $X^{EX} = B^d Y^{EX}$는 수출을 충족시키기 위하여 유발된 직간접적인 생산유발액이다. 식 (7.2)를 이용하면 총산출액 중 각각의 최종수요 항목에 의한 생산유발액이 차지하는 비중을 다음과 같이 구할 수 있다.

$$r^C = \frac{u'X^C}{u'X},\ r^I = \frac{u'X^I}{u'X},\ r^{EX} = \frac{u'X^{EX}}{u'X} \tag{7.3}$$

---

1 소비는 민간소비지출과 정부소비지출을 합한 값이고, 투자는 민간고정자본형성, 정부고정자본형성, 재고증감, 귀중품순취득의 4개 항목을 합한 값을 의미한다.

2 이때 표기를 간단히 하기 위해서 국산거래표의 소비 벡터, 투자 벡터, 수출 벡터에서 국산거래표를 나타내는 상첨자 d의 표기를 생략하였다.

여기서 $r^C + r^I + r^{EX} = 1$이다.

한편, 식 (7.2)에서 X^C, X^I, X^{EX}를 각각 구분하여 구할 필요가 있다. 이에 X^*를 n×3 차원으로 구성된 총산출 분해 행렬이라 정의하고, 이를 행렬로 나타내면 다음과 같다.

$$X^* = \begin{bmatrix} x_1^C\, x_1^I\, x_1^{EX} \\ \vdots \quad \vdots \quad \vdots \\ x_n^C\, x_n^I\, x_n^{EX} \end{bmatrix} \tag{7.4}$$

위 식의 우변의 제1열은 X^C, 제2열은 X^I, 제3열은 X^{EX}를 각각 나타낸다. 그리고 X^*를 구하기 위해서 최종수요 벡터를 소비, 투자, 수출로 구분한 행렬(항목별 최종수요 행렬)을 Y^*라 하자.

$$Y^* = \begin{bmatrix} y_1^C\, y_1^I\, y_1^{EX} \\ \vdots \quad \vdots \quad \vdots \\ y_n^C\, y_n^I\, y_n^{EX} \end{bmatrix} \tag{7.5}$$

식 (7.2), (7.4), (7.5)를 이용하면 다음의 식을 통하여 X^*를 구할 수 있다.

$$X^* = B^d Y^* = \begin{bmatrix} b_{11} \cdots b_{1n} \\ \vdots \ \ddots \ \vdots \\ b_{1n} \cdots b_{nn} \end{bmatrix} \begin{bmatrix} y_1^C\, y_1^I\, y_1^{EX} \\ \vdots \quad \vdots \quad \vdots \\ y_n^C\, y_n^I\, y_n^{EX} \end{bmatrix} = \begin{bmatrix} x_1^C\, x_1^I\, x_1^{EX} \\ \vdots \quad \vdots \quad \vdots \\ x_n^C\, x_n^I\, x_n^{EX} \end{bmatrix} \tag{7.6}$$

식 (7.6)을 이용하면 소비, 투자, 수출이라는 각각의 최종수요 항목에 의하여 유발된 직간접 생산유발액을 도출할 수 있다.

소비, 투자, 수출 등의 최종수요 항목별 합계를 각각 C_y, I_y, EX_y라 표기하자. 그러면 C_y, I_y, EX_y는 다음과 같이 나타낼 수 있다.

$$C_y = \sum_{i=1}^{n} y_i^C, \ I_y = \sum_{i=1}^{n} y_i^I, \ EX_y = \sum_{i=1}^{n} y_i^{EX} \tag{7.7}$$

식 (7.7)에서 C_y, I_y, EX_y는 모두 스칼라값을 지닌다. 또한 C_y, I_y, EX_y의 합계는 국민경제 전체에서의 국산품에 대한 최종수요의 합과 같다.

$$u'Y^d = C_y + I_y + EX_y \tag{7.8}$$

이제 식 (7.6), (7.7), (7.8)을 이용하여 최종수요 항목별 생산유발계수 B^*를 다음과 같이 도출할 수 있다.[3]

$$B^* = \begin{bmatrix} x_1^C / C_y & x_1^I / I_y & x_1^{EX} / EX_y & x_1 / u'Y^d \\ \vdots & \vdots & \vdots & \vdots \\ x_n^C / C_y & x_n^I / I_y & x_n^{EX} / EX_y & x_n / u'Y^d \end{bmatrix} \tag{7.9}$$

식 (7.9)의 우변에서 제1열은 소비 1단위에 의하여 유발된 부문별 생산유발계수, 제2열은 투자 1단위에 의하여 유발된 부문별 생산유발계수, 제3열은 수출 1단위에 의하여 유발된 부문별 생산유발계수, 제4열은 최종수요 1단위에 의하여 유발된 부문별 생산유발계수를 의미한다.

2 전후방연쇄효과 분석

투입산출표를 구성하는 각 부문은 중간재 거래 관계에 있어서 2가지 역할을 지닌다. 첫 번째는 해당 부문에서 생산한 산출물을 여타 부문의 생산을 위해서 원재료와 중간재 등으로 판매하는 판매자의 역할이다. 두 번째는 산출물을 생산하기 위해서 여타 부문으로부터 원재료와 중간재 등을 구매하는 구매자의 역할이다. 이때 전방연쇄효과(forward linkage effects)는 특정 부문의 산출물이 여타 부문의 생산활동을 위하여 중간재로 판매된 정도를 측정하며, 후방연쇄효과(backward linkage effects)는 특정 부문이 생산활동을 위하여 여타 부문으로부터 중간재를 구매한 정도를 측정한다.

이 책에서는 라스무센(Rasmussen, 1957)과 허쉬만(Hirschman, 1958)에 의해서 제시된 전방연쇄효과 및 후방연쇄효과의 정도를 측정하는 지표인 감응도계수와 영향력계수에 대해서 논의한다. 감응도계수는 각 부문의 전방연쇄효과에 대한 민감도(sensitivity of

---

3 한국은행(2014).

dispersion)를 측정하는 지표로서, 모든 부문에서의 최종수요가 각각 1단위씩 발생할 때 특정 부문이 받는 영향을 전 부문의 평균에 대한 상대적 크기로 측정한다. 영향력계수는 각 부문의 후방연쇄효과에 대한 힘의 정도(power of dispersion)를 측정하는 지표로서, 특정 부문의 최종수요가 1단위 발생할 때 모든 부문에 미치는 영향을 전 부문의 평균에 대한 상대적 크기로 측정한다.

감응도계수 벡터를 *FL*이라 표기하고, 영향력계수 벡터를 *BL*이라 하자. 국산거래표(n개 부문)에서 *FL*과 *BL*은 다음 식으로 구한다.

$$FL = \frac{B^d u}{\left(\frac{1}{n}\right) u' B^d u} \tag{7.10}$$

$$BL = \frac{u' B^d}{\left(\frac{1}{n}\right) u' B^d u} \tag{7.11}$$

여기서 *FL*은 n×1의 감응도계수 벡터이고, *BL*은 1×n의 영향력계수 벡터이다. 또한 u는 n×1의 합벡터이고, u'은 1×n의 합벡터이다. 식 (7.10)의 분자($B^d u$)는 생산유발계수행렬의 행 합을 계산한 n×1 벡터이고, 분모($\left(\frac{1}{n}\right) u' B^d u$)는 생산유발계수행렬의 행 합의 전 부문 평균이다. [표 6-1]에서 보듯이 특정 부문에 대한 생산유발계수행렬의 행 합은 모든 부문에서 최종수요가 1단위씩 증가할 때 이를 충족시키기 위해서 특정 부문에서 유발된 직간접적인 생산유발단위를 뜻한다. 따라서 *FL*에서 특정 부문의 감응도계수가 1보다 크다는 것은 모든 부문에서 최종수요가 1단위씩 발생할 때 해당 부문이 받는 영향의 정도가 전 부문의 평균보다 크다는 것을 의미하므로 이 부문의 전방연쇄효과가 높다고 해석할 수 있다. 이와는 반대로 어떤 부문의 감응도계수가 1보다 낮다는 것은 전 부문의 평균보다 낮다는 것을 나타내므로 이 부문의 전방연쇄효과가 낮다고 해석할 수 있다.

이어서 식 (7.11)의 분자($u' B^d$)는 생산유발계수행렬의 열 합을 계산한 1×n 벡터이고, 분모($\left(\frac{1}{n}\right) u' B^d u$)는 생산유발계수행렬의 열 합의 전 부문 평균이다. [표 6-1]에서 보듯이 특정 부문에 대한 생산유발계수행렬의 열 합은 해당 부문의 최종수요 1단위를 충족시키기 위해서 유발된 모든 부문에서의 직간접적인 생산유발단위를 의미한다. 그러므로 *BL*에서 특정 부문의 영향력계수가 1보다 크다는 것은 해당 부문에서 발생한 최종수요 1단위를 충족시키기 위해서 유발된 모든 부문에 대한 영향력의 정도가 전 부문의 평균보다 크다는 것을 의미하므로 이 부문의 후방연쇄효과가 높다고 해석할 수 있다. 동일한 논리로 어떤 부문의 영향력계수가 1보다 낮으면 전 부문의 평균보다 낮다는 것을 의미하므로 이 부문의 후방연쇄효과가 낮다고 해석할 수 있다.

투입산출표에서 각 부문은 판매자인 동시에 구매자가 되며, 그 정도는 감응도계수 및 영향력계수를 통해서 수치화할 수 있다. 이때 어떤 부문 i의 감응도계수와 영향력계수가 모두 1보다 크다면, 해당 부문 i는 여타 부문에 비해서 경제 전체로부터 받는 영향 및 경제 전체에 미치는 영향이 모두 높다는 것을 의미한다. 따라서 전·후방연쇄효과가 모두 높은 특성을 보이는 부문 i를 해당 경제의 핵심 부문이라 볼 수 있다. 이러한 논의에 따라서 부문별 감응도계수와 영향력계수를 [그림 7-1]과 같이 2차원 평면에 동시에 나타내면, 각 부문이 지니는 부문 간 연쇄효과의 특성을 기준으로 부문 분류를 할 수 있다.[4]

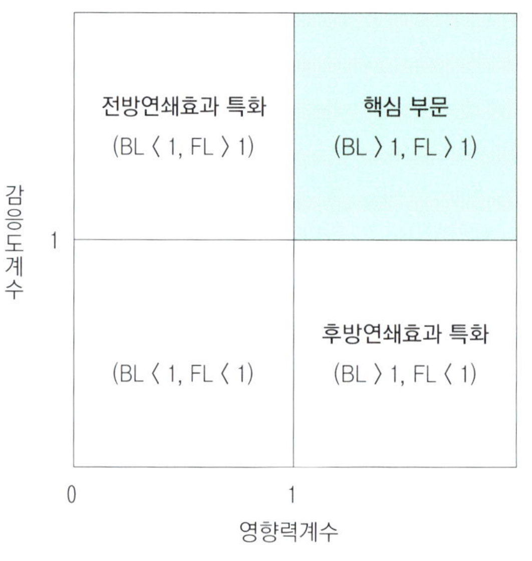

[그림 7-1] 부문 분류 개념도

4 김태진·심승진(2017).

[그림 7-1]에서 감응도계수가 1보다 크면서 영향력계수가 1보다 작은 부문은 전방연쇄효과 특화 부문을 의미하고, 감응도계수가 1보다 작지만 영향력계수가 1보다 큰 부문은 후방연쇄효과 특화 부문을 의미한다. 또한 감응도계수와 영향력계수가 모두 1보다 큰 부문은 핵심 부문이며, 감응도계수와 영향력계수가 모두 1보다 낮은 부문은 부문 간 연쇄효과가 모두 낮은 부문이다.

3 가격파급효과 분석

투입산출표의 열 방향은 각 부문에서 산출물을 생산하기 위하여 요구되는 국내외 중간재 투입 및 본원적 생산요소의 투입에 따른 비용구조를 나타낸다. 그러므로 투입산출표의 열 방향에서 파악되는 비용구조를 이용하여 임금(피용자보수) 등 부가가치 항목의 가격과 국내외 중간재 투입 가격 등이 변동하는 경우, 그러한 가격변동이 부문별 산출물의 가격변동에 미치는 영향을 분석할 수 있다.

가격파급효과를 분석하기 위해서는 어떤 부문의 산출물 1단위의 가격이 산출물 단위당 중간재 투입액과 산출물 단위당 부가가치액의 합과 같다는 가정이 필요하다. 이때 특정 부문의 산출물 단위당 중간재 투입액은 해당 부문의 투입계수에 투입된 산출물의 단위당 가격을 곱한 값으로 구하고, 특정 부문의 산출물 단위당 부가가치액은 해당 부문의 부가가치계수에 부가가치의 단위당 가격을 곱하여 구한다.[5] 예를 들어, 3개 부문으로 구성된 투입산출표(총거래표)에서 가격에 관한 균형식을 나타내면 다음과 같다.

$$\begin{aligned} p_1 &= a_{11}p_1 + a_{21}p_2 + a_{31}p_3 + \upsilon_1 p_1^{\upsilon} \\ p_2 &= a_{12}p_1 + a_{22}p_2 + a_{32}p_3 + \upsilon_2 p_2^{\upsilon} \\ p_3 &= a_{13}p_1 + a_{23}p_2 + a_{33}p_3 + \upsilon_3 p_3^{\upsilon} \end{aligned} \tag{7.12}$$

5 한국은행(2014).

여기서 $a_{ij}(i, j=1, 2)$는 투입계수, υ_i는 부문 i의 부가가치계수, p_i는 부문 i의 산출물 단위가격, p_i^{υ}는 부문 i의 부가가치 단위당 가격을 나타낸다. 예를 들어, 식 (7.12)에서 p_1은 부문 1의 산출물 생산을 위하여 투입된 각 부문의 중간재 투입에 대한 비용의 합인 $a_{11}p_1+a_{21}p_2+a_{31}p_3$와 부문 1의 생산활동을 위하여 투입된 본원적 생산요소에 따른 부가가치의 대가인 $\upsilon_1 p_1^{\upsilon}$의 합과 같다. 위 식을 행렬로 표현하면 다음과 같다.

$$\begin{bmatrix} p_1 \\ p_2 \\ p_3 \end{bmatrix} = \begin{bmatrix} a_{11} & a_{21} & a_{31} \\ a_{12} & a_{22} & a_{32} \\ a_{13} & a_{23} & a_{33} \end{bmatrix} \begin{bmatrix} p_1 \\ p_2 \\ p_3 \end{bmatrix} + \begin{bmatrix} \upsilon_1 & 0 & 0 \\ 0 & \upsilon_2 & 0 \\ 0 & 0 & \upsilon_3 \end{bmatrix} \begin{bmatrix} p_1^{\upsilon} \\ p_2^{\upsilon} \\ p_3^{\upsilon} \end{bmatrix} \tag{7.13}$$

이때 P는 산출물 가격 벡터, A'은 투입계수행렬의 전치행렬, $\hat{V}$은 부가가치계수의 대각행렬, P^{υ}는 부가가치계수의 가격 벡터라 표기하자. 그러면 식 (7.13)은 다음과 같이 행렬식으로 표기할 수 있다.

$$P = A'P + \hat{V}P^{\upsilon} \tag{7.14}$$

위 식을 P에 대해서 정리하면 다음의 관계식이 도출된다.

$$P = (I - A')^{-1}\hat{V}P^{\upsilon} \tag{7.15}$$

식 (7.15)는 임금(피용자보수), 이윤(영업잉여) 등의 부가가치 항목의 단위가격 변동이 산출물 가격에 미치는 파급효과를 분석할 수 있는 가격파급효과 분석을 위한 기본 모형이며, 이를 비용인상 투입산출 가격모형(cost-push input-output price model)이라 부른다.[6]

한국은행은 비경쟁수입형 투입산출표를 작성하여 공표하고 있으므로 가격파급효과 분석을 위해서는 국산품과 수입품을 구분한 투입계수를 적용하여야 한다. 예를 들어, 3개 부문으로 구성되는 비경쟁수입형 투입산출표에서의 가격에 대한 균형식을 나타내면

6 Miller and Blair(2009).

다음과 같다.

$$\begin{aligned} p_1^d &= a_{11}^d p_1^d + a_{11}^m p_1^m + a_{21}^d p_2^d + a_{21}^m p_2^m + a_{31}^d p_3^d + a_{31}^m p_3^m + \upsilon_1 p_1^\upsilon \\ p_2^d &= a_{12}^d p_1^d + a_{12}^m p_1^m + a_{22}^d p_2^d + a_{22}^m p_2^m + a_{32}^d p_3^d + a_{32}^m p_3^m + \upsilon_2 p_2^\upsilon \\ p_3^d &= a_{13}^d p_1^d + a_{13}^m p_1^m + a_{23}^d p_2^d + a_{23}^m p_2^m + a_{33}^d p_3^d + a_{33}^m p_3^m + \upsilon_3 p_3^\upsilon \end{aligned} \tag{7.16}$$

여기서 a_{ij}^d는 국산품 투입계수, p_i^d는 부문 i의 국산품 단위가격, a_{ij}^m은 수입품 투입계수, p_i^m은 부문 i의 수입품 단위가격, υ_i는 부문 i의 부가가치계수, p_i^υ는 부문 i의 부가가치 단위당 가격을 각각 나타낸다. 예를 들어, 식 (7.16)에서 p_1^d는 국내에서 생산된 국산품 중간재 투입에 대한 비용의 합인 $a_{11}^d p_1^d + a_{21}^d p_2^d + a_{31}^d p_3^d$, 해외에서 생산된 수입품 중간재 투입에 대한 비용의 합인 $a_{11}^m p_1^m + a_{21}^m p_2^m + a_{31}^m p_3^m$, 그리고 부문 1의 생산활동을 위한 본원적 생산요소의 투입에 대한 부가가치의 대가인 $\upsilon_1 p_1^\upsilon$의 합과 같다.

P^d는 국산품 가격 벡터, $A^{d'}$은 국산품 투입계수행렬의 전치행렬, $A^{m'}$은 수입품 투입계수행렬의 전치행렬, P^m은 수입품 가격 벡터, $\hat{V}$은 부가가치계수의 대각행렬, P^υ는 부가가치계수의 가격 벡터라고 표기하자. 그러면 식 (7.16)은 다음과 같은 행렬식으로 나타낼 수 있다.

$$P^d = A^{d\prime} P^d + A^{m\prime} P^m + \hat{V} P^\upsilon \tag{7.17}$$

위의 식을 P^d에 대해서 정리하면 다음의 관계가 도출된다.

$$P^d = (I - A^{d\prime})^{-1}(A^{m\prime} P^m + \hat{V} P^\upsilon) \tag{7.18}$$

식 (7.18)을 가격변동률 모형으로 전환하면 다음과 같이 나타낼 수 있다.[7]

$$\Delta P^d = (I - A^{d\prime})^{-1}(A^{m\prime} \Delta P^m + \hat{V} \Delta P^\upsilon) \tag{7.19}$$

7 Miller and Blair(2009).

여기서 ΔP^d는 국산품 가격변동률 벡터, ΔP^m은 수입품 가격변동률 벡터, ΔP^υ는 부가가치의 단위가격변동률 벡터이다.

식 (7.19)를 이용하면 본원적 생산요소의 단위가격 인상에 의한 가격파급효과, 수입품의 가격 인상에 의한 가격파급효과, 환율이 변동하였을 때의 가격파급효과와 같은 요인별 가격변동에 의한 가격파급효과를 분석할 수 있다. 식 (7.19)를 활용하여 특정 요인의 가격변동이 국민경제에 미치는 가격파급효과를 분석하려면 해당 요인 이외의 요인에 대한 가격변동이 없다는 가정이 필요하다.

먼저 본원적 생산요소인 노동, 자본 등의 부가가치 항목에 대한 단위가격 인상이 경제 전체의 물가에 미치는 영향을 분석하기 위해서는 수입품 가격의 변동이 없다는 가정이 필요하다. 이러한 가정하에서 식 (7.19)는 $\Delta P^d = (I - A^{d\prime})^{-1}\hat{V}\Delta P^\upsilon$이 된다. 또한 부가가치는 피용자보수($w$), 영업잉여($o$), 고정자본소모($k$), 순생산세($t$)로 구분되므로 $\Delta P^d = (I - A^{d\prime})^{-1}\hat{V}\Delta P^\upsilon$는 다음과 같이 나타낼 수 있다.

$$\Delta P^d = (I - A^{d\prime})^{-1}(\hat{V}^w \Delta P^w + \hat{V}^o \Delta P^o + \hat{V}^k \Delta P^k + \hat{V}^t \Delta P^t) \tag{7.20}$$

여기서 $\hat{V}^w$는 피용자보수계수의 대각행렬, $\hat{V}^o$는 영업잉여계수의 대각행렬, $\hat{V}^k$는 고정자본소모계수의 대각행렬, $\hat{V}^t$는 순생산세계수의 대각행렬을 나타낸다. 그리고 ΔP^w는 피용자보수의 가격변동률 벡터, ΔP^o는 영업잉여의 가격변동률 벡터, ΔP^k는 고정자본소모의 가격변동률 벡터, ΔP^t는 순생산세의 가격변동률 벡터를 나타낸다. 이때 특정 부문에서 부가가치 항목 중 임금(피용자보수)이 10% 인상되었다면, ΔP^υ에서 10%의 임금이 인상된 부문에만 충격을 주고, 나머지 부문에서의 임금에 대한 값은 0으로 하면 된다. 예를 들어, 3개 부문 사례에서 부문 1의 임금이 10% 증가한 경우를 분석하는 수식은 다음과 같다.

$$\begin{bmatrix} \Delta P_1^d \\ \Delta P_2^d \\ \Delta P_3^d \end{bmatrix} = \begin{bmatrix} 1 - a_{11}^d & -a_{21}^d & -a_{31}^d \\ -a_{12}^d & 1 - a_{22}^d & -a_{32}^d \\ -a_{13}^d & -a_{23}^d & 1 - a_{33}^d \end{bmatrix}^{-1} \begin{bmatrix} \upsilon_1^w & 0 & 0 \\ 0 & \upsilon_2^w & 0 \\ 0 & 0 & \upsilon_3^w \end{bmatrix} \begin{bmatrix} 10 \\ 0 \\ 0 \end{bmatrix} \tag{7.21}$$

다음으로 수입품 가격 인상에 의한 가격파급효과를 분석하려면 부가가치 항목의 단위가격변동이 없다는 가정이 필요하다. 이 경우에 식 (7.19)는 $\Delta P^d = (I - A^{d\prime})^{-1} A^{m\prime} \Delta P'$이 된다. 여기서 특정 부문에 대한 수입품 가격이 10% 인상되었다면 ΔP^m에서 해당 부문에 대한 수입품 가격에 10%의 값을 부여하고, 나머지 모든 부문에 대한 수입품 가격은 0으로 부여한다. 예를 들어, 3개 부문 사례에서 부문 2에 대한 수입품의 가격이 10% 인상된 경우를 분석하는 수식은 다음과 같다.

$$\begin{bmatrix} \Delta P_1^d \\ \Delta P_2^d \\ \Delta P_3^d \end{bmatrix} = \begin{bmatrix} 1-a_{11}^d & -a_{21}^d & -a_{31}^d \\ -a_{12}^d & 1-a_{22}^d & -a_{32}^d \\ -a_{13}^d & -a_{23}^d & 1-a_{33}^d \end{bmatrix}^{-1} \begin{bmatrix} a_{11}^m & a_{21}^m & a_{31}^m \\ a_{12}^m & a_{22}^m & a_{32}^m \\ a_{13}^m & a_{23}^m & a_{33}^m \end{bmatrix} \begin{bmatrix} 0 \\ 10 \\ 0 \end{bmatrix} \tag{7.22}$$

이어서 수입품의 가격에 미치는 대표적인 요인으로 환율변동을 들 수 있다. 부가가치 항목의 단위가격변동이 없는 경우에 환율변동을 분석하기 위한 식은 식 (7.19)에서 $\Delta P^d = (I - A^{d\prime})^{-1} A^{m\prime} \Delta P^m$이 된다. 이때 어떤 국가 경제에서 환율이 변동하게 되면 그로 인한 효과는 특정 부문에만 영향을 주는 것이 아니라 국가 경제 전체에 대한 거시경제적 영향을 준다. 환율변동의 이러한 특성을 고려한다면, 투입산출표의 체계에서 환율의 변화는 전 부문에 대한 수입품의 가격에 영향을 준다고 할 수 있다. 따라서 환율이 10% 상승하게 되면 그 효과는 전 부문에 대한 수입품의 가격이 10% 상승하는 결과로 이어진다고 가정할 수 있으며, 이에 대한 가격파급효과는 ΔP^m에서 모든 부문에 대한 수입품의 가격에 10% 인상의 충격을 줌으로써 분석할 수 있다. 예를 들어, 3개 부문 사례에서 환율이 10% 인상되는 경우를 분석하는 수식은 다음과 같다.

$$\begin{bmatrix} \Delta P_1^d \\ \Delta P_2^d \\ \Delta P_3^d \end{bmatrix} = \begin{bmatrix} 1-a_{11}^d & -a_{21}^d & -a_{31}^d \\ -a_{12}^d & 1-a_{22}^d & -a_{32}^d \\ -a_{13}^d & -a_{23}^d & 1-a_{33}^d \end{bmatrix}^{-1} \begin{bmatrix} a_{11}^m & a_{21}^m & a_{31}^m \\ a_{12}^m & a_{22}^m & a_{32}^m \\ a_{13}^m & a_{23}^m & a_{33}^m \end{bmatrix} \begin{bmatrix} 10 \\ 10 \\ 10 \end{bmatrix} \tag{7.23}$$

한편, 식 (7.21), (7.22), (7.23)의 분석 결과로부터 경제 전체에 미치는 가격파급효과를 분석하고자 한다면 각 부문이 경제 전체에서 차지하는 비중을 고려해야 한다. 왜냐하면 특정 부문이 높은 가격파급효과를 보인다고 하더라도 해당 부문이 경제 전체에서 차지하는 비중이 작다면, 국민경제 전체의 물가에 미치는 영향은 미약할 수밖에 없기 때문이다. 이에 경제 전체의 가격파급효과는 부문별 가격파급계수와 각 부문의 총산출액이 경제 전체의 총산출액에서 차지하는 비중을 곱하여 도출된 값들의 합, 즉 총산출액의 비중을 가중치로 한 가격파급계수의 가중평균으로 구한다. 예를 들어 식 (7.23)에서 각 부문의 총산출액의 비중을 r_1, r_2, r_3라 하면, 경제 전체(전 부문)의 가격파급효과는 다음 식을 통하여 구할 수 있다.

$$\Delta P_T^d = [r_1 r_2 r_3] \begin{bmatrix} \Delta P_1^d \\ \Delta P_2^d \\ \Delta P_3^d \end{bmatrix} = \sum_{i=1}^{3} \Delta P_i^d r_i \tag{7.24}$$

여기서 $\sum_{i=1}^{3} r_i = 1$. ΔP_T^d는 경제 전체(전 부문)에 대한 가격파급효과이다.

지금까지 살펴본 가격파급효과 분석 방법은 특정 부문에서의 가격변동이 경제 전체에 미치는 영향을 분석할 수 있는 유용한 방법이지만 몇 가지 한계점을 지닌다. 첫째, 비용인상 투입산출 가격모형은 투입산출표의 투입구조를 이용하여 가격변동 전과 가격변동 후의 균형을 비교하는 비교정태분석(comparative static analysis)에 해당하며, 그로 인해 가격변동의 시간적 변화를 반영하지 못하는 한계를 지닌다. 둘째, 투입산출표에 기반한 가격모형은 비용요인의 가격변동이 모두 상품 가격에 반영되는 것을 전제하고 있으며, 현실 경제에서의 수요와 경쟁상품 가격 등 다른 요인에 의한 가격변화를 반영하지 않고 있다. 따라서 이러한 가격모형의 분석 결과는 최대한의 가격파급효과를 분석한 결과이며, 현실적인 다른 요인을 고려하는 경우에는 동 가격모형의 분석 결과보다 가격변동 효과가 작을 수 있다. 마지막으로, 투입산출표 기반 가격모형은 특정 연도에 작성된 투입산출표의 투입구조에 기반하고 있다. 따라서 가격파급효과 분석을 위하여 이용되는 투입산출표의 연도와 분석을 위한 연도 간에 시차가 존재하며, 시차가 클수록 투입산출표 작성 이후에 발생한 다양한 국내외 투입구조의 변화를 반영하지 못하는 한계를 지닌다.

4 혼합 산업연관모형(외생화) 분석

4-1 수요유도형 모형의 외생화 분석

표준적인 산업연관분석 모형인 수요유도형 모형은 외생적으로 주어진 최종수요가 부문 간 중간재의 직간접적인 거래 관계를 매개로 각 부문의 총산출에 미치는 파급효과를 분석한다. 그런데 특정 부문에서 최종수요가 아니라 산출량이 변화하는 경우에 여타 부문에 미치는 영향은 표준적인 수요유도형 모형으로 분석하기 어렵다.

특정 부문의 산출량 변화가 여타 모든 부문에 미치는 영향을 분석하기 위해서 표준적인 수요유도형 모형에서 특정 부문을 외생적으로 처리하여 분석하는 혼합 산업연관모형(mixed type of input–output model)을 이용하여야 한다.[8] 또한 혼합 산업연관모형은 내생부문에 존재하는 특정 부문을 외생적으로 처리한다는 의미에서 외생화 기법(exogenous specification method)이라고도 부른다. 이러한 외생화 기법은 수요유도형 모형뿐만 아니라 가격파급효과 모형에도 적용할 수 있다.

먼저 수요유도형 모형의 외생화 분석 방법에 대하여 알아보자. 3개 부문으로 구성된 비경쟁수입형 투입산출표를 예로 들어 투입산출표에서 특정 부문을 외생적으로 처리하는 방법을 살펴본다. 3개 부문으로 구성된 국산거래표를 나타내면 [표 7-1]과 같다.

[표 7-1] 3개 부문의 국산거래표

		내생부문			외생부문	총산출
		1	2	3	최종수요	
내생부문	1	z_{11}^d	z_{12}^d	z_{13}^d	y_1^d	x_1
	2	z_{21}^d	z_{22}^d	z_{23}^d	y_2^d	x_2
	3	z_{31}^d	z_{32}^d	z_{33}^d	y_3^d	x_3
부가가치		va_1	va_2	va_3		
총투입		x_1	x_2	x_3		

8 Miller and Blair(2009).

외생화는 내생부문에 존재하는 특정 부문 k의 행과 열을 외생부문으로 옮기는 것이다. 다음의 [표 7-2]는 부문 2(k=2)를 외생적으로 처리한 국산거래표이다.

[표 7-2] 부문 2가 외생화된 국산거래표

		내생부문		외생부문		총산출
		1	3	2(=k)	최종수요	
내생부문	1	z_{11}^d	z_{13}^d	z_{12}^d	y_1^d	x_1
	3	z_{31}^d	z_{33}^d	z_{32}^d	y_3^d	x_3
2(=k)		z_{21}^d	z_{23}^d	z_{22}^d	y_2^d	x_2
부가가치		va_1	va_3			
총투입		x_1	x_3			

부문 2가 외생적으로 처리된 투입산출 균형식은 다음과 같다.

$$\begin{bmatrix} x_1 \\ x_3 \end{bmatrix} = \begin{bmatrix} a_{11}^d & a_{13}^d \\ a_{31}^d & a_{33}^d \end{bmatrix} \begin{bmatrix} x_1 \\ x_3 \end{bmatrix} + \begin{bmatrix} a_{12}^d \\ a_{32}^d \end{bmatrix} x_2 + \begin{bmatrix} y_1^d \\ y_3^d \end{bmatrix} \tag{7.25}$$

식 (7.25)를 보면 내생부문에서 부문 2가 외생적으로 처리됨에 따라 기존의 3×3차원의 투입계수행렬이 2×2차원의 투입계수행렬로 변화되었다. 또한 외생부문에는 최종수요 벡터뿐만 아니라 부문 2의 투입계수 벡터에서 부문 2의 원소가 제거된 투입계수 벡터와 부문 2의 총산출이 또 다른 외생부문의 항목으로 추가된 것을 알 수 있다.

부문 2가 외생적으로 처리된 투입계수행렬을 A_e^d, 부문 2가 외생화된 총산출 벡터를 X_e, 부문 2의 투입계수 벡터에서 부문 2를 제외한 것을 A_k^d, 부문 2의 총산출을 X_k, 부문 2가 제거된 최종수요 벡터를 Y_e^d라 각각 표기하자. 그러면 식 (7.25)는 다음과 같이 나타낼 수 있다.

$$\begin{aligned} X_e &= A_e^d X_e + A_k^d X_k + Y_e^d \\ &= (I - A_e^d)^{-1}(A_k^d X_k + Y_e^d) \end{aligned} \tag{7.26}$$

식 (7.26)에서 최종수요(Y_e^d)가 0이라고 가정하면, 다음과 같은 식이 도출된다.

$$X_e = (I - A_e^d)^{-1} A_k^d X_k \tag{7.27}$$

여기서 $(I - A_e^d)^{-1} A_k^d$는 외생적으로 처리된 부문 2에서의 총산출 1단위의 생산이 여타 부문에 미치는 생산유발계수를 의미한다. 식 (7.27)로부터 외생적으로 처리된 부문 2의 총산출액이 ΔX_k만큼 변동할 경우, 그 변동이 여타 부문의 총산출에 미치는 영향은 다음 식을 통하여 구할 수 있다.

$$\Delta X_e = (I - A_e^d)^{-1} A_k^d \Delta X_k \tag{7.28}$$

다음으로 부문 2가 외생화된 국산거래표인 [표 7-2]에서 구한 부가가치의 열 벡터, 부가가치계수의 열 벡터, 그리고 부가가치계수의 대각행렬을 각각 $VA_e = \begin{bmatrix} \upsilon a_1 \\ \upsilon a_3 \end{bmatrix}$, $V_e = \begin{bmatrix} \upsilon_1 \\ \upsilon_3 \end{bmatrix}$, $\hat{V}_e = \begin{bmatrix} \upsilon_1 & 0 \\ 0 & \upsilon_3 \end{bmatrix}$라 하자. 이제 부문 2가 외생화된 부가가치계수의 대각행렬 $\hat{V}_e$을 식 (7.27)의 양변에 행렬의 앞 곱셈을 하면, 다음 수식이 도출된다.

$$VA_e = \hat{V}_e (I - A_e^d)^{-1} A_k^d X_k \tag{7.29}$$

여기서 $\hat{V}_e (I - A_e^d)^{-1} A_k^d$는 외생적으로 처리된 부문 2에서의 총산출 1단위의 생산이 여타 부문의 부가가치에 미치는 영향을 분석할 수 있는 부가가치유발계수를 의미한다. 식 (7.29)로부터 외생적으로 처리된 부문 2의 총산출액이 ΔX_k만큼 변동할 경우, 그 변동이 여타 부문의 부가가치에 미치는 영향은 다음 식을 통하여 구할 수 있다.

$$\Delta VA_e = \hat{V}_e (I - A_e^d)^{-1} A_k^d \Delta X_k \tag{7.30}$$

외생화 방법은 노동유발효과 분석에도 적용할 수 있다. 부문 2가 외생화된 국산거래표에 대응되는 고용표에서 피용자 수의 열 벡터, 취업자 수의 열 벡터를 각각 $W_e^e = \begin{bmatrix} w_1^e \\ w_3^e \end{bmatrix}$,

$W_e^w = \begin{bmatrix} w_1^w \\ w_3^w \end{bmatrix}$라 하고, 고용계수의 대각행렬, 취업계수의 대각행렬을 각각 $\hat{L}_e^e = \begin{bmatrix} l_1^e & 0 \\ 0 & l_3^e \end{bmatrix}$, $\hat{L}_e^w = \begin{bmatrix} l_1^w & 0 \\ 0 & l_3^w \end{bmatrix}$라 하자. 이어서 고용계수의 대각행렬 $\hat{L}_e^e$, 취업계수의 대각행렬 $\hat{L}_e^w$을 각각 앞의 식 (7.27)의 양변에 행렬의 앞 곱셈을 하면 다음의 두 식이 도출된다.

$$W_e^e = \hat{L}_e^e (I - A_e^d)^{-1} A_k^d X_k \tag{7.31}$$

$$W_e^w = \hat{L}_e^w (I - A_e^d)^{-1} A_k^d X_k \tag{7.32}$$

위의 두 식에서 $\hat{L}_e^e (I - A_e^d)^{-1} A_k^d$와 $\hat{L}_e^w (I - A_e^d)^{-1} A_k^d$는 각각 외생적으로 처리된 부문 2에서의 총산출 1단위의 생산이 여타 부문의 피용자 수에 미치는 영향을 분석할 수 있는 고용유발계수와 여타 부문의 취업자 수에 미치는 영향을 분석할 수 있는 취업유발계수를 나타낸다. 식 (7.31)과 (7.32)로부터 외생적인 부문 2의 총산출액이 ΔX_k만큼 변동할 경우, 그로 인하여 유발된 여타 부문에서의 피용자 수와 취업자 수를 측정하는 다음과 같은 관계식을 도출할 수 있다.

$$\Delta W_e^e = \hat{L}_e^e (I - A_e^d)^{-1} A_k^d \Delta X_k \tag{7.33}$$

$$\Delta W_e^w = \hat{L}_e^w (I - A_e^d)^{-1} A_k^d \Delta X_k \tag{7.34}$$

4-2 가격파급효과 모형의 외생화 분석

투입산출표를 이용한 가격파급효과 분석 모형인 비용인상 투입산출 가격모형에서는 임금 등 부가가치 항목의 가격변동, 수입품의 가격변동, 환율변동 등이 부문별 산출물의 가격변동에 미치는 영향을 분석한다. 그러나 이러한 표준적인 가격파급효과 분석 모형으로는 국가 경제 내에 존재하는 특정 부문의 산출물 가격변동이 여타 부문의 산출물 가격에 어떠한 영향을 주는지를 분석할 수 없다. 예를 들어, 전력 및 수도 등과 같은 공공요금의 가격 인상 또는 도로운송이나 해상운송 등의 운임 상승이 여타 부문의 가격에 어떠한 영향을 주는지를 분석하려면 표준적인 가격파급효과 모형이 아닌 가격파급효과의 외생화 모형을 이용하여야 한다. 이에 수요유도형 모형의 외생화 분석에서 다룬 것과 마찬가지로 3개 부문 사례에서 부문 2를 외생적으로 처리하고자 한다.

외생화 이후 식 (7.16)에 제시된 가격 균형식은 다음과 같이 변경된다.

$$\begin{aligned} p_1^d &= a_{11}^d p_1^d + a_{11}^m p_1^m + a_{31}^d p_3^d + a_{31}^m p_3^m + (a_{21}^d p_2^d + a_{21}^m p_2^m) + \upsilon_1 p_1^\upsilon \\ p_3^d &= a_{13}^d p_1^d + a_{13}^m p_1^m + a_{33}^d p_3^d + a_{33}^m p_3^m + (a_{23}^d p_2^d + a_{23}^m p_2^m) + \upsilon_3 p_3^\upsilon \end{aligned} \tag{7.35}$$

이제 P_e^d는 부문 2가 외생화된 국산품 가격 벡터, $A_e^{d\prime}$은 부문 2가 외생화된 국산품 투입계수행렬의 전치행렬, $A_e^{m\prime}$은 부문 2가 외생화된 수입품 투입계수행렬의 전치행렬, P_e^m는 부문 2가 외생화된 수입품 가격 벡터, $\hat{V}_e$는 부문 2가 외생화된 부가가치계수의 대각행렬, P_e^υ는 부문 2가 외생화된 부가가치계수의 가격 벡터, $A_k^{d\prime}$는 $A^{d\prime}$에서 부문 2의 국산품 투입계수 벡터에서 자기 부문을 제거한 투입계수 벡터, $A_k^{m\prime}$는 $A^{m\prime}$에서 부문 2의 수입품 투입계수 벡터에서 자기 부문을 제거한 투입계수 벡터, P_k^d는 부문 2의 국산품 가격, P_k^m는 부문 2의 수입품 가격이라고 각각 표기하자. 그러면 앞의 식 (7.35)는 다음과 같은 행렬식으로 나타낼 수 있다.

$$P_e^d = A_e^{d\prime} P_e^d + A_k^{d\prime} P_k^d + A_e^{m\prime} P_e^m + A_k^{m\prime} P_k^m + \hat{V}_e P_e^\upsilon \tag{7.36}$$

위의 식을 P_e^d에 대해서 정리하면 다음의 관계가 도출된다.

$$P_e^d = (I - A_e^{d\prime})^{-1} (A_k^{d\prime} P_k^d + A_e^{m\prime} P_e^m + A_k^{m\prime} P_k^m + \hat{V}_e P_e^\upsilon) \tag{7.37}$$

식 (7.37)을 가격변동률 모형으로 전환하면 다음과 같다.

$$\Delta P_e^d = (I - A_e^{d\prime})^{-1} (A_k^{d\prime} \Delta P_k^d + A_e^{m\prime} \Delta P_e^m + A_k^{m\prime} \Delta P_k^m + \hat{V}_e \Delta P_e^\upsilon) \tag{7.38}$$

특정 부문의 산출물 가격변동이 여타 부문의 산출물 가격에 미치는 영향을 분석하기 위해서는 부가가치의 단위가격 및 수입품의 가격은 변화가 없다는 가정이 필요하다. 이러한 전제하에 식 (7.38)은 다음과 같이 표현할 수 있다.

$$\Delta P_e^d = (I - A_e^{d\prime})^{-1} A_k^{d\prime} \Delta P_k^d \tag{7.39}$$

식 (7.39)를 이용하면 특정 부문 k의 산출물 가격이 변동할 때 여타 부문의 산출물 가격에 미치는 파급효과를 분석할 수 있다. 예를 들어, 3개 부문 사례에서 부문 2를 외생적으로 처리한 경우, 해당 부문의 산출물 가격이 10%($\Delta P_k^d = 10$) 상승할 때 여타 부문의 산출물 가격에 미치는 파급효과를 분석하기 위한 식을 행렬로 나타내면 다음과 같다.

$$\Delta P_e^d = (I - A_e^{d\prime})^{-1} A_k^{d\prime} \Delta P_k^d$$

$$\begin{bmatrix} \Delta P_1^d \\ \Delta P_3^d \end{bmatrix} = \begin{bmatrix} 1 - a_{11}^d & -a_{31}^d \\ -a_{13}^d & 1 - a_{33}^d \end{bmatrix}^{-1} \begin{bmatrix} a_{21}^d \\ a_{23}^d \end{bmatrix} 10 \tag{7.40}$$

이때 부문 2의 산출물 가격이 10% 상승할 때 전 부문의 산출물 가격에 미치는 가격파급효과는 부문별 총산출액의 비중을 가중치로 한 가중평균으로 구한다.

5 R 실습

5-1 최종수요 항목별 분석 실습

R에서 2018년 대분류 투입산출표를 이용하여 부문별 총산출을 소비, 투자, 수출 등의 최종수요 항목별로 분해해보자. 그런 다음 소비, 투자, 수출, 그리고 최종수요 1단위에 의하여 유발된 생산유발계수를 각각 분석해보자. 이를 위한 R 코드 생성 과정은 다음과 같다.

- 1단계 : 데이터 입력[9]
  - IOT18(총거래표)와 Dm18(국산거래표)이 필요하다.

9 6장 6-3절 '경제적 파급효과 분석 실습' 중 데이터 입력 부분의 R 코드를 참고하라(p. 133).

- 2단계: 투입산출표의 색인[10]
  - X<-IOT18[1:33,44]; Zd<-Dm18[1:33,1:33]
  - Y<-Dm18[1:33,35:41]: 민간소비지출, 정부소비지출, 민간고정자본형성, 정부고정자본형성, 재고증감, 귀중품순취득, 수출 7개 항목으로 구성된 항목별 최종수요 행렬을 추출한다.

- 3단계: 항목별 최종수요 데이터 생성
  - Cy<-apply(Y[,1:2],1,sum): apply( ) 함수를 이용하여 부문별 소비 벡터를 추출한다. 즉, 각 부문의 민간소비지출과 정부소비지출의 합을 구한다.
  - Iy<-apply(Y[,3:6],1,sum): apply( ) 함수를 이용하여 부문별 투자 벡터를 추출한다. 즉, 각 부문의 민간고정자본형성, 정부고정자본형성, 재고증감, 귀중품순취득의 합을 구한다.
  - Ey<-Y[,7]: 부문별 수출 벡터를 추출한다.
  - Yd<-apply(Y,1,sum): apply( ) 함수를 이용하여 부문별 최종수요계 벡터를 구한다.
  - Ym<-cbind(Cy,Iy,Ey,Yd): cbind( ) 함수를 이용하여 부문별 최종수요 항목별 행렬 Ym을 생성한다.
  - namec<-colnames(IOT18)[1:33]: 부문명 벡터를 추출한다.
  - rownames(Ym)<-namec: Ym에 행 이름을 부여한다.

- 4단계: 총산출 분해 행렬 및 최종수요 항목별 생산유발액 비율 도출
  - X1<-1/X; X1[is.infinite(X1)]<-0; X2<-diag(X1)
  - Ad<-Zd%*%X2; I<-diag(33); Bd<-solve(I-Ad)
  - Xd<-Bd%*%Ym: 총산출 분해 행렬을 구한다.
  - Xd1<-apply(Xd,2,sum): 경제 전체의 관점에서 소비, 투자, 수출, 그리고 최종수요에 의하여 유발된 생산유발액을 구한다.
  - Ry<-Xd1/sum(Xd1[1:3]): 경제 전체의 총산출액 대비 최종수요 항목별 생산유발액

10 6장 6-3절 '경제적 파급효과 분석 실습'에서 소개한 R 코드와 동일한 경우에 해당 코드에 대한 설명은 생략한다.

의 비율을 구한다.

- Xdry<-rbind(Xd,Ry): Xd와 Ry를 행 방향으로 결합한다.
- namec[34]<-"최종수요 항목별 생산유발액 비율": namec 벡터의 34번째 원소로 "최종수요 항목별 생산유발액 비율"을 추가한다.
- rownames(Xdry)<-namec: Xdry의 행에 이름을 부여한다.

• 5단계: 최종수요 항목별 생산유발계수의 도출

- ys<-apply(Ym,2,sum): apply( ) 함수를 이용하여 경제 전체에서의 소비, 투자, 수출, 최종수요계를 구한다.
- Ys<-matrix(rep(ys,33),nrow=33,byrow=T): rep( ) 함수를 이용하여 ys를 33번 반복하는 벡터를 생성하고, matrix( ) 함수를 이용하여 앞서 생성한 벡터를 33×4차원의 행렬로 정의한다. 이때 행을 기준으로 원소를 배치하기 위하여 matrix( ) 함수 안에 byrow=T를 추가한다.
- Ys1<-1/Ys: Ys의 역수를 구하여 Ys1에 저장한다.
- B<-Xd*Ys1: 각 부문의 최종수요 항목별 생산유발계수 행렬을 도출한다.
- Btotal<-apply(B,2,sum): 전 부문에 대한 최종수요 항목별 생산유발계수 벡터를 도출한다.
- By<-rbind(B,Btotal): rbind( ) 함수를 이용하여 B와 Btotal을 결합한다. 이때 By는 각 부문에 대한 최종수요 항목별 생산유발계수 및 전 부문에 대한 최종수요 항목별 생산유발계수를 모두 포함한 행렬이다.
- namec[34]<-"전부문": namec 벡터의 34번째 원소를 "전부문"으로 수정한다.
- rownames(By)<-namec: By에 행 이름을 부여한다.

• 6단계: 분석 결과 저장

- library(openxlsx); result_y<-list( ): 리스트를 생성한다.
- result_y[[1]]<-By; result_y[[2]]<-Xdry; result_y[[3]]<-Ym: 분석 결과를 리스트에 저장한다.
- write.xlsx(result_y, file = "result_y.xlsx", colNames = TRUE, rowNames = TRUE): result_y를 엑셀 파일로 저장한다.

```
#최종수요 항목별 분석 예제
library(readxl)
IOT18<-as.matrix(read_excel("IOT_2018.xlsx",sheet=1, range="C6:AZ46"))
Dm18<-as.matrix(read_excel("IOT_2018.xlsx",sheet=3, range="C6:AS39"))

#투입산출표의 색인
X<-IOT18[1:33,44]; Zd<-Dm18[1:33,1:33]
Y<-Dm18[1:33,35:41]                    #항목별 최종수요 행렬의 추출

#항목별 최종수요 데이터 생성
Cy<-apply(Y[1:33,1:2],1,sum)           #부문별 소비 벡터 생성
Iy<-apply(Y[,3:6],1,sum)               #부문별 투자 벡터 생성
Ey<-Y[,7]                              #부문별 수출 벡터 생성
Yd<-apply(Y,1,sum)                     #부문별 최종수요계 벡터 생성
Ym<-cbind(Cy,Iy,Ey,Yd)                 #최종수요 항목별 행렬 생성
namec<-colnames(IOT18)[1:33]           #부문명 벡터 추출
rownames(Ym)<-namec                    #Ym에 행 이름 부여

#총산출 분해 행렬의 도출
X1<-1/X; X1[is.infinite(X1)]<-0; X2<-diag(X1)
Ad<-Zd%*%X2; I<-diag(33); Bd<-solve(I-Ad)
Xd<-Bd%*%Ym                            #총산출 분해 행렬의 도출
#최종수요 항목별 생산유발액 비율 도출
Xd1<-apply(Xd,2,sum)                   #Xd의 열 방향 합계 구하기
Ry<-Xd1/sum(Xd1[1:3])                  #최종수요 항목별 생산유발액 비율 도출
Xdry<-rbind(Xd,Ry)                     #Xd와 Ry를 행 방향으로 결합
namec[34]<-"최종수요 항목별 생산유발액 비율"
#namec에 34번째 원소로 "최종수요 항목별 생산유발액 비율"을 추가
rownames(Xdry)<-namec                  #Xdry에 행 이름 부여

#최종수요 항목별 생산유발계수의 도출
ys<-apply(Ym,2,sum)
#경제 전체의 소비, 투자, 수출, 최종수요계 벡터를 생성
Ys<-matrix(rep(ys,33),nrow=33,byrow=T)
#ys 벡터를 각각의 행으로 하는 33×4 차원의 행렬 생성
Ys1<-1/Ys                              #Ys의 역수로 구성된 행렬 생성
B<-Xd*Ys1                              #최종수요 항목별 생산유발계수 도출
Btotal<-apply(B,2,sum)                 #B에서 최종수요 항목별 열 합계를 연산
By<-rbind(B,Btotal)                    #B와 Btotal을 행 방향으로 결합
```

```
namec[34]<-"전부문"                    #namec에 34번째 원소 "전부문"을 추가
rownames(By)<-namec                   #By에 행 이름 부여

#분석 결과를 엑셀 파일로 저장
library(openxlsx); result_y<-list()
result_y[[1]]<-By; result_y[[2]]<-Xdry; result_y[[3]]<-Ym #리스트에 저장
write.xlsx(result_y, file = "result_y.xlsx", colNames = TRUE, rowNames = TRUE)
```

앞에서 논의한 R 코드를 이용하여 최종수요의 항목별 생산유발효과를 분석하고, 이를 result_y.xlsx라는 엑셀 파일로 저장한다. 작업 디렉터리에 저장된 result_y.xlsx 파일을 열면 [그림 7-2]와 같은 결과를 얻을 수 있다. 여기서 result_y.xlsx 파일에는 3개의 Sheet가 존재한다. Sheet 1에는 소비, 투자, 수출, 최종수요 1단위에 의하여 유발된 생산유발계수가 저장되어 있다. Sheet 2에는 최종수요의 항목별 생산유발액이 저장되어 있으며, 마지막 시트인 Sheet 3에는 항목별 최종수요 행렬이 저장되어 있다.

	A	B	C	D	E
1		Cy	Iy	Ey	Yd
2	농림수산품	0.0460	0.0073	0.0102	0.0259
3	광산품	0.0005	0.0045	0.0020	0.0019
4	음식료품	0.0953	0.0136	0.0255	0.0548
5	섬유 및 가죽제품	0.0279	0.0086	0.0471	0.0300
6	목재 및 종이, 인쇄	0.0168	0.0254	0.0190	0.0194
7	석탄 및 석유제품	0.0416	0.0279	0.1059	0.0596
8	화학제품	0.0592	0.0785	0.2268	0.1182
9	비금속광물제품	0.0035	0.0519	0.0162	0.0181
10	1차 금속제품	0.0100	0.0733	0.1212	0.0601
11	금속가공제품	0.0133	0.0801	0.0552	0.0415
12	컴퓨터, 전자 및 광학기기	0.0287	0.0555	0.3378	0.1356
13	전기장비	0.0179	0.0599	0.0693	0.0438
14	기계 및 장비	0.0082	0.1146	0.0972	0.0603
15	운송장비	0.0398	0.0820	0.1750	0.0932
16	기타 제조업 제품	0.0101	0.0165	0.0056	0.0100
17	제조임가공 및 산업용 장비 수리	0.0167	0.0250	0.0401	0.0261
18	전력, 가스 및 증기	0.0472	0.0336	0.0369	0.0409
19	수도, 폐기물처리 및 재활용서비스	0.0124	0.0065	0.0081	0.0097
20	건설	0.0085	0.4960	0.0026	0.1121
21	도소매 및 상품중개서비스	0.1402	0.0873	0.0998	0.1156
22	운송서비스	0.0514	0.0435	0.0883	0.0618
23	음식점 및 숙박서비스	0.1118	0.0270	0.0329	0.0677
24	정보통신 및 방송 서비스	0.0650	0.1016	0.0334	0.0626
25	금융 및 보험 서비스	0.1227	0.0433	0.0335	0.0763
26	부동산서비스	0.1526	0.0826	0.0164	0.0929
27	전문, 과학 및 기술 서비스	0.0414	0.2297	0.0674	0.0907
28	사업지원서비스	0.0371	0.0431	0.0374	0.0385
29	공공행정, 국방 및 사회보장	0.1354	0.0011	0.0013	0.0625
30	교육서비스	0.1110	0.0011	0.0011	0.0513
31	보건 및 사회복지 서비스	0.1335	0.0031	0.0027	0.0625
32	예술, 스포츠 및 여가 관련 서비스	0.0391	0.0053	0.0038	0.0202
33	기타 서비스	0.0453	0.0063	0.0062	0.0241
34	기타	0.0016	0.0018	0.0020	0.0018
35	전부문	1.6918	1.9376	1.8282	1.7896
36					
37					
38					

Sheet 1 | Sheet 2 | Sheet 3

[그림 7-2] 최종수요 항목별 생산유발계수 분석 결과 예시

5-2 전후방연쇄효과 분석 실습

R에서 2018년 대분류 투입산출표를 이용하여 각 부문의 전방연쇄효과를 측정하기 위한 감응도계수와 후방연쇄효과를 측정하기 위한 영향력계수를 구한다. 또한 부문별 감응도계수와 영향력계수를 분석한 결과를 이용하여 핵심 부문을 도출하고자 한다. 특히, R에 내장된 그래프 함수를 사용하여 부문별 감응도계수의 값과 영향력계수의 값을 이용한 산점도 그래프를 작성함으로써 2018년 대분류 기준에서의 핵심 부문을 식별한다(대분류 코드는 [표 7-3] 참고).

[표 7-3] 대분류 분류 코드

코드	부문명	코드	부문명
1	농림수산품	18	수도, 폐기물처리 및 재활용 서비스
2	광산품	19	건설
3	음식료품	20	도소매 및 상품중개 서비스
4	섬유 및 가죽 제품	21	운송서비스
5	목재 및 종이, 인쇄	22	음식점 및 숙박 서비스
6	석탄 및 석유 제품	23	정보통신 및 방송 서비스
7	화학제품	24	금융 및 보험 서비스
8	비금속광물제품	25	부동산서비스
9	1차 금속제품	26	전문, 과학 및 기술 서비스
10	금속가공제품	27	사업지원서비스
11	컴퓨터, 전자 및 광학기기	28	공공행정, 국방 및 사회보장
12	전기장비	29	교육서비스
13	기계 및 장비	30	보건 및 사회복지 서비스
14	운송장비	31	예술, 스포츠 및 여가 관련 서비스
15	기타 제조업 제품	32	기타 서비스
16	제조임가공 및 산업용 장비 수리	33	기타
17	전력, 가스 및 증기		

앞서 도출한 생산유발계수행렬 Bd를 이용하여 전후방연쇄효과를 분석하며, 이와 관련된 R 코드를 정리하면 다음과 같다.

- **1단계 : 감응도계수와 영향력계수의 도출**
  - ave<-sum(Bd)/33 : 전 부문의 행 합(또는 열 합)의 평균을 구한다.
  - Br<-apply(Bd,1,sum) : 생산유발계수행렬의 부문별 행 합을 구한다.
  - Bc<-apply(Bd,2,sum) : 생산유발계수행렬의 부문별 열 합을 구한다.
  - FL<-Br/ave : 감응도계수 벡터를 구한다.
  - BL<-Bc/ave : 영향력계수 벡터를 구한다.
  - FLBL<-cbind(FL,BL) : FL과 BL을 열 방향으로 통합한다.
  - rownames(FLBL)<-namec[1:33] : FLBL에 행 이름을 부여한다.

- **2단계 : 핵심 부문 도출을 위한 산점도 그래프 작성**
  - plot(x=BL, y=FL) : plot( ) 함수를 이용하여 X축은 영향력계수, Y축은 감응도계수로 하는 산점도를 그린다.
  - abline(v=1) : 1을 기준으로 수직선을 추가한다.
  - abline(h=1) : 1을 기준으로 수평선을 추가한다.
  - name<-c(1:33) : 33부문에 대응하는 벡터를 생성한다([표 7-3] 참고).
  - text(x=BL, y=FL, labels=name, pos=3, cex=1) : 그래프에서 각 점에 대응하는 문자를 추가한다.
  - legend("topright",legend=c("핵심 부문"),cex=1.0) : 그래프의 오른쪽 위에 "핵심 부문"이라는 범례를 추가한다.
  - legend("topleft",legend=c("전방연쇄효과 특화 부문"),cex=1.0) : 그래프의 왼쪽 위에 "전방연쇄효과 특화 부문"이라는 범례를 추가한다.
  - legend("bottomright",legend=c("후방연쇄효과 특화 부문"),cex=1.0) : 그래프의 오른쪽 아래에 "후방연쇄효과 특화 부문"이라는 범례를 추가한다.

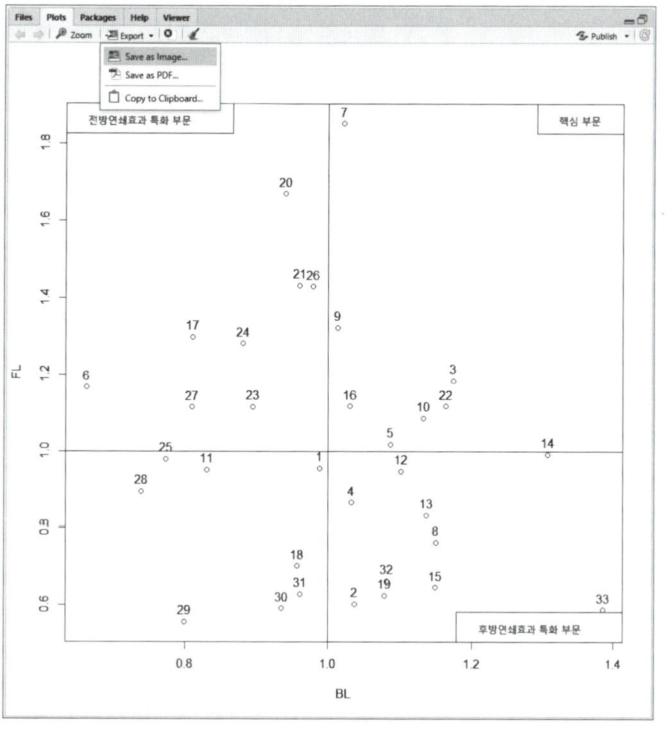

주: 번호에 대응되는 부문명은 [표 7-3] 참고

[그림 7-3] RStudio에서 그래프 저장 예시

- 3단계 : 분석 결과 저장
  - library(openxlsx); write.xlsx(FLBL, file = "FLBL.xlsx", colNames = TRUE, rowNames = TRUE) : FLBL을 엑셀 파일로 저장한다.
  - RStudio에서 [Plots] → [Exports] → [Save as image...]를 클릭하여 핵심 부문을 도출하기 위한 산점도 그래프를 저장한다([그림 7-3] 참고). 이때 산점도 그래프는 작업 디렉터리 폴더에 저장된다.

```
#전후방연쇄효과 분석 예제
#감응도계수와 영향력계수의 도출
ave<-sum(Bd)/33                 #전 부문의 행 합(또는 열 합)의 평균 도출
Br<-apply(Bd,1,sum)             #생산유발계수행렬의 부문별 행 합 도출
Bc<-apply(Bd,2,sum)             #생산유발계수행렬의 부문별 열 합 도출
FL<-Br/ave                      #감응도계수 벡터 도출
BL<-Bc/ave                      #영향력계수 벡터 도출
```

```
FLBL<-cbind(FL,BL)              # FL과 BL을 열 방향으로 통합
rownames(FLBL)<-namec[1:33]     # FLBL에 행 이름 부여

# 핵심 부문 도출을 위한 그래프 그리기
plot(x=BL, y=FL)                # plot( ) 함수를 이용하여 X축은 영향력계수
                                  Y축은 감응도계수로 하는 산점도를 그림
abline(v=1)                     # 1을 기준으로 수직선을 추가
abline(h=1)                     # 1을 기준으로 수평선을 추가
name<-c(1:33)                   # 33부문에 대응하는 수치형 벡터 생성
text(x=BL, y=FL, labels=name, pos=3, cex=1)        # 각 점에 문자 추가
legend("topright",legend=c("핵심 부문"),cex=1.0)    # 핵심 부문 범례 추가
legend("topleft",legend=c("전방연쇄효과 특화 부문"),cex=1.0)
# 그래프의 왼쪽 위에 "전방연쇄효과 특화 부문"이라는 범례 추가
legend("bottomright",legend=c("후방연쇄효과 특화 부문"),cex=1.0)
# 그래프의 오른쪽 아래에 "후방연쇄효과 특화 부문"이라는 범례 추가

# 분석 결과 저장
library(openxlsx); write.xlsx(FLBL, file = "FLBL.xlsx", colNames = TRUE,
rowNames = TRUE)
```

	A	B	C
1		FL	BL
2	농림수산품	0.9565	0.9891
3	광산품	0.6031	1.0366
4	음식료품	1.1842	1.1750
5	섬유 및 가죽제품	0.8676	1.0333
6	목재 및 종이, 인쇄	1.0181	1.0866
7	석탄 및 석유제품	1.1670	0.6605
8	화학제품	1.8519	1.0220
9	비금속광물제품	0.7625	1.1502
10	1차 금속제품	1.3222	1.0136
11	금속가공제품	1.0859	1.1329
12	컴퓨터, 전자 및 광학기기	0.9520	0.8303
13	전기장비	0.9484	1.1007
14	기계 및 장비	0.8350	1.1369
15	운송장비	0.9926	1.3069
16	기타 제조업 제품	0.6462	1.1493
17	제조임가공 및 산업용 장비 수리	1.1169	1.0305
18	전력, 가스 및 증기	1.2982	0.8103
19	수도, 폐기물처리 및 재활용서비스	0.7015	0.9577
20	건설	0.6250	1.0783
21	도소매 및 상품중개서비스	1.6697	0.9406
22	운송서비스	1.4314	0.9602
23	음식점 및 숙박서비스	1.1174	1.1645
24	정보통신 및 방송 서비스	1.1155	0.8937
25	금융 및 보험 서비스	1.2804	0.8803
26	부동산서비스	0.9804	0.7717
27	전문, 과학 및 기술 서비스	1.4284	0.9795
28	사업지원서비스	1.1153	0.8093
29	공공행정, 국방 및 사회보장	0.8963	0.7377
30	교육서비스	0.5574	0.7987
31	보건 및 사회복지 서비스	0.5924	0.9353
32	예술, 스포츠 및 여가 관련 서비스	0.6292	0.9618
33	기타 서비스	0.6632	1.0811
34	기타	0.5881	1.3846

[그림 7-4] 전후방연쇄효과 분석 결과 예시

5-3 가격파급효과 분석 실습

R에서 2018년 대분류 투입산출표를 이용하여 임금, 수입품 가격, 환율이 각각 10%씩 상승하는 경우에 각 부문에 미치는 가격파급효과를 분석하고자 한다. 임금 및 수입품 가격의 상승에 따른 파급효과를 분석하기 위한 부문으로 운송장비를 선정한다. 분석을 위하여 요구되는 자료는 2018년 총거래표, 수입거래표, 국산거래표이다.

- 1단계: 데이터 입력[11]
  - IOT18(총거래표), Im18(수입거래표), Dm18(국산거래표)이 필요하다.

- 2단계: 행렬과 벡터의 색인
  - X<-IOT18[1:33,44]; Zm<-Im18[1:33,1:33]; Zd<-Dm18[1:33,1:33]
  - VAw<-as.vector(IOT18[35,1:33]): 임금(피용자보수) 벡터를 추출한다.

- 3단계: 각종 계수의 도출
  - X1<-1/X; X1[is.infinite(X1)]<-0; X2<-diag(X1)
  - Ad<-Zd%*%X2; Am<-Zm%*%X2
  - Adt<-t(Ad): 국산투입계수행렬의 전치행렬을 도출한다.
  - Amt<-t(Am): 수입투입계수행렬의 전치행렬을 도출한다.
  - vw<-as.vector(VAw%*%X2): 임금(피용자보수)계수 벡터를 도출한다.
  - Vw<-diag(Vw): 임금계수 벡터의 대각행렬을 구한다.

- 4단계: 가격파급효과 분석을 위한 역행렬 도출
  - I<-diag(33); Bdt<-solve(I-Adt): 가격파급효과 분석을 위한 역행렬을 구한다. 이때 생산유발계수행렬과 달리 Adt(국산투입계수행렬의 전치행렬)를 이용하여 역행렬을 구한다는 점을 유의하여야 한다.

---

11 6장 6-3절 '경제적 파급효과 분석 실습' 중 데이터 입력 부분의 R 코드를 참고하라(p. 133).

• 5단계 : 운송장비 부문의 임금 10% 인상의 가격파급효과 분석

- p<-rep(0,33) : 영벡터를 생성한다.

- p[14]<-10 : 운송장비 부문에 해당하는 14번째 원소의 값을 10으로 대체한다.

- dPw<-Bdt%*%Vw%*%p : 운송장비 부문의 임금 10% 인상에 따른 부문별 가격파급효과를 분석한다.

• 6단계 : 운송장비 부문의 수입품 가격 10% 인상의 가격파급효과 분석

- dPm<-Bdt%*%Amt%*%p : 운송장비 부문의 수입품의 가격이 10% 인상된 경우의 부문별 가격파급효과를 분석한다.

• 7단계 : 환율 10% 상승의 가격파급효과 분석

- pc<-rep(10,33) : 모든 원소가 10으로 구성된 벡터를 생성한다.

- dPc<-Bdt%*%Amt%*%pc : 환율 10% 인상에 따른 부문별 가격파급효과를 분석한다.

• 8단계 : 전 부문의 가격파급효과 도출

- R<-t(X/sum(X)) : 부문별 총산출액 비중 벡터를 구한다.

- dTPw<-R%*%dPw : 운송장비 부문의 임금 10% 인상에 대한 전 부문의 가격파급효과를 도출한다.

- dTPm<-R%*%dPm : 운송장비 부문의 수입품 가격 10% 인상에 대한 전 부문의 가격파급효과를 도출한다.

- dTPc<-R%*%dPc : 환율 10% 인상에 대한 전 부문의 가격파급효과를 도출한다.

- dTP<-c(dTPw,dTPm,dTPc) : 전 부문의 가격파급효과 벡터를 생성한다.

• 9단계 : 분석 결과 저장

- library(openxlsx)
- dPs<-cbind(dPw,dPm,dPc) : dPw, dPm, dPc를 열 방향으로 결합한다.
- dP<-rbind(dPs,dTP) : dPs, dTP를 행 방향으로 결합한다.
- namec[34]<-"전 부문"
- rownames(dP)<-namec : dP에 행 이름을 부여한다.
- colnames(dP)<-c("임금 10% 상승", "수입품 10% 상승", "환율 10% 상승") : dP에 열 이름을 부여한다.
- write.xlsx(dP, file = "dP.xlsx", colNames = TRUE, rowNames = TRUE) : dP를 엑셀 파일로 저장한다.

```
# 가격파급효과 분석 예제
library(readxl)
IOT18<-as.matrix(read_excel("IOT_2018.xlsx",sheet=1, range="C6:AZ46"))
Im18<-as.matrix(read_excel("IOT_2018.xlsx",sheet=2, range="C6:AS39"))
Dm18<-as.matrix(read_excel("IOT_2018.xlsx",sheet=3, range="C6:AS39"))

# 투입산출표의 색인
X<-IOT18[1:33,44]; Zm<-Im18[1:33,1:33]; Zd<-Dm18[1:33,1:33]
namec<-colnames(IOT18)[1:33]
VAw<-as.vector(IOT18[35,1:33])     # 임금(피용자보수) 벡터의 추출

# 각종 계수의 도출
X1<-1/X; X1[is.infinite(X1)]<-0; X2<-diag(X1)
Ad<-Zd%*%X2; Am<-Zm%*%X2
Adt<-t(Ad)                         # 국산투입계수행렬의 전치행렬 도출
Amt<-t(Am)                         # 수입투입계수행렬의 전치행렬 도출
vw<-as.vector(VAw%*%X2)            # 임금(피용자보수)계수 벡터의 도출
Vw<-diag(vw)                       # 임금계수 벡터의 대각행렬 도출
```

```
# 가격파급효과 분석을 위한 역행렬 도출
I<-diag(33)             # 단위행렬 생성
Bdt<-solve(I-Adt)       # 역행렬 도출

# 운송장비 부문의 임금 10% 인상의 가격파급효과 분석
p<-rep(0,33)            # 영벡터 생성
p[14]<-10               # 14번째 원소(운송장비 부문)에 10을 부여
dPw<-Bdt%*%Vw%*%p       # 운송장비 부문의 임금 10% 인상에 따른 부문별 가격파급효과를 분석

# 운송장비 부문의 수입품 가격 10% 인상의 가격파급효과 분석
dPm<-Bdt%*%Amt%*%p      # 운송장비 부문의 수입품 가격 10% 인상에 따른 부문별 가격파급효과를 분석

# 환율 10% 인상의 가격파급효과 분석
pc<-rep(10,33)          # 모든 원소가 10인 벡터를 생성
dPc<-Bdt%*%Amt%*%pc     # 환율 10% 인상에 따른 부문별 가격파급효과를 분석

# 경제 전체의 가격파급효과 도출
R<-t(X/sum(X))          # 부문별 총산출액 비중 벡터를 생성
dTPw<-R%*%dPw           # 운송장비 부문의 임금 10% 인상의 경제 전체에 대한 가격파급효과를 도출
dTPm<-R%*%dPm           # 운송장비 부문의 수입품 10% 인상의 경제 전체에 대한 가격파급효과를 도출
dTPc<-R%*%dPc           # 환율 10% 인상의 경제 전체에 대한 가격파급효과를 도출
dTP<-c(dTPw,dTPm,dTPc)  # 경제 전체의 가격파급효과 벡터 생성
dPs<-cbind(dPw,dPm,dPc) # dPw, dPm, dPc를 열 방향으로 결합
dP<-rbind(dPs,dTP)      # dPs, dTP를 행 방향으로 결합
namec[34]<-"전 부문"     # namec 벡터에 34번째 원소 "전 부문" 추가
rownames(dP)<-namec     # dP에 행 이름 부여
colnames(dP)<-c("운송장비 부문의 임금 10% 상승", "운송장비 부문의 수입품 10% 상승", "환율
10% 상승")               # dP에 열 이름 부여

# 분석 결과 저장
library(openxlsx); write.xlsx(dP, file = "dP.xlsx", colNames = TRUE, rowNames = TRUE)
```

	A	B	C	D
1		운송장비 부문의 임금 10% 상승	운송장비 부문의 수입품 10% 상승	환율 10% 상승
2	농림수산품	0.0083	0.0085	1.5466
3	광산품	0.0292	0.0334	1.4783
4	음식료품	0.0081	0.0136	2.4999
5	섬유 및 가죽제품	0.0073	0.0108	4.4890
6	목재 및 종이, 인쇄	0.0090	0.0151	2.8322
7	석탄 및 석유제품	0.0026	0.0031	6.5975
8	화학제품	0.0069	0.0123	4.0682
9	비금속광물제품	0.0205	0.0326	2.6289
10	1차 금속제품	0.0073	0.0115	5.0951
11	금속가공제품	0.0096	0.0144	2.5480
12	컴퓨터, 전자 및 광학기기	0.0033	0.0064	3.5617
13	전기장비	0.0068	0.0148	3.4193
14	기계 및 장비	0.0177	0.0230	3.0261
15	운송장비	1.3167	0.3759	3.1782
16	기타 제조업 제품	0.0082	0.0140	2.9191
17	제조임가공 및 산업용 장비 수리	0.0253	0.0150	1.5821
18	전력, 가스 및 증기	0.0023	0.0031	5.6296
19	수도, 폐기물처리 및 재활용서비스	0.0181	0.0186	1.3855
20	건설	0.0066	0.0103	1.8054
21	도소매 및 상품중개서비스	0.0093	0.0174	1.2367
22	운송서비스	0.0628	0.1755	3.4688
23	음식점 및 숙박서비스	0.0056	0.0088	1.7978
24	정보통신 및 방송 서비스	0.0046	0.0076	1.3647
25	금융 및 보험 서비스	0.0029	0.0039	0.7449
26	부동산서비스	0.0018	0.0024	0.4152
27	전문, 과학 및 기술 서비스	0.0086	0.0164	1.4092
28	사업지원서비스	0.0096	0.0092	0.8313
29	공공행정, 국방 및 사회보장	0.0085	0.0237	0.7758
30	교육서비스	0.0036	0.0043	0.7640
31	보건 및 사회복지 서비스	0.0051	0.0059	1.7144
32	예술, 스포츠 및 여가 관련 서비스	0.0078	0.0079	1.2281
33	기타 서비스	0.1278	0.1199	1.7004
34	기타	0.0135	0.0207	1.4867
35	전 부문	0.0788	0.0372	2.4663

[그림 7-5] 가격파급효과 분석 결과 예시

5-4 외생화 분석 실습

R에서 2018년 대분류 투입산출표를 이용하여 수요유도형 모형과 가격파급효과 모형의 외생화 분석을 시도한다. 이때 외생적으로 처리되는 부문으로 운송장비를 선정한다. 이러한 분석을 위한 R 코드 생성 과정은 다음과 같다.

• 1단계 : 데이터 입력[12]

- IOT18(총거래표), Dm18(국산거래표), W18(고용표)이 필요하다.

• 2단계 : 투입산출표의 색인

- X<-IOT18[1:33,44]; VA<-IOT18[39,1:33]; Zd<-Dm18[1:33,1:33]
- Ww<-W18[1:33,7]; We<-W18[1:33,8]
- namec<-colnames(IOT18)[1:33]

• 3단계 : 각종 계수의 도출

- X1<-1/X; X1[is.infinite(X1)]<-0; X2<-diag(X1)
- Ad<-Zd%*%X2; Adt<-t(Ad); V<-as.vector(VA%*%X2)
- Lw<-as.vector(Ww%*%X2); Le<-as.vector(We%*%X2)

• 4단계 : 운송장비 부문의 외생화

- Adk<-Ade[-14,14] : 외생화된 운송장비 부문의 투입계수 벡터를 생성한다.
- Ade<-Ade[-14,-14] : 운송장비 부문을 외생화한 이후의 국산투입계수행렬을 생성한다.
- Ve<-V[-14] : 운송장비 부문을 제거한 부가가치계수 벡터를 생성한다.
- Lwe<-Lw[-14] : 운송장비 부문을 제거한 취업계수 벡터를 생성한다.
- Lee<-Le[-14] : 운송장비 부문을 제거한 고용계수 벡터를 생성한다.

---

12 6장 6-3절 경제적 파급효과 분석 실습 중 데이터 입력 부분의 R 코드를 참고하라(p. 133).

- Adtk<-Adt[-14,14] : 운송장비 부문을 외생화한 이후의 국산투입계수행렬의 전치행렬에서 추출한 운송장비 부문의 투입계수 벡터를 생성한다.
- Adte<-Adt[-14,-14] : 운송장비 부문을 외생화한 이후의 국산투입계수행렬의 전치행렬을 생성한다.
- name<-namec[-14] : 부문명 벡터에서 운송장비 부문을 제거한다.
- name[33]<-"전 부문" : name 벡터에 33번째 원소 "전 부문(운송장비 제외)"을 추가한다.

- 5단계 : 수요유도형 모형의 외생화 분석
  - I<-diag(32) : 운송장비 부문을 외생적으로 처리함에 따라서 32×32차원의 단위행렬을 생싱한다.
  - Bde<-solve(I-Ade)%*%Adk : 운송장비 부문의 총산출 1단위 생산이 여타 부문에 미치는 영향을 분석하기 위한 생산유발계수를 도출한다.
  - Vde<-diag(Ve)%*%solve(I-Ade)%*%Adk : 운송장비 부문의 총산출 1단위 생산이 여타 부문의 부가가치에 미치는 영향을 분석하기 위한 부가가치유발계수를 도출한다.
  - Ldwe<-diag(Lwe)%*%solve(I-Ade)%*%Adk*1000 : 운송장비 부문의 총산출 1단위 생산이 여타 부문의 취업자 수에 미치는 영향을 분석하기 위한 취업유발계수를 도출한다. 이때 10억 원당 취업유발계수를 도출하기 위하여 1,000을 곱하였다.
  - Ldee<-diag(Lee)%*%solve(I-Ade)%*%Adk*1000 : 운송장비 부문의 총산출 1단위 생산이 여타 부문의 피용자 수에 미치는 영향을 분석하기 위한 고용유발계수를 도출한다. 이때 10억 원당 고용유발계수를 도출하기 위하여 1,000을 곱하였다.
  - Bd<-cbind(Bde,Vde,Ldwe,Ldee) : Bde, Vde, Ldwe, Ldee를 열 방향으로 결합한다.
  - TS<-apply(Bd,2,sum) : Bd에서 열 방향의 합계 벡터를 구한다.
  - B<-rbind(Bd,TS) : Bd와 TS를 행 방향으로 결합한다.

- 6단계 : 가격피급효괴 모형의 외생화 분서
  - dPe<-solve(I-Adte)%*%Adtk*10 : 운송장비 부문의 산출물 가격이 10% 상승할 때 여타 부문의 산출물 가격에 미치는 영향을 분석하기 위한 가격파급계수를 도출한다.
  - R<-t(X/sum(X)) : 부문별 총산출액 비중 벡터를 구한다.

- Re<-R[-14] : 운송장비 부문을 제거한 부문별 총산출액 비중 벡터를 생성한다.
- dTPe<-t(Re)%*%dPe : 운송장비 부문의 산출물 가격이 10% 상승할 때 여타 모든 부문(운송장비 부문은 제외)에 대한 가격파급효과를 도출한다.
- dPE<-c(dPe,dTPe) : dPe와 dTPe를 벡터로 결합한다.

- 7단계 : 분석 결과 저장
  - library(openxlsx)
  - Exo<-cbind(B,dPE) : 수요유도형 모형의 외생화 결과와 가격파급효과 모형의 외생화 결과를 열 방향으로 결합한다.
  - rownames(Exo)<-name : Exo에 행 이름을 부여한다.
  - colnames(Exo)<-c("생산유발효과", "부가가치유발효과", "취업유발효과", "고용유발효과", "가격파급효과") : Exo에 열 이름을 부여한다.
  - write.xlsx(Exo, file = "Exo.xlsx", colNames = TRUE, rowNames = TRUE) : Exo를 엑셀 파일로 저장한다.

```
# 외생화모형 분석 예제
library(readxl)
IOT18<-as.matrix(read_excel("IOT_2018.xlsx",sheet=1, range="C6:AZ46"))
Dm18<-as.matrix(read_excel("IOT_2018.xlsx",sheet=3, range="C6:AS39"))
W18<-as.matrix(read_excel("Labor.xlsx",sheet=1, range="C6:J39"))

# 투입산출표 색인
X<-IOT18[1:33,44]; VA<-as.vector(IOT18[39,1:33])
Zd<-Dm18[1:33,1:33]; Ww<-W18[1:33,7]; We<-W18[1:33,8]
namec<-colnames(IOT18)[1:33]

# 각종 계수의 도출
X1<-1/X; X1[is.infinite(X1)]<-0; X2<-diag(X1); Ad<-Zd%*%X2
Adt<-t(Ad); V<-as.vector(VA%*%X2)
Lw<-as.vector(Ww%*%X2); Le<-as.vector(We%*%X2)

# 운송장비 부문의 외생화
Adk<-Ad[-14,14]                    # 외생화된 운송장비 부문의 투입계수 벡터 생성
```

```
Ade<-Ad[-14,-14]                          # 운송장비 부문의 행과 열을 제거한 국산투입계수행렬 생성
Ve<-V[-14]                                # 운송장비 부문을 제거한 부가가치계수 벡터 생성
Lwe<-Lw[-14]                              # 운송장비 부문을 제거한 취업계수 벡터 생성
Lee<-Le[-14]                              # 운송장비 부문을 제거한 고용계수 벡터 생성
Adtk<-Adt[-14,14]                         # 외생화한 이후에 국산투입계수행렬의 전치행렬에서
                                            추출한 운송장비 부문의 투입계수 벡터 생성
Adte<-Adt[-14,-14]                        # 운송장비 부문의 행과 열을 제거한
                                            국산투입계수행렬의 전치행렬 생성
name<-namec[-14]                          # 부문명 벡터에서 운송장비 부문 제거
name[33]<-"전 부문(운송장비 제외)"        # name 벡터에 33번째 원소 "전 부문(운송장비 제외)" 추가

# 수요유도형 모형의 외생화 분석
I<-diag(32)                                         # 32×32차원의 단위행렬 생성
Bde<-solve(I-Ade)%*%Adk                             # 생산유발계수 도출
Vde<-diag(Ve)%*%solve(I-Ade)%*%Adk                  # 부가가치유발계수 도출
Ldwe<-diag(Lwe)%*%solve(I-Ade)%*%Adk*1000           # 취업유발계수 도출
Ldee<-diag(Lee)%*%solve(I-Ade)%*%Adk*1000           # 고용유발계수 도출
Bd<-cbind(Bde,Vde,Ldwe,Ldee)                        # Bde, Vde, Ldwe, Ldee 결합
TS<-apply(Bd,2,sum)                                 # Bd에서 열 방향의 합계 벡터 도출
B<-rbind(Bd,TS)                                     # Bd와 TS의 결합

# 가격파급효과 모형의 외생화 분석
dPe<-solve(I-Adte)%*%Adtk*10              # 가격파급계수 도출
R<-t(X/sum(X))                            # 부문별 총산출액 비중 벡터 도출
Re<-R[-14]                                # 운송장비 부문의 제거
dTPe<-t(Re)%*%dPe                         # 전 부문의 가격파급계수 도출
dPE<-c(dPe,dTPe)                          # dPe와 dTPe 결합

# 분석 결과 저장
library(openxlsx)
Exo<-cbind(B,dPE)                         # 수요유도형 모형의 외생화 결과와
                                            가격파급효과 모형의 외생화 결과를 결합
rownames(Exo)<-name                       # Exo에 행 이름을 부여
colnames(Exo)<-c("생산유발효과", "부가가치유발효과", "취업유발효과", "고용유발효과", "가격
파급효과")                                 # Exo에 열 이름을 부여
write.xlsx(Exo, file = "Exo.xlsx", colNames = TRUE, rowNames = TRUE)
```

	A	B	C	D	E	F
1		생산유발효과	부가가치유발효과	취업유발효과	고용유발효과	가격파급효과
2	농림수산품	0.0033	0.0018	0.0650	0.0056	0.0630
3	광산품	0.0011	0.0005	0.0041	0.0041	0.2214
4	음식료품	0.0071	0.0018	0.0180	0.0140	0.0617
5	섬유 및 가죽제품	0.0104	0.0021	0.0385	0.0296	0.0556
6	목재 및 종이, 인쇄	0.0081	0.0026	0.0300	0.0240	0.0685
7	석탄 및 석유제품	0.0209	0.0053	0.0016	0.0015	0.0198
8	화학제품	0.1036	0.0278	0.1627	0.1509	0.0522
9	비금속광물제품	0.0087	0.0027	0.0221	0.0192	0.1559
10	1차 금속제품	0.0995	0.0189	0.0894	0.0850	0.0552
11	금속가공제품	0.0774	0.0277	0.2673	0.2248	0.0727
12	컴퓨터, 전자 및 광학기기	0.0280	0.0119	0.0336	0.0311	0.0248
13	전기장비	0.0574	0.0163	0.1345	0.1210	0.0514
14	기계 및 장비	0.0301	0.0089	0.0853	0.0759	0.1341
15	기타 제조업 제품	0.0014	0.0004	0.0089	0.0061	0.0626
16	제조임가공 및 산업용 장비 수리	0.0422	0.0203	0.3058	0.2804	0.1922
17	전력, 가스 및 증기	0.0262	0.0068	0.0172	0.0170	0.0174
18	수도, 폐기물처리 및 재활용서비스	0.0054	0.0029	0.0318	0.0270	0.1376
19	건설	0.0017	0.0008	0.0116	0.0091	0.0500
20	도소매 및 상품중개서비스	0.0698	0.0375	0.8541	0.5123	0.0707
21	운송서비스	0.0393	0.0140	0.3669	0.2119	0.4767
22	음식점 및 숙박서비스	0.0159	0.0054	0.1885	0.1044	0.0425
23	정보통신 및 방송 서비스	0.0141	0.0078	0.0633	0.0563	0.0351
24	금융 및 보험 서비스	0.0257	0.0153	0.0974	0.0920	0.0222
25	부동산서비스	0.0112	0.0082	0.0273	0.0160	0.0138
26	전문, 과학 및 기술 서비스	0.0436	0.0217	0.2868	0.2531	0.0649
27	사업지원서비스	0.0224	0.0154	0.2767	0.2558	0.0728
28	공공행정, 국방 및 사회보장	0.0008	0.0006	0.0066	0.0066	0.0648
29	교육서비스	0.0007	0.0005	0.0086	0.0067	0.0274
30	보건 및 사회복지 서비스	0.0021	0.0011	0.0232	0.0219	0.0387
31	예술, 스포츠 및 여가 관련 서비스	0.0019	0.0010	0.0168	0.0104	0.0590
32	기타 서비스	0.0037	0.0016	0.0722	0.0422	0.9706
33	기타	0.0013	0.0000	0.0000	0.0000	0.1028
34	전 부문(운송장비 제외)	0.7851	0.2895	3.6156	2.7159	0.0776

[그림 7-6] 외생화 모형 분석 결과 예시

⚙ 연습문제

1. 어떤 국가의 국산거래 투입산출표가 다음과 같다.

(단위: 백만 원)

	1차 상품	공산품	서비스	소비	투자	수출	최종수요계
1차 상품	60	15	15	186	31	93	310
공산품	40	180	110	47	94	329	400
서비스	20	60	120	480	240	80	800
피용자보수	31.5	122.5	340				
영업잉여	136.5	112	170				
고정자본소모	29.4	84	102				
순생산세	12.6	31.5	68				
부가가치	210	350	680				
총투입	400	800	1,000				

(1) 경제 전체의 총산출액(또는 총투입액)은 2,200백만 원이다. 소비, 투자, 수출 등 개별 최종수요 항목에 의하여 유발된 경제 전체의 생산유발액을 각각 서술하자.

(2) 소비, 투자, 수출 등 개별 최종수요 항목 1단위에 의하여 유발되는 생산유발계수 벡터를 각각 구해보자.

(3) 감응도계수 벡터와 영향력계수 벡터를 구해보자.

(4) 서비스 부문에서 임금(피용자보수)이 10% 인상될 경우 각 부문에 미치는 가격파급효과를 구해보자. 단, 수입품 가격의 변화는 없다고 하자.

2. 어느 한 국가의 국산거래 투입산출표가 다음과 같다.

(단위: 백만 원)

	1차 상품	공산품	서비스	최종수요	총산출
1차 상품	50	10	5	185	250
공산품	40	120	100	340	600
서비스	30	50	140	580	800
부가가치	110	300	470		
총투입	250	600	800		
취업자	5	4	12		

(1) 공산품이 외생화된 모형에서 공산품의 총산출액이 1억 원 증가하는 경우에 여타 부문의 총산출액은 얼마만큼 영향을 받는지 서술하자. 단, 최종수요의 변화는 없다고 하자.

(2) 공산품이 외생화된 모형에서 산업정책으로 인하여 공산품의 총산출액이 15억 원 증가하였다. 이러한 정책으로 인하여 서비스에서 유발된 부가가치액과 취업자 수를 서술하자. 단, 최종수요의 변화는 없다고 하자.

(3) 공산품이 외생화된 모형에서 공산품의 산출물 가격이 15% 인상될 경우 1차 상품의 산출물 가격은 얼마나 증가하는지 구해보자. 단, 부가가치의 단위가격 변화 및 수입품 가격의 변화는 없다고 하자.

ch 8

구조분해분석

1 총산출 변화의 요인분해 방법

1-1 분석 방법

두 개 시점 이상에 대한 투입산출표가 존재하는 경우에 두 시점 사이에 나타나는 어떤 경제변수의 변화를 투입산출표에서 도출되는 다수의 세부 요인으로 분해하고, 각각의 세부 요인이 해당 경제변수의 변화에 준 기여도가 얼마인지를 분석할 수 있다. 이처럼 서로 다른 시점에서 작성된 투입산출표를 이용하여 일정 기간에 발생한 특정 경제변수의 변화가 어떠한 결정요인에 의하여 발생했는지를 세부적으로 분해하는 분석 방법을 구조분해분석(structural decomposition analysis)이라 부른다.[1]

이번 장에서는 구조분해분석에 관한 기본 모형으로 두 시점에서 나타난 부문별 총산출의 성장요인을 분해하는 모형에 대해서 살펴본다. 투입산출표에서 부문별 총산출은 생산유발계수행렬(혹은 레온티에프 역행렬)과 최종수요의 행렬 곱셈을 통하여 계산할 수 있다. 투입산출표의 기본적인 균형식은 $X=BY$이며, X는 총산출 벡터, B는 생산유발계수행렬 혹은 레온티에프 역행렬, Y는 최종수요 벡터를 의미한다. 여기서 시점을 나타내는 하첨자 t를 도입하면, 시점 t에서 작성된 투입산출표에서 도출되는 수급 균형식은 $X_t=B_tY_t$가 된다. 이때 기준 시점을 $t=0$, 비교 시점을 $t=1$로 하자. 그러면 기준 시점($t=0$)에서의 투입산출 균형식은 $X_0=B_0Y_0$이 되며, 비교 시점($t=1$)에서의 투입산출 균형식은 $X_1=B_1Y_1$이 된다.

이제 시점 0(기준 시점)과 시점 1(비교 시점) 사이에 발생한 총산출 벡터의 변화를 ΔX라 하면, 이는 시점 1의 총산출 벡터에서 시점 0의 총산출 벡터를 차감한 값이 된다. 앞의 식 (6.24)를 이용하여 ΔX를 수식으로 나타내면 다음과 같다.

$$\Delta X = X_1 - X_0 = B_1^d Y_1^d - B_0^d Y_0^d \tag{8.1}$$

---

1 Miller and Blair(2009).

여기서 $B_1^d = B_0^d + \Delta B$, $Y_1^d = Y_0^d + \Delta Y$이다. 식 (8.1)에서 ΔX는 기술구조의 변화 효과와 최종수요의 변화 효과로 분해할 수 있다. 밀러와 블레어(Miller and Blair, 2009)에 의하면 ΔX에 대한 분해 식은 다음과 같이 나타낼 수 있다.

$$\Delta X = \Delta B Y_1^d + B_0^d \Delta Y \tag{8.2}$$

위의 식에서 우변의 각 항목에 대한 의미를 살펴보면 다음과 같다.

첫 번째, $\Delta B Y_1^d = B_1^d Y_1^d - B_0^d Y_1^d$이다. 이때 $B_1^d Y_1^d$은 비교 시점에서의 기술구조에 의해서 비교 시점의 최종수요를 충족시키기 위한 총산출이며, $B_0^d Y_1^d$는 기준 시점에서의 기술구조에 의해서 비교 시점의 최종수요를 충족시키기 위한 총산출이다. 그러므로 $\Delta B Y_1^d = B_1^d Y_1^d - B_0^d Y_1^d$는 비교 시점의 최종수요($Y_1^d$)를 기준으로 하여 기준 시점과 비교 시점에서 나타나는 기술구조의 변화 효과에 의한 산출량 차이를 측정하는 지표가 된다. $\Delta B Y_1^d$을 기술구조의 변화 효과라 해석하는 이유는 다음과 같다. $\Delta B = B_1^d - B_0^d$인데, 이는 $\Delta B = (I - A_1^d)^{-1} - (I - A_0^d)^{-1}$이다. 그러므로 ΔB는 두 시점에서 나타나는 산출물의 생산을 위한 투입계수(기술계수)의 변화에 기초하고 있으며, 그로 인하여 $\Delta B Y_1^d$을 산출량 변동에 대한 기술구조의 변화 효과라 해석할 수 있다.

두 번째, $B_0^d \Delta Y = B_0^d Y_1^d - B_0^d Y_0^d$이다. 여기서 $B_0^d Y_1^d$은 기준 시점에서의 기술구조에 의해서 비교 시점의 최종수요를 충족시키기 위한 총산출이며, $B_0^d Y_0^d$는 기준 시점에서의 기술구조에 의해서 기준 시점의 최종수요를 충족시키기 위한 총산출이다. 따라서 $B_0^d Y_1^d - B_0^d Y_0^d$는 기준 시점에서의 기술구조($B_0^d$)를 기준으로 하여 기준 시점과 비교 시점에서 나타나는 최종수요의 변화 효과에 의한 산출량 차이를 측정하는 지표가 되는 것이다.

한편, 식 (8.2)와 다른 방식으로 ΔX에 대한 분해 식을 다음과 같이 나타낼 수 있다.

$$\Delta X = \Delta B Y_0^d + B_1^d \Delta Y \tag{8.3}$$

식 (8.3)에서 $\Delta B Y_0^d$는 기준 시점의 최종수요(Y_0^d)를 기준으로 하여 두 시점 사이에 나타나는 기술구조의 변화 효과에 의한 산출량의 차이를 측정하며, $B_1^d \Delta Y$는 비교 시점에서의 기술구조(B_1^d)를 기준으로 하여 두 시점 사이에 나타나는 최종수요의 변화 효과에 의한 산출량의 차이를 측정한다. ΔX의 요인을 분해하는 앞의 두 분해 식 중 어느 식이 더 나은지를 판단하기 위한 객관적인 기준은 존재하지 않는다. 때문에 식 (8.2)와 (8.3)에 대하여 다음과 같이 두 식의 평균을 취해 각 변수의 기여도를 계산할 수 있다.[2]

$$\begin{aligned}\Delta X &= \left(\frac{1}{2}\right)\Delta B(Y_0^d + Y_1^d) + \left(\frac{1}{2}\right)(B_0^d + B_1^d)\Delta Y \\ &= C(\Delta B) + C(\Delta Y) \qquad (8.4)\end{aligned}$$

여기서 $C(\Delta B)$는 ΔX에 대한 기술구조 변화의 기여분을 의미하며 $(1/2)\Delta B(Y_0^d + Y_1^d)$와 같다. $C(\Delta Y)$는 ΔX에 대한 최종수요 변화의 기여분을 의미하며 $(1/2)(B_0^d + B_1^d)\Delta Y$와 같다.

2 기술구조 변화 요인의 분해분석

2-1 기술구조 변화 요인의 분해 방법

투입산출표를 이용한 총산출 변화의 여러 요인 중에서 ΔB는 기술구조의 변화를 의미하며, ΔB는 근본적으로 ΔA에 기초한다. 이때 ΔB를 부문별 투입계수의 변화 요인으로 분해함으로써 두 시점에서 나타난 부문별 기술구조의 변화를 직접적인 투입계수의 변화와 연결하여 파악할 수 있다.

우선 국산거래표에 기초하는 경우를 보면, 기준 시점($t=0$)의 생산유발계수행렬은 $B_0^d = (I - A_0^d)^{-1}$이고 비교 시점($t=1$)의 생산유발계수행렬은 $B_1^d = (I - A_1^d)^{-1}$이다. 다음으로 역행렬의 성질을 이용하여 기준 시점에서 구해지는 $(I - A_0^d)^{-1}$에 B_0^d를 앞 곱셈한 결과는 다음과 같이 나타낼 수 있다.[3]

2 김태진 외 2인(2017).

3 Miller and Blair(2009).

$$B_0^d(I - A_0^d) = B_0^d - B_0^d A_0^d = I$$
$$B_0^d - I = B_0^d A_0^d \tag{8.5}$$

식 (8.5)의 양변에 B_1^d을 행렬의 뒷 곱셈하면 다음 식이 도출된다.

$$(B_0^d - I)B_1^d = B_0^d A_0^d B_1^d,$$
$$B_0^d B_1^d - B_1^d = B_0^d A_0^d B_1^d \tag{8.6}$$

이어서 비교 시점에서 구해지는 B_1^d에 $(I - A_1^d)$를 행렬의 앞 곱셈한 결과는 다음 식과 같다.

$$(I - A_1^d)B_1^d = B_1^d - A_1^d B_1^d = I,$$
$$B_1^d - I = A_1^d B_1^d \tag{8.7}$$

식 (8.7)의 양변에 B_0^d를 앞 곱셈하면 다음 식이 도출된다.

$$B_0^d(B_1^d - I) = B_0^d A_1^d B_1^d,$$
$$B_0^d B_1^d - B_0^d = B_0^d A_1^d B_1^d \tag{8.8}$$

식 (8.8)에서 식 (8.6)을 차감하면 ΔB에 관한 다음의 관계식을 도출할 수 있다.

$$\Delta B = B_1^d - B_0^d = B_0^d A_1^d B_1^d - B_0^d A_0^d B_1^d = B_0^d(\Delta A)B_1^d \tag{8.9}$$

식 (8.9)에서 $\Delta A = A_1^d - A_0^d$이다. 한편, 식 (8.5)에서 $B_0^d(I - A_0^d)$를 $(I - A_0^d)B_0^d$로 대체하고, 식 (8.6)에서 $(B_0^d - I)B_1^d$를 $B_1^d(B_0^d - I)$로 대체하면 $B_1^d B_0^d - B_1^d = B_1^d A_0^d B_0^d$의 관계가 도출된다. 이어서 식 (8.7)에서 $(I - A_1^d)B_1^d$를 $B_1^d(I - A_1^d)$로 대체하고, 식 (8.8)에서 $B_0^d(B_1^d - I)$를 $(B_1^d - I)B_0^d$로 대체하면 $B_1^d B_0^d - B_0^d = B_1^d A_1^d B_0^d$이 도출된다. 이제 $B_1^d B_0^d - B_0^d = B_1^d A_1^d B_0^d$에서 $B_1^d B_0^d - B_1^d = B_1^d A_0^d B_0^d$를 차감하면 다음 식이 유도된다.

$$\Delta B = B_1^d - B_0^d = B_1^d A_1^d B_0^d - B_1^d A_0^d B_0^d = B_1^d(\Delta A)B_0^d \tag{8.10}$$

식 (8.10)의 결과와 식 (8.9)의 결과는 동일하다. 앞의 두 식으로부터 기준 시점과 비교 시점에서 나타나는 생산유발계수행렬의 변화를 투입계수의 변화로 나타낼 수 있음을 알 수 있다. 다음으로 ΔA를 3개 부문으로 구성된 투입계수행렬로 나타내면 식 (8.11)과 같다.

$$\Delta A = \begin{bmatrix} \Delta a_{11}^d & \Delta a_{12}^d & \Delta a_{13}^d \\ \Delta a_{21}^d & \Delta a_{22}^d & \Delta a_{23}^d \\ \Delta a_{31}^d & \Delta a_{32}^d & \Delta a_{33}^d \end{bmatrix} \tag{8.11}$$

투입계수의 정의에 따르면 투입계수행렬에서 어떤 부문 j에 대한 투입계수 벡터는 해당 부문의 산출물 1단위를 생산하기 위해서 요구되는 전 부문에서의 중간재 투입단위로 표현된 기술구조를 나타낸다. 또한 부문 j의 투입계수 벡터의 값은 존재하고 나머지 모든 원소의 값은 0으로 구성된 행렬을 A^j라고 표기하자. 그러면 두 시점에서 나타난 부문 j의 산출물 1단위의 생산을 위한 투입구조의 변화는 ΔA^j로 나타나며, 행렬 ΔA^j는 부문 j에서 나타난 기술구조의 변화라 할 수 있다.

이어서 ΔA^j의 구조를 3개 부문의 사례에서의 ΔA^1으로 나타내면 다음 식과 같다.

$$\Delta A^1 = \begin{bmatrix} \Delta a_{11}^d & 0 & 0 \\ \Delta a_{21}^d & 0 & 0 \\ \Delta a_{31}^d & 0 & 0 \end{bmatrix} \tag{8.12}$$

식 (8.12)에서 ΔA^1은 두 시점에서 나타난 부문 1에서의 기술구조의 변화를 나타낸다. 또한 3개 부문 사례에서 $A^d = \sum_{j=1}^{3} A^j$이 성립하고, 그 결과 다음의 관계식이 성립한다.

$$\Delta A = \sum_{j=1}^{3} \Delta A^j = \begin{bmatrix} \Delta a_{11}^d & 0 & 0 \\ \Delta a_{21}^d & 0 & 0 \\ \Delta a_{31}^d & 0 & 0 \end{bmatrix} + \begin{bmatrix} 0 & \Delta a_{12}^d & 0 \\ 0 & \Delta a_{22}^d & 0 \\ 0 & \Delta a_{32}^d & 0 \end{bmatrix} + \begin{bmatrix} 0 & 0 & \Delta a_{13}^d \\ 0 & 0 & \Delta a_{23}^d \\ 0 & 0 & \Delta a_{33}^d \end{bmatrix} \tag{8.13}$$

식 (8.10)과 식 (8.13)으로부터 다음과 같이 3개 부문 사례에 대한 관계식을 유도할 수 있다.

$$\begin{aligned} \Delta B &= B_1^d - B_0^d \\ &= B_1^d(\Delta A^1)B_0^d + B_1^d(\Delta A^2)B_0^d + B_1^d(\Delta A^3)B_0^d \end{aligned} \tag{8.14}$$

앞의 식 (8.4)로부터 ΔX에 대한 기술구조 변화의 기여분($C(\Delta B)$)을 측정하는 식을 나타내면 다음과 같다.

$$C(\Delta B) = \left(\frac{1}{2}\right)\Delta B(Y_0^d + Y_1^d) \tag{8.15}$$

식 (8.15)에 식 (8.14)를 대입하면 다음 식이 도출된다.

$$\begin{aligned} C(\Delta B) &= C(\Delta A^1) + C(\Delta A^2) + C(\Delta A^3) \\ &= \left(\frac{1}{2}\right)B_1^d(\Delta A^1)B_0^d(Y_0^d + Y_1^d) \\ &+ \left(\frac{1}{2}\right)B_1^d(\Delta A^2)B_0^d(Y_0^d + Y_1^d) \\ &+ \left(\frac{1}{2}\right)B_1^d(\Delta A^3)B_0^d(Y_0^d + Y_1^d) \end{aligned} \tag{8.16}$$

식 (8.16)에서 $C(\Delta A^1)$은 ΔX에 대한 부문 1에서의 기술구조 변화의 기여분을 의미하고 $(1/2)B_1^d(\Delta A^1)B_0^d(Y_0^d+Y_1^d)$와 같다. 그리고 $C(\Delta A^2)$는 ΔX에 대한 부문 2에서의 기술구조 변화의 기여분이며 $(1/2)B_1^d(\Delta A^2)B_0^d(Y_0^d+Y_1^d)$와 같다. $C(\Delta A^3)$는 ΔX에 대한 부문 3에서의 기술구조 변화의 기여분이며 $(1/2)B_1^d(\Delta A^3)B_0^d(Y_0^d+Y_1^d)$와 같다.

3 최종수요 변화 요인의 분해분석

3-1 최종수요 변화 요인의 분해 방법

생산유발계수행렬로 파악되는 기술구조의 변화 요인을 각 부문의 직접적인 투입구조의 변화(투입계수의 변화) 요인으로 분해한 것과 유사하게 최종수요의 변화 요인(ΔY)을 최종수요의 구조 변화 요인(ΔY^s)과 최종수요의 규모 변화 요인(ΔY^l)으로 분해할 수 있다. 이러한 최종수요의 변화 요인에 대한 분해 방법에 대한 이해를 높이기 위하여 3개 부문으로 구성된 국산거래표에서 최종수요 벡터 Y^d를 나타내면 다음과 같다.

$$Y^d = \begin{bmatrix} y_1^d \\ y_2^d \\ y_3^d \end{bmatrix} \tag{8.17}$$

식 (8.17)에 합벡터 u'을 곱하면 다음과 같이 모든 부문의 최종수요의 합, 즉 경제 전체에서의 최종수요의 규모(level)를 구할 수 있다. 이를 Y^l이라 표기한다.

$$Y^l = u'Y^d = [111]\begin{bmatrix} y_1^d \\ y_2^d \\ y_3^d \end{bmatrix} = y_1^d + y_2^d + y_3^d \tag{8.18}$$

이어서 Y^d를 Y^l로 나누면 각 부문의 최종수요가 경제 전체의 최종수요의 규모에서 차지하는 비중 벡터를 구할 수 있다. 이를 Y^s라 표기하자.

$$Y^s = Y^d / Y^l = \begin{bmatrix} y_1^d / Y^l \\ y_2^d / Y^l \\ y_3^d / Y^l \end{bmatrix} = \begin{bmatrix} s_1 \\ s_2 \\ s_3 \end{bmatrix} \tag{8.19}$$

여기서 $\sum_{i=1}^{3} s_i = 1$이다. 또한 Y^s는 경제 전체의 관점에서 각 부문의 최종수요에 대한 구조를 반영한다고 볼 수 있다. 예를 들어, 최종수요의 규모가 동일한 두 국가 R과 T가 있다고 하고, 각국에서 도출된 Y^s를 각각 $Y^{s(R)}$, $Y^{s(T)}$라 하자. 이때 두 국가에서의 최종수요의 규모가 동일하므로 $Y^{l(R)} = Y^{l(T)}$가 된다. 이러한 상황에서 국가 R의 부문 1에 대한 최종수요가 국가 T의 부문 1에 대한 최종수요보다 더 큰 구조를 지닌다고 한다면, 이는 $s_1^{(R)} > s_1^{(T)}$을 의미한다. 이러한 예를 통해서 Y^s는 어떤 국가 경제에서의 부문별 최종수요 구조에 대한 정보를 나타낸다는 것을 알 수 있다.

한편, 식 (8.19)로부터 다음의 관계가 성립한다.

$$Y^d = Y^s Y^l \tag{8.20}$$

식 (8.20)에 기초하면 기준 시점과 비교 시점에서 나타난 최종수요의 변화는 다음 식과 같이 표현할 수 있다.

$$\Delta Y = Y_1^d - Y_0^d = Y_1^s Y_1^l - Y_0^s Y_0^l \tag{8.21}$$

이제 앞서 논의했던 총산출 변화의 요인분해 방법에 기초할 경우 다음과 같은 분해식을 도출할 수 있다.

$$\Delta Y = \Delta Y^s Y_0^l - Y_1^s \Delta Y^l \tag{8.22}$$

$$\Delta Y = \Delta Y^s Y_1^l - Y_0^s \Delta Y^l \tag{8.23}$$

이어서 위 두 식의 평균을 취하면 다음의 관계식을 얻을 수 있다.

$$\Delta Y = \left(\frac{1}{2}\right)\Delta Y^s (Y_0^l + Y_1^l) + \left(\frac{1}{2}\right)(Y_0^s + Y_1^s)\Delta Y^l \tag{8.24}$$

여기서 $(1/2)\Delta Y^s(Y_0^l + Y_1^l)$는 ΔY에 대한 최종수요 구조 변화의 기여분을 의미한다. $(1/2)(Y_0^s + Y_1^s)\Delta Y^l$는 ΔY에 대한 최종수요 규모 변화의 기여분을 의미한다.

앞의 식 (8.4)로부터 ΔX에 대한 최종수요 변화의 기여분($C(\Delta Y)$)을 측정하는 식을 나타내면 다음과 같다.

$$C(\Delta Y) = \left(\frac{1}{2}\right)(B_0^d + B_1^d)\Delta Y \tag{8.25}$$

이제 식 (8.25)에 앞의 식 (8.24)를 대입하면 다음 식이 도출된다.

$$\begin{aligned} C(\Delta Y) &= C(\Delta Y^s) + C(\Delta Y^l) \\ &= \left(\frac{1}{4}\right)(B_0^d + B_1^d)\Delta Y^s (Y_0^l + Y_1^l) \\ &\quad + \left(\frac{1}{4}\right)(B_0^d + B_1^d)(Y_0^s + Y_1^s)\Delta Y^l \end{aligned} \tag{8.26}$$

식 (8.26)에서 $C(\Delta Y^s)$는 ΔX에 대한 최종수요 구조 변화의 기여분이고 $(1/4)(B_0^d + B_1^d)\Delta Y^s(Y_0^l + Y_1^l)$와 같다. $C(\Delta Y^l)$은 ΔX에 대한 최종수요 규모 변화의 기여분이며 $(1/4)(B_0^d + B_1^d)(Y_0^s + Y_1^s)\Delta Y^l$와 같다.

4 D&L의 요인분해 방법

4-1 분석 방법

지금까지 2개 요인으로 구성된 경제변수에 대한 가장 간단한 형태의 요인분해 모형에 대하여 살펴보았다. 그러나 실제 투입산출표를 이용하여 구조분해분석을 수행하는 경우에는 2개 이상의 요인으로 구성된 요인분해를 수행하게 되며, 앞서 살펴본 요인분해의 접근을 그대로 적용하기 어려울 때가 있다. 이러한 배경에서 일반화된 요인분해 분석 방법이 필요한데, 디첸바커와 로스(Dietzenbacher and Los, 이하 D&L)는 n개 요인을 분해할 수 있는 방법론을 제시하였다.[4]

D&L의 요인분해 방법에 대한 이해를 높이기 위하여 3개 요인($n=3$)으로 구성된 변수에 대한 요인분해 방법에 대해서 살펴보자. 어떤 변수 y가 존재하며 이를 $y=abc$라고 하자. 그러면 시점 0(기준 시점)과 시점 1(비교 시점) 사이에 나타난 Δy는 다음 식과 같이 표현할 수 있다.

$$\begin{aligned}\Delta y &= a_1b_1c_1 - a_0b_0c_0 \\ &= C(\Delta a)+C(\Delta b)+C(\Delta c)\end{aligned} \tag{8.27}$$

위 식에서 $C(\Delta a)$는 Δy에 대한 요인 a의 변화 효과의 기여분, $C(\Delta b)$는 요인 b의 변화 효과의 기여분, $C(\Delta c)$는 요인 c의 변화 효과의 기여분을 각각 나타낸다.

이미 총산출 변화의 요인분해 모형에서 살펴보았듯이 식 (8.5)에서 Δy에 대한 $C(\Delta a)$, $C(\Delta b)$, $C(\Delta c)$를 측정하기 위한 유일한 분해 식은 존재하지 않는다.[5] D&L은 n개 요인이 존재하는 경우에 각 요인의 기여분을 측정하기 위한 가능한 모든 수식의 개수는 n!이 존

4 Dietzenbacher and Los(1998).

5 본 장 1-1절에서 총산출 변화의 요인분해에 관한 식은 2개가 존재하는 것을 보았다(p. 181).

재함을 밝혔다.[6] 식 (8.27)에서 $n=3$이므로 각 요인의 기여분을 측정하기 위한 가능한 모든 수식의 개수는 3!(3×2×1=6)이 되며, 모든 분해 식을 나타내면 다음과 같다.

$$\begin{aligned}\Delta y &= \Delta a b_1 c_1 + a_0 \Delta b c_1 + a_0 b_0 \Delta c \\ &= \Delta a b_1 c_0 + a_0 \Delta b c_0 + a_1 b_1 \Delta c \\ &= \Delta a b_0 c_0 + a_1 \Delta b c_1 + a_1 b_0 \Delta c \\ &= \Delta a b_0 c_0 + a_1 \Delta b c_0 + a_1 b_1 \Delta c \\ &= \Delta a b_1 c_1 + a_0 \Delta b c_0 + a_0 b_1 \Delta c \\ &= \Delta a b_0 c_1 + a_1 \Delta b c_1 + a_0 b_0 \Delta c \end{aligned} \tag{8.28}$$

식 (8.28)에서 어느 식을 통하여 요인분해의 기여분을 도출하는지에 관한 기준은 존재하지 않는다. 이러한 분해 식 선택의 문제를 극복하기 위하여 D&L은 2가지 접근 방법을 제시하였다. 먼저, 가능한 모든 분해 식의 평균을 이용하는 접근이 있으며, 이를 식 (8.28)에 적용하면 다음 식을 얻을 수 있다.

$$\begin{aligned}\Delta y &= C(\Delta a) + C(\Delta b) + C(\Delta c) \\ &= \left(\frac{1}{6}\right)(2\Delta a b_1 c_1 + 2\Delta a b_0 c_0 + \Delta a b_1 c_0 + \Delta a b_0 c_1) \\ &\quad + \left(\frac{1}{6}\right)(2a_1 \Delta b c_1 + 2a_0 \Delta b c_0 + a_1 \Delta b c_0 + a_0 \Delta b c_1) \\ &\quad + \left(\frac{1}{6}\right)(2a_1 b_1 \Delta c + 2a_0 b_0 \Delta c + a_1 b_0 \Delta c + a_0 b_1 \Delta c) \end{aligned} \tag{8.29}$$

식 (8.29)와 같은 접근 방법은 이론적으로 가능한 모든 분해 식을 고려한다. 그러나 동 접근 방법에서 분해하고자 하는 변수에 대한 요인의 수가 많아질수록 고려해야 하는 분해 식의 개수가 크게 증가하고, 그로 인하여 기여분의 값을 도출하는 과정이 복잡하다.

6 3!은 3×2×1=6으로 계산하면 된다.

이러한 점을 고려하여 D&L은 양극 분해법(two polar decomposition method)[7]을 제시하였다. 이 접근 방법은 양극단에 있는 분해 식의 평균을 이용하는 것이며, 이를 식 (8.28)에 적용하면 다음 식이 도출된다.[8]

$$\begin{aligned}\Delta y &= C(\Delta a) + C(\Delta b) + C(\Delta c)\\ &= \left(\frac{1}{2}\right)(\Delta a b_1 c_1 + \Delta a b_0 c_0)\\ &\quad + \left(\frac{1}{2}\right)(a_0 \Delta b c_1 + a_1 \Delta b c_0)\\ &\quad + \left(\frac{1}{2}\right)(a_1 b_1 \Delta c + a_0 b_0 \Delta c)\end{aligned} \tag{8.30}$$

한편, D&L의 연구에서 모든 분해 식의 평균에 의한 분해 결과와 양극 분해 방법에 의한 분해 결과가 매우 유사하다는 것을 확인하였다. 이에 요인분해의 분석 대상이 되는 변수를 구성하는 결정요인의 수가 많은 경우에는 주로 양극 분해법을 활용한다.

4-2 D&L 방법을 이용한 부가가치 변화의 요인분해

투입산출표의 균형 관계에서 파악되는 부문별 부가가치는 기본적으로 3개의 결정요인으로 나타낼 수 있다. 앞의 식 (6.33)에 기초하여 기준 시점과 비교 시점 사이에 나타난 부가가치 벡터의 변화는 다음 식과 같이 표기할 수 있다.

$$\begin{aligned}\Delta VA &= \hat{V}_1 B_1^d Y_1^d - \hat{V}_0 B_0^d Y_0^d\\ &= C(\Delta\hat{V}) + C(\Delta B^d) + C(\Delta Y^d)\end{aligned} \tag{8.31}$$

---

7 3개 요인의 사례를 보면, $\Delta y = \Delta a b_1 c_1 + a_0 \Delta b c_1 + a_0 b_0 \Delta c$는 각 요인에 대한 분해의 순서를 가장 왼쪽의 요인인 a부터 시작하여 마지막 요인인 c까지 순차적으로 진행한다. $\Delta y = a_1 b_1 \Delta c + a_1 \Delta b c_0 + \Delta a b_0 c_0$는 각 요인에 대한 분해 순서를 가장 오른쪽에 있는 요인인 c부터 시작하여 역순으로 첫 번째 요인인 a를 마지막으로 한다. 이러한 의미에서 앞의 두 식의 평균을 취하는 방법을 양극 분해법이라 부른다.

8 Kim and Tromp(2021).

여기서 $C(\Delta\hat{V})$는 ΔVA에 대한 부가가치계수의 변화 효과의 기여분, $C(\Delta B^d)$는 기술구조의 변화 효과의 기여분, $C(\Delta Y^d)$는 최종수요의 변화 효과의 기여분을 각각 나타낸다.

D&L의 분해 방법에 기초하면 두 시점 사이에 나타난 부가가치의 변화와 관련된 가능한 모든 분해 식은 6(=3!)개가 존재한다. 이에 가능한 모든 분해 식의 평균을 구하여 $C(\Delta\hat{V})$, $C(\Delta B^d)$, $C(\Delta Y^d)$에 대한 값을 구할 수 있으며, 이를 수식으로 나타내면 다음과 같다.[9]

$$\begin{aligned}\Delta VA &= C(\Delta\hat{V}) + C(\Delta B^d) + C(\Delta Y^d) \\ &= \left(\frac{1}{6}\right)(2\Delta\hat{V}B_1^d Y_1^d + 2\Delta\hat{V}B_0^d Y_0^d + \Delta\hat{V}B_1^d Y_0^d + \Delta\hat{V}B_0^d Y_1^d) \\ &+ \left(\frac{1}{6}\right)(2\hat{V}_1\Delta B^d Y_1^d + 2\hat{V}_0\Delta B^d Y_0^d + \hat{V}_1\Delta B^d Y_0^d + \hat{V}_0\Delta B^d Y_1^d) \\ &+ \left(\frac{1}{6}\right)(2\hat{V}_1 B_1^d \Delta Y^d + 2\hat{V}_0 B_0^d \Delta Y^d + \hat{V}_1 B_1^d \Delta Y^d + \hat{V}_0 B_0^d \Delta Y^d)\end{aligned} \tag{8.32}$$

다음으로 D&L이 제시한 양극 분해법에 기초하여 ΔVA에 대한 각 요인의 기여분을 측정할 수 있다. 이를 수식으로 표현하면 다음 식과 같다.[10]

$$\begin{aligned}\Delta VA &= C(\Delta\hat{V}) + C(\Delta B^d) + C(\Delta Y^d) \\ &= \left(\frac{1}{2}\right)(\Delta\hat{V}B_1^d Y_1^d + \Delta\hat{V}B_0^d Y_0^d) \\ &+ \left(\frac{1}{2}\right)(\hat{V}_0\Delta B^d Y_1^d + \hat{V}_1\Delta B^d Y_0^d) \\ &+ \left(\frac{1}{2}\right)(\hat{V}_1 B_1^d \Delta Y^d + \hat{V}_0 B_0^d \Delta Y^d)\end{aligned} \tag{8.33}$$

상기에서 살펴본 부문별 부가가치의 변화에 대한 요인분해 분석 방법론에서 부가가치계수의 대각행렬 자리에 노동계수(고용계수 또는 취업계수)의 대각행렬을 대입하면, 노동변화에 대한 요인분해 분석을 수행할 수 있다.

---

9 김태진·심승진(2018).

10 김태진(2020).

5 R 실습

5-1 총산출 변화의 요인분해 실습

R에서 어떤 두 시점 사이에 나타난 총산출의 변화를 기술구조 변화의 기여분과 최종수요 변화의 기여분으로 구분하여 분해하고자 한다. 이를 위하여 2015년 대분류 투입산출표와 2018년 대분류 투입산출표를 이용한다. 2015년 대분류 투입산출표는 한국은행의 경제통계시스템 홈페이지에서 내려받을 수 있다. 2015년 대분류 투입산출표 엑셀 파일을 IOT_2015.xlsx라는 파일명으로 수정하고, 이를 작업 디렉터리 폴더(R_WD)로 옮긴다. 이 책에서는 총산출 변화의 요인을 분해할 때 국산품에 대한 기술구조의 변화를 측정하기 위하여 국산거래표를 이용한다. 2015년과 2018년 사이에 나타난 총산출 변화에 대한 요인을 분해하기 위한 R 코드 생성 과정을 정리하면 다음과 같다.

- 1단계: 데이터 입력
  - IOT15<-as.matrix(read_excel("IOT_2015.xlsx",sheet=1, range="C6:AZ46")): 2015년 대분류 투입산출표의 총거래표를 불러들인다.
  - IOT18<-as.matrix(read_excel("IOT_2018.xlsx",sheet=1, range="C6:AZ46")): 2018년 대분류 투입산출표의 총거래표를 불러들인다.
  - Dm15<-as.matrix(read_excel("IOT_2015.xlsx",sheet=3, range="C6:AS39")): 2015년 대분류 국산거래표를 불러들인다.
  - Dm18<-as.matrix(read_excel("IOT_2018.xlsx",sheet=3, range="C6:AS39")): 2018년 대분류 국산거래표를 불러들인다.

- 2단계: 투입산출표의 색인
  - X15<-IOT15[1:33,44]: 2015년 총거래표에서 총산출 벡터를 추출한다.
  - Zd15<-Dm15[1:33,1:33]: 2015년 국산거래표에서 국산품 중간재 거래 행렬을 추출한다.
  - Yd15<-Dm15[1:33,42]: 2015년 국산품 최종수요 벡터를 추출한다.
  - X18<-IOT18[1:33,44]: 2018년 총거래표에서 총산출 벡터를 추출한다.

- Zd18<-Dm18[1:33,1:33] : 2018년 국산거래표에서 국산품 중간재 거래 행렬을 추출한다.
- Yd18<-Dm18[1:33,42] : 2018년 국산품 최종수요 벡터를 추출한다.
- namec<-colnames(IOT18)[1:33] : 부문명 벡터를 추출한다.[11]

- 3단계 : 생산유발계수행렬 도출
  - X0<-1/X15 : 2015년 총산출 벡터의 역수를 구하여 X0으로 저장한다.
  - X0[is.infinite(X0)]<-0 : X0에 존재하는 Inf를 0으로 대체한다.
  - X1<-1/X18 : 2018년 총산출 벡터의 역수를 구하여 X1으로 저장한다.
  - X1[is.infinite(X1)]<-0 : X1에 존재하는 Inf를 0으로 대체한다.
  - Ad15<-Zd15%*%diag(X0) : 2015년 국산투입계수행렬을 도출한다.
  - Ad18<-Zd18%*%diag(X1) : 2018년 국산투입계수행렬을 도출한다.
  - I<-diag(33) : 33×33 차원의 단위행렬을 생성한다.
  - Bd0<-solve(I-Ad15) : 2015년 생산유발계수행렬을 도출하여 Bd0에 저장한다.
  - Bd1<-solve(I-Ad18) : 2018년 생산유발계수행렬을 도출하여 Bd1에 저장한다.

- 4단계 : 총산출 변화의 요인분해 분석
  - dX<-X18-X15 : ΔX(2018년 총산출 벡터-2015년 총산출 벡터)를 구하여 dX로 저장한다.
  - dB<-Bd1-Bd0 : ΔB(2018년 생산유발계수행렬-2015년 생산유발계수행렬)를 구하여 dB로 저장한다.
  - dY<-Yd18-Yd15 : ΔY(2018년 최종수요 벡터-2015년 최종수요 벡터)를 구하여 dY로 저장한다.
  - CdB<-1/2*dB%*%(Yd15+Yd18) : 식 (8.4)에 제시된 기술구조 변화의 기여분 $C(\Delta B)$를 구하여 CdB에 저장한다.
  - CdY<-1/2*(Bd0+Bd1)%*%dY : 식 (8.4)에 제시된 최종수요 변화의 기여분 $C(\Delta Y)$를 구하여 CdY에 저장한다.
  - dX1<-CdB+CdY : 기술구조 변화의 기여분과 최종수요 변화의 기여분을 더하여

11 2015년 투입산출표와 2018년 투입산출표의 부문명 벡터는 일치한다.

dX1에 저장한다. dX1은 dX와 비교하는 데 이용한다.

- 5단계 : 분석 결과 저장
  - library(openxlsx)
  - CBY<-cbind(CdB,CdY,dX1,dX) : CdB, CdY, dX1, dX를 열 방향에서 결합한다.
  - total<-apply(CBY,2,sum) : CBY에서 열 방향의 합을 연산한다.
  - Decom<-rbind(CBY,total) : CBY와 total을 행 방향에서 결합한다.
  - namec[34]<-"전 부문" : namec의 34번째 원소에 "전 부문"을 추가한다.
  - rownames(Decom)<-namec : Decom에 행 이름을 부여한다.
  - colnames(Decom)<-c("기술구조 변화의 기여분(a)", "최종수요 변화의 기여분(b)", "총산출의 변화(a+b)", "총산출의 변화(투입산출표)") : Decom에 열 이름 을 부여한다.
  - write.xlsx(Decom, file = "Decom.xlsx", colNames = TRUE, rowNames = TRUE) : Decom을 엑셀 파일로 저장한다.

```
# 총산출 변화의 요인분해 분석 예제
library(readxl)
IOT15<-as.matrix(read_excel("IOT_2015.xlsx",sheet=1, range="C6:AZ46"))
# 2015년 총거래표를 불러들임
IOT18<-as.matrix(read_excel("IOT_2018.xlsx",sheet=1, range="C6:AZ46"))
# 2018년 총거래표를 불러들임
Dm15<-as.matrix(read_excel("IOT_2015.xlsx",sheet=3, range="C6:AS39"))
# 2015년 국산거래표를 불러들임
Dm18<-as.matrix(read_excel("IOT_2018.xlsx",sheet=3, range="C6:AS39"))
# 2018년 국산거래표를 불러들임

# 투입산출표 색인
X15<-IOT15[1:33,44]            # 2015년 총산출 벡터 추출
Zd15<-Dm15[1:33,1:33]          # 2015년 국산품 중간재 거래 행렬 추출
Yd15<-Dm15[1:33,42]            # 2015년 최종수요 벡터 추출
X18<-IOT18[1:33,44]            # 2018년 총산출 벡터 추출
Zd18<-Dm18[1:33,1:33]          # 2018년 국산품 중간재 거래 행렬 추출
Yd18<-Dm18[1:33,42]            # 2018년 최종수요 벡터 추출
namec<-colnames(IOT18)[1:33]   # 부문명 벡터 추출
```

```
#생산유발계수행렬 도출
X0<-1/X15                              # 2015년 총산출 벡터의 역수를 X0에 저장
X0[is.infinite(X0)]<-0                 # Inf를 0으로 대체
X1<-1/X18                              # 2018년 총산출 벡터의 역수를 X1에 저장
X1[is.infinite(X1)]<-0                 # Inf를 0으로 대체
Ad15<-Zd15%*%diag(X0)                  # 2015년 국산투입계수행렬 도출
Ad18<-Zd18%*%diag(X1)                  # 2018년 국산투입계수행렬 도출
I<-diag(33)                            # 33×33 차원의 단위행렬 생성
Bd0<-solve(I-Ad15)                     # 2015년 생산유발계수 도출
Bd1<-solve(I-Ad18)                     # 2018년 생산유발계수 도출

#총산출 변화의 요인분해 분석
dX<-X18-X15                            # 총산출의 변화를 dX에 저장
dB<-Bd1-Bd0                            # 생산유발계수행렬의 변화를 dB에 저장
dY<-Yd18-Yd15                          # 최종수요 벡터의 변화를 dY에 저장
CdB<-1/2*dB%*%(Yd15+Yd18)              # 기술구조 변화 효과를 CdB에 저장
CdY<-1/2*(Bd0+Bd1)%*%dY                # 최종수요 변화 효과를 CdY에 저장
dX1<-CdB+CdY                           # CdB+CdY를 dX1에 저장

#분석 결과 저장
library(openxlsx)
CBY<-cbind(CdB,CdY,dX1,dX)             # CdB, CdY, dX1, dX를 열 방향에서 결합
total<-apply(CBY,2,sum)                # CBY에서 열 방향의 합을 연산
Decom<-rbind(CBY,total)                # CBY와 total을 행 방향에서 결합
namec[34]<-"전 부문"                   # namec의 34번째 원소에 "전 부문" 추가
rownames(Decom)<-namec                 # Decom에 행 이름 부여
colnames(Decom)<-c("기술구조 변화의 기여분(a)", "최종수요 변화의 기여분(b)", "총산출의 변
화(a+b)", "총산출의 변화(투입산출표)")   # Decom에 열 이름 부여
write.xlsx(Decom, file = "Decom.xlsx", colNames = TRUE, rowNames = TRUE)
```

	A	B	C	D	E
1		기술구조 변화의 기여분(a)	최종수요 변화의 기여분(b)	총산출의 변화(a+b)	총산출의 변화(투입산출표)
2	농림수산품	-4,176,214	5,634,272	1,458,058	1,458,058
3	광산품	-446,500	840,511	394,011	394,011
4	음식료품	-5,300,699	15,975,565	10,674,866	10,674,866
5	섬유 및 가죽제품	1,233,663	-7,918,147	-6,684,484	-6,684,484
6	목재 및 종이, 인쇄	-2,573,397	6,691,695	4,118,298	4,118,298
7	석탄 및 석유제품	9,209,221	25,179,211	34,388,432	34,388,432
8	화학제품	-7,037,080	47,969,712	40,932,632	40,932,632
9	비금속광물제품	-4,109,449	8,392,905	4,283,456	4,283,456
10	1차 금속제품	4,993,823	15,692,739	20,686,562	20,686,562
11	금속가공제품	-8,329,556	8,537,193	207,637	207,637
12	컴퓨터, 전자 및 광학기기	-11,857,419	58,119,594	46,262,175	46,262,175
13	전기장비	1,182,564	9,272,322	10,454,886	10,454,886
14	기계 및 장비	-7,238,169	28,438,753	21,200,584	21,200,584
15	운송장비	5,372,406	-37,601,443	-32,229,037	-32,229,037
16	기타 제조업 제품	1,273,525	2,850,642	4,124,167	4,124,167
17	제조임가공 및 산업용 장비 수리	-1,957,045	4,085,674	2,128,629	2,128,629
18	전력, 가스 및 증기	-3,494,457	9,761,423	6,266,966	6,266,966
19	수도, 폐기물처리 및 재활용서비스	960,891	3,406,082	4,366,973	4,366,973
20	건설	880,366	47,256,747	48,137,113	48,137,113
21	도소매 및 상품중개서비스	-1,744,468	34,097,300	32,352,832	32,352,832
22	운송서비스	1,426,466	6,880,770	8,307,236	8,307,236
23	음식점 및 숙박서비스	8,593,574	23,459,196	32,052,770	32,052,770
24	정보통신 및 방송 서비스	-4,059,276	20,372,830	16,313,554	16,313,554
25	금융 및 보험 서비스	5,392,328	22,642,902	28,035,230	28,035,230
26	부동산서비스	5,265,456	28,345,860	33,611,316	33,611,316
27	전문, 과학 및 기술 서비스	96,364	33,124,164	33,220,528	33,220,528
28	사업지원서비스	2,612,516	14,209,442	16,821,958	16,821,958
29	공공행정, 국방 및 사회보장	166,439	27,861,294	28,027,733	28,027,733
30	교육서비스	-155,151	8,087,282	7,932,131	7,932,131
31	보건 및 사회복지 서비스	-1,264,185	33,117,158	31,852,973	31,852,973
32	예술, 스포츠 및 여가 관련 서비스	1,473,973	7,250,880	8,724,853	8,724,853
33	기타 서비스	-966,550	5,058,404	4,091,854	4,091,854
34	기타	-96,382	581,487	485,105	485,105
35	전 부문	-14,672,422	517,674,419	503,001,997	503,001,997

[그림 8-1] 총산출 변화의 요인분해 분석 결과 예시

5-2 기술구조 변화의 요인분해 실습

이제 R에서 기술구조 변화의 기여분을 부문별 기술구조 변화의 기여분으로 분해한다. 이때 부문별 기술구조(투입계수) 변화의 기여분은 33개 대분류에 기초하여 1차 부문, 공산품 부문, 서비스 부문 등 3개 부문으로 구분하여 분석하고자 한다.[12] 이러한 분해분석을 수행하기 위한 R 코드 생성 과정을 정리하면 다음과 같다.

- 1단계: 데이터 입력[13]
  - IOT15(2015년 총거래표), IOT18(2018년 총거래표), Dm15(2015년 국산거래표), Dm18

12 1차 부문은 부문 1과 부문 2가 해당하며, 공산품 부문은 부문 3부터 부문 16까지가 해당한다. 마지막으로 서비스 부문은 부문 17부터 부문 33까지다.

13 본 장 5-1절 '총산출 변화의 요인분해 실습' 중 데이터 입력 부분의 R 코드를 참고하라(p. 193).

(2018년 국산거래표)이 필요하다.

- 2단계 : 투입산출표의 색인
  - X15<-IOT15[1:33,44]; Zd15<-Dm15[1:33,1:33]
  - Yd15<-Dm15[1:33,42]; X18<-IOT18[1:33,44]
  - Zd18<-Dm18[1:33,1:33]; Yd18<-Dm18[1:33,42]
  - namec<-colnames(IOT18)[1:33]

- 3단계 : 투입계수행렬과 생산유발계수행렬의 도출
  - X0<-1/X15; X0[is.infinite(X0)]<-0
  - X1<-1/X18; X1[is.infinite(X1)]<-0
  - Ad15<-Zd15%*%diag(X0); Ad18<-Zd18%*%diag(X1)
  - I<-diag(33); Bd0<-solve(I-Ad15); Bd1<-solve(I-Ad18)

- 4단계 : 부문별 기술구조(투입계수)의 변화 행렬을 도출
  - dA<-Ad18-Ad15 : ΔA(2018년 투입계수행렬-2015년 투입계수행렬)를 구하여 dA로 저장한다.
  - A1<-matrix(0,nrow=33,ncol=33) : 33×33의 영행렬을 생성한다.
  - A1[,1:2]<-dA[,1:2] : 1차 부문에 대한 기술구조의 변화 행렬을 생성한다.
  - A2<-matrix(0,nrow=33,ncol=33) : 33×33의 영행렬을 생성한다.
  - A2[,3:16]<-dA[,3:16] : 공산품 부문에 대한 기술구조의 변화 행렬을 생성한다.
  - A3<-matrix(0,nrow=33,ncol=33) : 33×33의 영행렬을 생성한다.
  - A3[,17:33]<-dA[,17:33] : 서비스 부문에 대한 기술구조의 변화 행렬을 생성한다.
  - dB<-Bd1-Bd0 : ΔB(2018년 생산유발계수행렬-2015년 생산유발계수행렬)을 구하여 dB로 저장한다.

- 5단계 : 기술구조 변화 효과의 요인분해
  - CdB<-1/2*dB%*%(Yd15+Yd18) : 식 (8.4)에 제시된 기술구조 변화의 기여분 $C(\Delta B)$를 구하여 CdB에 저장한다.

- CdA1<-(1/2)*Bd1%*%A1%*%Bd0%*%(Yd15+Yd18) : 1차 부문에서의 기술구조 변화 효과의 기여분($C(\Delta A^1)$)을 계산하여 CdA1에 저장한다.
- CdA2<-(1/2)*Bd1%*%A2%*%Bd0%*%(Yd15+Yd18) : 공산품 부문에서의 기술구조 변화 효과의 기여분($C(\Delta A^2)$)을 계산하여 CdA2에 저장한다.
- CdA3<-(1/2)*Bd1%*%A3%*%Bd0%*%(Yd15+Yd18) : 서비스 부문에서의 기술구조 변화 효과의 기여분($C(\Delta A^3)$)을 계산하여 CdA3에 저장한다.
- CdAs<-CdA1+CdA2+CdA3 : 부문별 기술구조 변화 효과의 기여분의 합을 구하여 CdAs에 저장한다. CdAs는 CdB와 비교하는 데 이용한다.

- 6단계 : 분석 결과 저장
  - library(openxlsx)
  - CdAB<-cbind(CdA1,CdA2,CdA3,CdAs,CdB) : CdA1,CdA2,CdA3,CdAs,CdB를 열 방향에서 결합한다.
  - total<-apply(CdAB,2,sum) : CdAB에서 열 방향의 합을 연산한다.
  - Decom_B<-rbind(CdAB,total) : CdAB와 total을 행 방향에서 결합한다.
  - namec[34]<-"전 부문"; rownames(Decom_B)<-namec
  - colnames(Decom_B)<-c("1차 부문의 기술구조 변화(a)", "공산품 부문의 기술구조 변화(b)", "서비스 부문의 기술구조 변화(c)", "기술구조의 변화(a+b+c)", "기술구조의 변화(생산유발계수)")
  - write.xlsx(Decom_B, file = "Decom_B.xlsx", colNames = TRUE, rowNames = TRUE)

```
# 부문별 기술구조 변화 효과의 요인분해 분석 예제
library(readxl)
IOT15<-as.matrix(read_excel("IOT_2015.xlsx",sheet=1, range="C6:AZ46"))
IOT18<-as.matrix(read_excel("IOT_2018.xlsx",sheet=1, range="C6:AZ46"))
Dm15<-as.matrix(read_excel("IOT_2015.xlsx",sheet=3, range="C6:AS39"))
Dm18<-as.matrix(read_excel("IOT_2018.xlsx",sheet=3, range="C6:AS39"))
```

```
#투입산출표 색인
X15<-IOT15[1:33,44]; Zd15<-Dm15[1:33,1:33]; Yd15<-Dm15[1:33,42]; X18<-IOT18[1:33,44];
Zd18<-Dm18[1:33,1:33]; Yd18<-Dm18[1:33,42]; namec<-colnames(IOT18)[1:33]

#투입계수행렬과 생산유발계수행렬의 도출
X0<-1/X15; X0[is.infinite(X0)]<-0; X1<-1/X18; X1[is.infinite(X1)]<-0
Ad15<-Zd15%*%diag(X0); Ad18<-Zd18%*%diag(X1)
I<-diag(33); Bd0<-solve(I-Ad15); Bd1<-solve(I-Ad18)

#부문별 기술구조의 변화 행렬을 도출
dA<-Ad18-Ad15                         #투입계수행렬의 변화를 dA로 저장
A1<-matrix(0,nrow=33,ncol=33)         #33×33 차원의 영행렬 생성
A1[,1:2]<-dA[,1:2]                    #1차 부문의 기술구조 변화 행렬 생성
A2<-matrix(0,nrow=33,ncol=33)         #33×33 차원의 영행렬 생성
A2[,3:16]<-dA[,3:16]                  #공산품 부문의 기술구조 변화 행렬 생성
A3<-matrix(0,nrow=33,ncol=33)         #33×33 차원의 영행렬 생성
A3[,17:33]<-dA[,17:33]                #서비스 부문의 기술구조 변화 행렬 생성
dB<-Bd1-Bd0                           #생산유발계수행렬의 변화를 dB로 저장

#기술구조 변화 효과의 요인분해
CdB<-1/2*dB%*%(Yd15+Yd18)                   #기술구조 변화 효과를 CdB에 저장
CdA1<-1/2*Bd1%*%A1%*%Bd0%*%(Yd15+Yd18)      #1차 부문의 기술구조 변화 효과를 CdA1에 저장
CdA2<-1/2*Bd1%*%A2%*%Bd0%*%(Yd15+Yd18)      #공산품 부문의 기술구조 변화 효과를 CdA2에 저장
CdA3<-1/2*Bd1%*%A3%*%Bd0%*%(Yd15+Yd18)      #서비스 부문의 기술구조 변화 효과를 CdA3에 저장
CdAs<-CdA1+CdA2+CdA3                        #CdA1+CdA2+CdA3를 CdAs에 저장

#분석 결과 저장
library(openxlsx)
CdAB<-cbind(CdA1,CdA2,CdA3,CdAs,CdB) #CdA1,CdA2,CdA3,CdAs,CdB를 열 방향에서 결합
total<-apply(CdAB,2,sum)              #CdAB에서 열 방향의 합을 연산
Decom_B<-rbind(CdAB,total)            #CBY와 total을 행 방향에서 결합
namec[34]<-"전 부문"; rownames(Decom_B)<-namec
colnames(Decom_B)<-c("1차 부문의 기술구조 변화(a)", "공산품 부문의 기술구조 변화(b)", "서
비스 부문의 기술구조 변화(c)", "기술구조의 변화(a+b+c)", "기술구조의 변화(생산유발계수)")
write.xlsx(Decom_B, file = "Decom_B.xlsx", colNames = TRUE, rowNames = TRUE)
```

	A	B	C	D	E	F
1		1차 부문의 기술구조 변화(a)	공산품 부문의 기술구조 변화(b)	서비스 부문의 기술구조 변화(c)	기술구조의 변화(a+b+c)	기술구조의 변화(생산유발계수)
2	농림수산품	41,735	-2,288,999	-1,928,951	-4,176,214	-4,176,214
3	광산품	914	-322,722	-124,692	-446,500	-446,500
4	음식료품	-521,613	-1,660,081	-3,119,005	-5,300,699	-5,300,699
5	섬유 및 가죽제품	126,079	-519,514	1,627,098	1,233,663	1,233,663
6	목재 및 종이, 인쇄	-23,872	-532,951	-2,016,573	-2,573,397	-2,573,397
7	석탄 및 석유제품	379,529	1,234,039	7,595,653	9,209,221	9,209,221
8	화학제품	-530,961	-4,716,095	-1,790,024	-7,037,080	-7,037,080
9	비금속광물제품	1,795	-2,508,942	-1,602,302	-4,109,449	-4,109,449
10	1차 금속제품	2,025	3,745,534	1,246,264	4,993,823	4,993,823
11	금속가공제품	18,517	-7,725,400	-622,673	-8,329,556	-8,329,556
12	컴퓨터, 전자 및 광학기기	39,393	-12,561,498	664,687	-11,857,419	-11,857,419
13	전기장비	21,824	-94,983	1,255,723	1,182,564	1,182,564
14	기계 및 장비	-29,327	-6,900,388	-308,454	-7,238,169	-7,238,169
15	운송장비	-100,018	4,202,259	1,270,165	5,372,406	5,372,406
16	기타 제조업 제품	9,777	141,044	1,122,704	1,273,525	1,273,525
17	제조임가공 및 산업용 장비 수리	142,250	-3,422,895	1,323,601	-1,957,045	-1,957,045
18	전력, 가스 및 증기	110,240	-2,835,467	-769,230	-3,494,457	-3,494,457
19	수도, 폐기물처리 및 재활용서비스	27,325	107,895	825,671	960,891	960,891
20	건설	19,977	-16,115	876,504	880,366	880,366
21	도소매 및 상품중개서비스	-87,419	293,841	-1,950,890	-1,744,468	-1,744,468
22	운송서비스	82,581	-1,070,719	2,414,604	1,426,466	1,426,466
23	음식점 및 숙박서비스	199,651	1,120,340	7,273,582	8,593,574	8,593,574
24	정보통신 및 방송 서비스	82,888	-865,586	-3,276,578	-4,059,276	-4,059,276
25	금융 및 보험 서비스	267,169	-862,774	5,987,934	5,392,328	5,392,328
26	부동산서비스	51,239	122,353	5,091,863	5,265,456	5,265,456
27	전문, 과학 및 기술 서비스	394,965	-470,183	171,582	96,364	96,364
28	사업지원서비스	115,213	-929,710	3,427,012	2,612,516	2,612,516
29	공공행정, 국방 및 사회보장	18,628	-48,488	196,299	166,439	166,439
30	교육서비스	1,213	-63,365	-92,998	-155,151	-155,151
31	보건 및 사회복지 서비스	4,428	-368,636	-899,978	-1,264,185	-1,264,185
32	예술, 스포츠 및 여가 관련 서비스	25,192	84,743	1,364,038	1,473,973	1,473,973
33	기타 서비스	12,497	-636,090	-342,957	-966,550	-966,550
34	기타	30,563	-79,221	-47,723	-96,382	-96,382
35	전 부문	934,397	-40,448,776	24,841,957	-14,672,422	-14,672,422

[그림 8-2] 부문별 기술구조 변화의 요인분해 분석 결과 예시

5-3 최종수요 변화의 요인분해 실습

최종수요 변화의 기여분을 최종수요 구조 변화의 기여분과 최종수요 규모 변화의 기여분으로 분해한다. 이러한 분해분석을 수행하기 위한 R 코드 생성 과정을 정리하면 다음과 같다.

- 1단계 : 데이터 입력[14]
  - IOT15(2015년 총거래표), IOT18(2018년 총거래표), Dm15(2015년 국산거래표), Dm18(2018년 국산거래표)이 필요하다.

- 2단계 : 투입산출표의 색인
  - X15<-IOT15[1:33,44]; Zd15<-Dm15[1:33,1:33]
  - X18<-IOT18[1:33,44], Zd18<-Dm18[1:33,1:33]

---

14 본 장 5-1절 '총산출 변화의 요인분해 실습' 중 데이터 입력 부분의 R 코드를 참고하라(p. 193).

- namec<-colnames(IOT18)[1:33]
- Yd15<-Dm15[1:33,42] : 2015년 국산품 최종수요 벡터를 추출한다.
- Yd18<-Dm18[1:33,42] : 2018년 국산품 최종수요 벡터를 추출한다.

• 3단계 : 투입계수행렬과 생산유발계수행렬의 도출

- X0<-1/X15; X0[is.infinite(X0)]<-0
- X1<-1/X18; X1[is.infinite(X1)]<-0
- Ad15<-Zd15%*%diag(X0); Ad18<-Zd18%*%diag(X1)
- I<-diag(33); Bd0<-solve(I-Ad15); Bd1<-solve(I-Ad18)

• 4단계 : 최종수요 구조 및 규모의 변화 도출

- yl15<-sum(Yd15) : 2015년 최종수요의 합을 yl15로 저장한다.
- yl18<-sum(Yd18) : 2018년 최종수요의 합을 yl18로 저장한다.
- ys15<-Yd15/yl15 : 2015년 최종수요의 구조를 ys15로 저장한다.
- ys18<-Yd18/yl18 : 2018년 최종수요의 구조를 ys18로 저장한다.
- dY<-Yd18-Yd15 : 최종수요 벡터의 변화를 dY에 저장한다.
- dYL<-yl18-yl15 : ΔY^l(2018년 최종수요 규모-2015년 최종수요 규모)를 구하여 dYL로 저장한다.
- dYS<-ys18-ys15 : ΔY^s(2018년 최종수요 구조-2015년 최종수요 구조)를 구하여 dYS로 저장한다.

• 5단계 : 최종수요 변화 효과의 요인분해

- CdYS<-1/4*(Bd0+Bd1)%*%dYS*(yl15+yl18) : 최종수요 구조 변화의 기여분 $C(\Delta Y^s)$을 구하여 CdYS에 저장한다.
- CdYL<-1/4*(Bd0+Bd1)%*%(ys15+ys18)*dYL : 최종수요 규모 변화의 기여분 $C(\Delta Y^l)$을 구하여 CdYL에 저장한다.
- CdY<-1/2*(Bd0+Bd1)%*%dY : 최종수요 변화 효과를 CdY에 저장한다.
- CdYs<-CdYS+CdYL : CdYS와 CdYL의 합을 CdYs에 저장한다. CdYs는 CdY와 비교하는 데 이용한다.

- 6단계: 분석 결과 저장
  - library(openxlsx)
  - CdYD<-cbind(CdYS,CdYL,CdYs,CdY): CdYS,CdYL,CdYs,CdY를 열 방향에서 결합한다.
  - total<-apply(CdYD,2,sum): CdYD에서 열 방향의 합을 연산한다.
  - Decom_Y<-rbind(CdYD,total): CdYD와 total을 행 방향에서 결합한다.
  - namec[34]<-"전 부문"; rownames(Decom_Y)<-namec
  - colnames(Decom_Y)<-c("최종수요 구조 변화(a)", "최종수요 규모 변화(b)", "최종수요 변화(a+b)", "최종수요 변화(투입산출표)")
  - write.xlsx(Decom_Y, file = "Decom_Y.xlsx", colNames = TRUE, rowNames = TRUE)

```
# 부문별 기술구조 변화 효과의 요인분해 분석 예제
library(readxl)
IOT15<-as.matrix(read_excel("IOT_2015.xlsx",sheet=1, range="C6:AZ46"))
IOT18<-as.matrix(read_excel("IOT_2018.xlsx",sheet=1, range="C6:AZ46"))
Dm15<-as.matrix(read_excel("IOT_2015.xlsx",sheet=3, range="C6:AS39"))
Dm18<-as.matrix(read_excel("IOT_2018.xlsx",sheet=3, range="C6:AS39"))

# 투입산출표 색인
X15<-IOT15[1:33,44]; Zd15<-Dm15[1:33,1:33]
X18<-IOT18[1:33,44]; Zd18<-Dm18[1:33,1:33]
namec<-colnames(IOT18)[1:33]
Yd15<-Dm15[1:33,42]                    # 2015년 최종수요 벡터의 추출
Yd18<-Dm18[1:33,42]                    # 2018년 최종수요 벡터의 추출

# 생산유발계수행렬의 도출
X0<-1/X15; X0[is.infinite(X0)]<-0
X1<-1/X18; X1[is.infinite(X1)]<-0
Ad15<-Zd15%*%diag(X0); Ad18<-Zd18%*%diag(X1)
I<-diag(33); Bd0<-solve(I-Ad15); Bd1<-solve(I-Ad18)

# 최종수요 구조 및 규모의 변화 도출
yl15<-sum(Yd15)                        # 2015년 최종수요의 합을 yl15로 저장
yl18<-sum(Yd18)                        # 20158 최종수요의 합을 yl18로 저장
ys15<-Yd15/yl15                        # 2015년의 최종수요 구조를 ys15로 저장
ys18<-Yd18/yl18                        # 2018년의 최종수요 구조를 ys18로 저장
```

```
dY<-Yd18-Yd15                                   # 최종수요 벡터의 변화를 dY에 저장
dYL<-yl18-yl15                                  # 최종수요의 규모 변화를 dYL로 저장
dYS<-ys18-ys15                                  # 최종수요의 구조 변화를 dYS로 저장
CdYS<-1/4*(Bd0+Bd1)%*%dYS*(yl15+yl18)           # 최종수요 구조 변화의 기여분을 CdYS에 저장
CdYL<-1/4*(Bd0+Bd1)%*%(ys15+ys18)*dYL           # 최종수요 규모 변화의 기여분을 CdYL에 저장
CdY<-1/2*(Bd0+Bd1)%*%dY                         # 최종수요 변화 효과를 CdY에 저장
CdYs<-CdYS+CdYL                                 # CdYS+CdYL을 CdYs에 저장

# 분석 결과 저장
library(openxlsx)
CdYD<-cbind(CdYS,CdYL,CdYs,CdY)                 # 열 방향에서 결합
total<-apply(CdYD,2,sum)                        # CdYD에서 열 방향의 합을 연산
Decom_Y<-rbind(CdYD,total)                      # CdYD와 total을 행 방향에서 결합
namec[34]<-"전 부문"; rownames(Decom_Y)<-namec
colnames(Decom_Y)<-c("최종수요 구조 변화(a)", "최종수요 규모 변화(b)", "최종수요 변화
(a+b)", "최종수요 변화(투입산출표)")
write.xlsx(Decom_Y, file = "Decom_Y.xlsx", colNames = TRUE, rowNames = TRUE)
```

	A	B	C	D	E
1		최종수요 구조 변화(a)	최종수요 규모 변화(b)	최종수요 변화(a+b)	최종수요 변화(투입산출표)
2	농림수산품	-2,841,707	8,475,979	5,634,272	5,634,272
3	광산품	251,087	589,423	840,511	840,511
4	음식료품	-1,387,260	17,362,826	15,975,565	15,975,565
5	섬유 및 가죽제품	-18,322,234	10,404,088	-7,918,147	-7,918,147
6	목재 및 종이, 인쇄	567,200	6,124,495	6,691,695	6,691,695
7	석탄 및 석유제품	7,940,305	17,238,906	25,179,211	25,179,211
8	화학제품	11,832,222	36,137,490	47,969,712	47,969,712
9	비금속광물제품	2,694,259	5,698,646	8,392,905	8,392,905
10	1차 금속제품	-2,682,758	18,375,498	15,692,739	15,692,739
11	금속가공제품	-5,137,634	13,674,827	8,537,193	8,537,193
12	컴퓨터, 전자 및 광학기기	16,609,318	41,510,275	58,119,594	58,119,594
13	전기장비	-4,490,225	13,762,547	9,272,322	9,272,322
14	기계 및 장비	10,022,268	18,416,485	28,438,753	28,438,753
15	운송장비	-70,826,979	33,225,537	-37,601,443	-37,601,443
16	기타 제조업 제품	-161,440	3,012,082	2,850,642	2,850,642
17	제조임가공 및 산업용 장비 수리	-4,378,948	8,464,622	4,085,674	4,085,674
18	전력, 가스 및 증기	-3,311,733	13,073,156	9,761,423	9,761,423
19	수도, 폐기물처리 및 재활용서비스	503,436	2,902,646	3,406,082	3,406,082
20	건설	13,652,537	33,604,210	47,256,747	47,256,747
21	도소매 및 상품중개서비스	-1,795,563	35,892,863	34,097,300	34,097,300
22	운송서비스	-12,959,999	19,840,768	6,880,770	6,880,770
23	음식점 및 숙박서비스	3,403,046	20,056,151	23,459,196	23,459,196
24	정보통신 및 방송 서비스	839,905	19,532,925	20,372,830	20,372,830
25	금융 및 보험 서비스	-572,455	23,215,357	22,642,902	22,642,902
26	부동산서비스	55,110	28,290,750	28,345,860	28,345,860
27	전문, 과학 및 기술 서비스	5,533,277	27,590,887	33,124,164	33,124,164
28	사업지원서비스	2,705,348	11,504,094	14,209,442	14,209,442
29	공공행정, 국방 및 사회보장	9,226,860	18,634,434	27,861,294	27,861,294
30	교육서비스	-8,305,218	16,392,500	8,087,282	8,087,282
31	보건 및 사회복지 서비스	14,752,579	18,364,579	33,117,158	33,117,158
32	예술, 스포츠 및 여가 관련 서비스	1,192,350	6,058,529	7,250,880	7,250,880
33	기타 서비스	-2,603,795	7,662,200	5,058,404	5,058,404
34	기타	28,482	553,005	581,487	581,487
35	전 부문	-37,968,358	555,642,777	517,674,419	517,674,419

[그림 8-3] 최종수요 변화의 요인분해 분석 결과 예시

5-4 D&L의 요인분해 실습

이제 D&L에서 제시한 2가지 접근 방법을 모두 적용하여 부가가치 변화의 요인분해를 시도한다. 이러한 분해분석을 수행하기 위한 R 코드 생성 과정을 정리하면 다음과 같다.

- 1단계 : 데이터 입력[15]
  - IOT15(2015년 총거래표), IOT18(2018년 총거래표), Dm15(2015년 국산거래표), Dm18(2018년 국산거래표)이 필요하다.

- 2단계 : 투입산출표의 색인
  - X15<-IOT15[1:33,44]; Zd15<-Dm15[1:33,1:33]; Yd15<-Dm15[1:33,42]
  - X18<-IOT18[1:33,44]; Zd18<-Dm18[1:33,1:33]; Yd18<-Dm18[1:33,42]
  - namec<-colnames(IOT18)[1:33]
  - VA15<-IOT15[39,1:33] : 2015년 부가가치 벡터를 추출한다.
  - VA18<-IOT18[39,1:33] : 2018년 부가가치 벡터를 추출한다.
  - dY<-Yd18-Yd15 : 최종수요의 변화를 구하여 dY에 저장한다.
  - dVA<-VA18-VA15 : 부가가치의 변화를 구하여 dVA에 저장한다.

- 3단계 : 각종 계수의 도출
  - X0<-1/X15; X0[is.infinite(X0)]<-0
  - X1<-1/X18; X1[is.infinite(X1)]<-0
  - Ad15<-Zd15%*%diag(X0); Ad18<-Zd18%*%diag(X1)
  - I<-diag(33); Bd0<-solve(I-Ad15); Bd1<-solve(I-Ad18)
  - V15<-diag(as.vector(VA15%*%X0)) : 2015년 부가가치계수 벡터의 대각행렬을 도출한다.
  - V18<-diag(as.vector(VA18%*%X1)) : 2018년 부가가치계수 벡터의 대각행렬을 도출한다.
  - dV<-V18-V15 : $\Delta\hat{V}$(2018년 부가가치계수의 대각행렬-2015년 부가가치계수의 대각행렬)을 구하여 dV에 저장한다.

15 본 장 5-1절 '총산출 변화의 요인분해 실습' 중 데이터 입력 부분의 R 코드를 참고하라(p. 193).

- dB<-Bd1-Bd0 : 생산유발계수의 변화를 구하여 dB에 저장한다.

• 4단계 : 모든 분해 식의 평균

- CdV<-1/6*(2*dV%*%Bd1%*%Yd18+2*dV%*%Bd0%*%Yd15+dV%*%Bd1%*%Yd15+dV%*%Bd0%*%Yd18) : 모든 분해 식의 평균을 통하여 부가가치계수 변화 효과의 기여분을 계산하여 CdV에 저장한다.
- CdB<-1/6*(2*V18%*%dB%*%Yd18+2*V15%*%dB%*%Yd15+V18%*%dB%*%Yd15+V15%*%dB%*%Yd18) : 모든 분해 식의 평균을 통하여 기술구조 변화 효과의 기여분을 계산하여 CdB에 저장한다.
- CdY<-1/6*(2*V18%*%Bd1%*%dY+2*V15%*%Bd0%*%dY+V18%*%Bd0%*%dY+V15%*%Bd1%*%dY) : 모든 분해 식의 평균을 통하여 최종수요 변화 효과의 기여분을 계산하여 CdY에 저장한다.
- CdVA6<-CdV+CdB+CdY : 모든 분해 식의 평균 방법으로 구한 각 요인의 기여분을 더하여 CdVA6에 저장한다.

• 5단계 : 양극 분해 식의 평균

- CdV2<-1/2*(dV%*%Bd1%*%Yd18+dV%*%Bd0%*%Yd15) : 양극 분해 식의 평균을 통하여 부가가치계수 변화 효과의 기여분을 계산하여 CdV2에 저장한다.
- CdB2<-1/2*(V15%*%dB%*%Yd18+V18%*%dB%*%Yd15) : 양극 분해 식의 평균을 통하여 기술구조 변화 효과의 기여분을 계산하여 CdB2에 저장한다.
- CdY2<-1/2*(V18%*%Bd1%*%dY+V15%*%Bd0%*%dY) : 양극 분해 식의 평균을 통하여 최종수요 변화 효과의 기여분을 계산하여 CdY2에 저장한다.
- CdVA2<-CdV2+CdB2+CdY2 : 양극 분해 식의 평균 방법으로 구한 각 요인의 기여분을 더하여 CdVA2에 저장한다.

• 6단계 : 분석 결과 저장

- library(openxlsx)
- CdVAD<-cbind(CdV,CdB,CdY,CdV2,CdB2,CdY2,CdVA6,CdVA2,dVA) : CdV, CdB, CdY, CdV2, CdB2, CdY2, CdVA6, CdVA2, dVA를 열 방향에서 결합한다.

- total<-apply(CdVAD,2,sum): CdVAD에서 열 방향의 합을 연산한다.
- Decom_VA<-rbind(CdVAD,total): CdVAD와 total을 행 방향에서 결합한다.
- namec[34]<-"전 부문"; rownames(Decom_VA)<-namec
- colnames(Decom_VA)<-c("V의 변화(6a)", "B의 변화(6b)", "Y의 변화(6c)", "V의 변화(2a)", "B의 변화(2b)", "Y의 변화(2c)", "VA의 변화(6a+6b+6c)", "VA의 변화(2a+2b+2c)", "VA의 변화(IO)")
- write.xlsx(Decom_VA, file = "Decom_VA.xlsx", colNames = TRUE, rowNames = TRUE)

```
# D&L의 요인분해 분석 예제
library(readxl)
IOT15<-as.matrix(read_excel("IOT_2015.xlsx",sheet=1, range="C6:AZ46"))
IOT18<-as.matrix(read_excel("IOT_2018.xlsx",sheet=1, range="C6:AZ46"))
Dm15<-as.matrix(read_excel("IOT_2015.xlsx",sheet=3, range="C6:AS39"))
Dm18<-as.matrix(read_excel("IOT_2018.xlsx",sheet=3, range="C6:AS39"))

# 투입산출표 색인
X15<-IOT15[1:33,44]; Zd15<-Dm15[1:33,1:33]
Yd15<-Dm15[1:33,42]; VA15<-IOT15[39,1:33]
X18<-IOT18[1:33,44]; Zd18<-Dm18[1:33,1:33]
Yd18<-Dm18[1:33,42]; VA18<-IOT18[39,1:33]
namec<-colnames(IOT18)[1:33]
dY<-Yd18-Yd15                          # 최종수요의 변화를 dY에 저장
dVA<-VA18-VA15                         # 부가가치의 변화를 dVA에 저장

# 각종 계수의 도출
X0<-1/X15; X0[is.infinite(X0)]<-0
X1<-1/X18; X1[is.infinite(X1)]<-0
Ad15<-Zd15%*%diag(X0); Ad18<-Zd18%*%diag(X1)
I<-diag(33); Bd0<-solve(I-Ad15); Bd1<-solve(I-Ad18)
V15<-diag(as.vector(VA15%*%diag(X0)))   # 2015년 부가가치계수 벡터의 대각행렬을 도출
V18<-diag(as.vector(VA18%*%diag(X1)))   # 2018년 부가가치계수 벡터의 대각행렬을 도출
dV<-V18-V15                            # 부가가치계수의 대각행렬의 변화를 dV에 저장
dB<-Bd1-Bd0                            # 생산유발계수의 변화를 dB에 저장

# 모든 분해 식의 평균
CdV<-1/6*(2*dV%*%Bd1%*%Yd18+2*dV%*%Bd0%*%Yd15+dV%*%Bd1%*%Yd15+dV%*%Bd0%*%Yd18)
# 부가가치계수 변화 효과의 기여분을 CdV에 저장
```

```
CdB<-1/6*(2*V18%*%dB%*%Yd18+2*V15%*%dB%*%Yd15+V18%*%dB%*%Yd15+V15%*%dB%*%Yd18)
# 기술구조 변화 효과의 기여분을 CdB에 저장
CdY<-1/6*(2*V18%*%Bd1%*%dY+2*V15%*%Bd0%*%dY+V18%*%Bd0%*%dY+V15%*%Bd1%*%dY)
# 최종수요 변화 효과의 기여분을 CdY에 저장
CdVA6<-CdV+CdB+CdY
# 모든 분해 식의 평균법의 결과를 더하여 CdVA6에 저장

# 양극 분해 식의 평균
CdV2<-1/2*(dV%*%Bd1%*%Yd18+dV%*%Bd0%*%Yd15) # 부가가치계수 변화 효과의 기여분을 CdV2에 저장
CdB2<-1/2*(V15%*%dB%*%Yd18+V18%*%dB%*%Yd15) # 기술구조 변화 효과의 기여분을 CdB2에 저장
CdY2<-1/2*(V18%*%Bd1%*%dY+V15%*%Bd0%*%dY)    # 최종수요 변화 효과의 기여분을 CdY2에 저장
CdVA2<-CdV2+CdB2+CdY2                        # 양극 분해 식의 요인별 결과를 더하여 CdVA2에 저장

# 분석 결과 저장
library(openxlsx)
CdVAD<-cbind(CdV,CdB,CdY,CdV2,CdB2,CdY2,CdVA6,CdVA2,dVA)
total<-apply(CdVAD,2,sum)                    # CdVAD에서 열 방향의 합을 연산
Decom_VA<-rbind(CdVAD,total)                 # CdVAD와 total을 행 방향에서 결합
namec[34]<-"전 부문"; rownames(Decom_VA)<-namec
colnames(Decom_VA)<-c("V의 변화(6a)", "B의 변화(6b)", "Y의 변화(6c)", "V의 변화(2a)", "B의
변화(2b)", "Y의 변화(2c)", "VA의 변화(6a+6b+6c)", "VA의 변화(2a+2b+2c)", "VA의 변화(IO)")
write.xlsx(Decom_VA, file = "Decom_VA.xlsx", colNames = TRUE, rowNames = TRUE)
```

	A	B	C	D	E	F	G	H	I	J
1		V의 변화(6a)	B의 변화(6b)	Y의 변화(6c)	V의 변화(2a)	B의 변화(2b)	Y의 변화(2c)	VA의 변화(6a+6b+6c)	VA의 변화(2a+2b+2c)	VA의 변화(IO)
2	농림수산품	-856,831	-2,233,702	3,015,192	-855,444	-2,236,475	3,016,578	-75,341	-75,341	-75,341
3	광산품	-174,898	-222,057	418,865	-174,306	-223,242	419,457	21,909	21,909	21,909
4	음식료품	388,806	-1,338,393	4,032,967	388,426	-1,337,633	4,032,587	3,083,380	3,083,380	3,083,380
5	섬유 및 가죽제품	558,567	243,430	-1,561,009	558,952	242,662	-1,560,625	-759,011	-759,011	-759,011
6	목재 및 종이, 인쇄	554,739	-818,043	2,125,751	553,942	-816,448	2,124,953	1,862,447	1,862,447	1,862,447
7	석탄 및 석유제품	-7,070,554	2,572,140	7,041,148	-7,080,452	2,591,936	7,031,250	2,542,734	2,542,734	2,542,734
8	화학제품	-5,405,910	-1,957,387	13,362,828	-5,400,821	-1,967,566	13,367,917	5,999,530	5,999,530	5,999,530
9	비금속광물제품	-410,142	-1,269,674	2,594,991	-408,905	-1,272,147	2,596,227	915,175	915,175	915,175
10	1차 금속제품	-1,596,468	976,544	3,070,246	-1,597,891	979,390	3,068,824	2,450,323	2,450,323	2,450,323
11	금속가공제품	-143,107	-2,981,489	3,055,834	-143,084	-2,981,535	3,055,857	-68,762	-68,762	-68,762
12	컴퓨터, 전자 및 광학기기	28,684,038	-4,519,848	22,050,012	28,648,726	-4,449,224	22,014,700	46,214,202	46,214,202	46,214,202
13	전기장비	-2,114,622	349,542	2,731,999	-2,112,075	344,449	2,734,546	966,919	966,919	966,919
14	기계 및 장비	283,045	-2,136,323	8,392,925	282,767	-2,135,767	8,392,647	6,539,647	6,539,647	6,539,647
15	운송장비	4,679,819	1,084,758	-7,599,077	4,678,104	1,088,188	-7,600,792	-1,834,500	-1,834,500	-1,834,500
16	기타 제조업 제품	45,105	357,292	799,710	45,183	357,136	799,788	1,202,108	1,202,108	1,202,108
17	제조임가공 및 산업용 장비 수리	-613,070	-952,565	1,987,101	-614,071	-950,564	1,986,101	421,466	421,466	421,466
18	전력, 가스 및 증기	-10,485,390	-1,090,398	3,062,286	-10,476,762	-1,107,656	3,070,915	-8,513,502	-8,513,502	-8,513,502
19	수도, 폐기물처리 및 재활용서비스	166,131	516,912	1,832,064	166,320	516,535	1,832,253	2,515,108	2,515,108	2,515,108
20	건설	4,683,147	376,759	20,212,957	4,683,561	375,930	20,213,372	25,272,863	25,272,863	25,272,863
21	도소매 및 상품중개서비스	-2,317,539	-945,575	18,490,508	-2,316,728	-947,198	18,491,320	15,227,394	15,227,394	15,227,394
22	운송서비스	-4,566,784	531,564	2,563,767	-4,566,621	531,239	2,563,929	-1,471,453	-1,471,453	-1,471,453
23	음식점 및 숙박서비스	-1,026,710	2,936,216	8,016,665	-1,028,129	2,939,053	8,015,247	9,926,171	9,926,171	9,926,171
24	정보통신 및 방송 서비스	1,598,065	-2,211,929	11,098,160	1,597,021	-2,209,840	11,097,116	10,484,297	10,484,297	10,484,297
25	금융 및 보험 서비스	1,023,287	3,185,786	13,376,188	1,024,057	3,184,246	13,376,958	17,585,261	17,585,261	17,585,261
26	부동산서비스	-6,010,332	3,947,445	21,258,878	-6,014,140	3,955,063	21,255,070	19,195,992	19,195,992	19,195,992
27	전문, 과학 및 기술 서비스	-2,510,247	48,526	16,667,670	-2,510,173	48,379	16,667,743	14,205,949	14,205,949	14,205,949
28	사업지원서비스	-964,823	1,809,717	9,846,021	-966,170	1,812,412	9,844,674	10,690,915	10,690,915	10,690,915
29	공공행정, 국방 및 사회보장	-2,105,883	127,510	21,350,126	-2,105,949	127,641	21,350,061	19,371,753	19,371,753	19,371,753
30	교육서비스	3,182,922	-109,350	5,697,898	3,182,846	-109,198	5,697,822	8,771,470	8,771,470	8,771,470
31	보건 및 사회복지 서비스	165,756	-668,108	17,501,576	165,721	-668,038	17,501,542	16,999,224	16,999,224	16,999,224
32	예술, 스포츠 및 여가 관련 서비스	-569,845	803,289	3,952,429	-570,270	804,138	3,952,005	4,185,873	4,185,873	4,185,873
33	기타 서비스	198,277	-430,618	2,253,369	198,196	-430,456	2,253,288	2,021,028	2,021,028	2,021,028
34	기타	0	0	0	0	0	0	0	0	0
35	전 부문	-2,731,450	-4,018,029	242,700,048	-2,768,168	-3,944,593	242,663,330	235,950,569	235,950,569	235,950,569

[그림 8-4] D&L 요인분해 분석 결과 예시

연습문제

1. 기준 시점과 비교 시점에 대한 어떤 국가의 국산 투입산출표가 다음과 같다.

(단위: 백만 원)

(a) 기준 시점

	1차 상품	공산품	서비스	최종수요	총산출
1차 상품	35	10	15	240	300
공산품	20	120	55	405	600
서비스	25	40	100	635	800

(b) 비교 시점

	1차 상품	공산품	서비스	최종수요	총산출
1차 상품	50	20	10	370	450
공산품	40	180	120	560	900
서비스	30	70	160	740	1,000

(1) 기준 시점과 비교 시점 사이에 경제 전체의 총산출은 650백만 원 증가하였다. 이러한 총산출의 변화를 기술구조의 변화 효과와 최종수요의 변화 효과로 구분하여 나타내보자. 단, 각 변수의 기여도는 평균 방식을 이용하여 구한다.

(2) 1차 상품, 공산품, 서비스 세 부문 중에서 경제 전체의 관점에서 기술구조의 변화 효과에 가장 큰 영향을 준 부문과 그 값을 서술하자.

(3) 경제 전체의 관점에서 최종수요의 변화 효과를 최종수요 구조의 변화 효과와 최종수요 규모의 변화 효과로 분해하여 나타내보자.

2. 어느 한 국가의 기준 시점과 비교 시점에 대한 국산 투입산출표가 다음과 같다.

(단위: 백만 원)

(a) 기준 시점

	1차 상품	공산품	서비스	최종수요	총산출
1차 상품	40	10	8	192	250
공산품	25	120	90	245	480
서비스	35	40	150	525	750
부가가치	90	150	360		

(b) 비교 시점

	1차 상품	공산품	서비스	최종수요	총산출
1차 상품	50	20	15	315	400
공산품	35	140	110	465	750
서비스	25	55	160	810	1,050
부가가치	95	300	595		

(1) 기준 시점과 비교 시점 사이에 전체 경제의 부가가치는 390백만 원 증가하였다. 경제 전체의 부가가치 변화를 부가가치계수의 변화 효과, 기술구조의 변화 효과, 최종수요의 변화 효과로 분해하여 나타내자. 단, 각 변수의 기여도는 D&L의 양극 분해법으로 구한다.

(2) 경제 전체의 부가가치 변화에 대하여 공산품의 투입구조 변화 효과는 얼마만큼의 변화를 이끌었는지 구해보자.

(3) 두 시점 사이에 나타난 경제 전체의 부가가치 변화에서 최종수요 규모의 변화 효과는 어느 정도인지 구해보자.

ch 9

지역산업연관분석

1 지역투입산출표의 이해

1-1 지역투입산출표의 필요성

지역투입산출표(regional input-output table)는 하나 이상의 지역을 대상으로 작성되는 투입산출표를 의미한다. 전국투입산출표와 함께 지역투입산출표를 별도로 작성하는 주요 배경은 다음과 같다.

첫째, 전국투입산출표와 달리 지역투입산출표를 이용하면 지역 간, 부문 간 상호의존관계를 분석할 수 있다. 특히, 지역투입산출표는 동일한 부문에서 생산된 산출물에 대하여 지역별로 서로 다른 생산기술구조를 보이는 경제 현실을 반영하고 있다. 2015년 지역투입산출표를 예로 들면, 서울에서 자동차 1단위를 생산하기 위해서는 0.155단위의 수입 중간재의 투입이 필요하였으나 대전에서 자동차 1단위를 생산하기 위해서는 0.065단위의 수입 중간재의 투입이 필요하였다. 이처럼 동일한 부문이라도 해당 부문의 산출물이 생산되는 지역의 여건에 따라서 서로 다른 생산기술구조를 지니며, 그 결과 동일한 부문이라도 지역별 경제적 파급효과는 서로 상이하게 나타날 수 있다.

둘째, 지역투입산출표를 이용하면 각 지역의 산출물이 어느 지역에 얼마만큼 의존하는지를 분석할 수 있다. 예를 들어, 2015년 대구 지역의 GRDP(Gross Regional Domestic Product, 지역내 총생산)는 51.2조 원으로 나타났으며, 지역산업연관분석을 통하여 대구 지역의 GRDP가 여타 지역의 최종수요에 의하여 얼마만큼 유발되었는지를 분석할 수 있다. 이처럼 지역투입산출표를 이용하면 지역의 경제적 성과가 어느 지역에 얼마만큼 의존하는지를 상세히 분석할 수 있다.

1-2 지역투입산출표의 종류

지역투입산출표는 크게 단일지역 투입산출표(single-region input-output table)와 지역간 투입산출표(inter-regional input-output table)로 구분할 수 있다.

첫째, 단일지역 투입산출표는 특정 지역을 대상으로 작성한 지역투입산출표를 의미하며, 지역내 투입산출표라 부르기도 한다. 단일지역 투입산출표에서는 전국투입산출표의 경우와 유사하게 해당 지역과 해외 부문 간의 수출입 거래 관계를 파악할 수 있을 뿐만 아니라, 그 지역과 여타 지역 간의 거래 관계도 파악할 수 있다. 다만, 단일지역 투입산출표에서는 분석 대상이 되는 지역을 제외한 나머지 모든 지역은 하나의 지역으로 통합하여 나타난다.

둘째, 지역간 투입산출표는 단일지역 투입산출표와 달리 전국을 여러 지역으로 세분화한 후에 지역 간, 부문 간 거래 관계를 구분하여 작성한 지역투입산출표를 의미한다. 지역간 투입산출표에서는 특정 지역과 해외 부문 간의 수출입 거래 관계를 분석할 수 있으며, 해당 지역과 여타 모든 지역 간의 거래 관계 역시 분석할 수 있다. 그러므로 지역간 투입산출표를 이용하면 단일지역 투입산출표에서는 분석할 수 없는 지역 간, 부문 간 서로 다른 기술구조에 근거한 경제적 파급효과를 분석할 수 있다.[1]

한국은행에서 작성하여 공표하는 지역투입산출표는 지역간 투입산출표이다. 지역투입산출표는 전국투입산출표와 마찬가지로 한국은행의 경제통계시스템 홈페이지에서 내려받을 수 있는데. 현재 시점(2021년 5월)까지 총 5차례(2003년, 2005년, 2010년, 2013년, 2015년) 작성되었다. 지금까지 공표된 지역투입산출표에 대한 현황을 정리하면 [표 9-1]과 같다.

[표 9-1] 지역투입산출표 작성 현황

연도	지역 구분	부문	가격 기준
2003	수도권, 강원권, 충청권, 전라권, 경북권, 경남권	168	생산자가격
2005	서울, 인천, 경기, 대전, 충북, 충남, 광주, 전북, 전남, 대구, 경북, 부산, 울산, 경남, 강원, 제주	168	생산자가격
2010	서울, 인천, 경기, 대전, 충북, 충남, 광주, 전북, 전남, 대구, 경북, 부산, 울산, 경남, 강원, 제주	161	기초가격
2013	서울, 인천, 경기, 대전, 충북, 충남, 광주, 전북, 전남, 대구, 경북, 부산, 울산, 경남, 강원, 제주	161	기초가격
2015	서울, 인천, 경기, 대전, 충북, 충남, 광주, 전북, 전남, 대구, 경북, 부산, 울산, 경남, 강원, 제주, 세종*	165	생산자가격

2007년 3월에 공표된 2003년 지역투입산출표는 전국을 6개 권역으로 구분하여 작성되었다. 이후 2005년, 2010년, 2013년 지역투입산출표는 전국을 16개 광역시·도로 구분하여 작성되었다. 그리고 2020년 7월에 공표된 2015년 지역투입산출표는 세종시를 포함

1 한국은행(2016).

하여 전국을 17개 광역시·도로 구분하여 작성되었다.

지역투입산출표의 작성을 위한 가격 기준을 보면, 2010년과 2013년 지역투입산출표는 기초가격을 기준으로 평가된 표이다. 그러나 2003년, 2005년, 2015년 지역투입산출표는 생산자가격을 기준으로 평가된 표이다. 그러므로 지역투입산출표를 이용하는 경우 해당 지역투입산출표가 어떠한 가격평가 기준에 의하여 작성되었는지를 먼저 확인하여야 한다.

2 지역산업연관분석 모형

2-1 지역간 투입산출표의 구조

전국이 G개 지역으로 구분되고, 각 지역에는 n개의 부문이 존재한다고 하자. 이에 G개 지역-n개 부문으로 구성된 지역간 투입산출표의 구조를 나타내면 다음과 같다.

<table>
<tr><td colspan="3" rowspan="3"></td><td colspan="9">중간수요</td><td colspan="9">최종수요</td><td></td></tr>
<tr><td colspan="3">지역 1</td><td colspan="3">…</td><td colspan="3">지역 G</td><td colspan="3">지역 1</td><td colspan="3">…</td><td colspan="3">지역 G</td><td rowspan="2">지역 총산출액</td></tr>
<tr><td>1</td><td>…</td><td>N</td><td>1</td><td>…</td><td>N</td><td>1</td><td>…</td><td>N</td><td>소비</td><td>투자</td><td>수출</td><td>소비</td><td>투자</td><td>수출</td><td>소비</td><td>투자</td><td>수출</td></tr>
<tr><td rowspan="9">중간투입</td><td rowspan="3">지역 1</td><td>1</td><td colspan="3" rowspan="3">Z_{11}^{d}</td><td colspan="3" rowspan="3">…</td><td colspan="3" rowspan="3">Z_{1G}^{d}</td><td colspan="3" rowspan="3">y_{11}^{d}</td><td colspan="3" rowspan="3">…</td><td colspan="3" rowspan="3">y_{1G}^{d}</td><td rowspan="3">X_1</td></tr>
<tr><td>⋮</td></tr>
<tr><td>N</td></tr>
<tr><td rowspan="3">⋮</td><td>1</td><td colspan="3" rowspan="3">⋮</td><td colspan="3" rowspan="3">⋱</td><td colspan="3" rowspan="3">⋮</td><td colspan="3" rowspan="3">⋮</td><td colspan="3" rowspan="3">…</td><td colspan="3" rowspan="3">⋮</td><td rowspan="3">⋮</td></tr>
<tr><td>⋮</td></tr>
<tr><td>N</td></tr>
<tr><td rowspan="3">지역 M</td><td>1</td><td colspan="3" rowspan="3">Z_{G1}^{d}</td><td colspan="3" rowspan="3">…</td><td colspan="3" rowspan="3">Z_{GG}^{d}</td><td colspan="3" rowspan="3">y_{G1}^{d}</td><td colspan="3" rowspan="3">…</td><td colspan="3" rowspan="3">y_{GG}^{d}</td><td rowspan="3">X_G</td></tr>
<tr><td>⋮</td></tr>
<tr><td>N</td></tr>
<tr><td colspan="3">수입</td><td colspan="3">Z_1^{m}</td><td colspan="3">…</td><td colspan="3">Z_G^{m}</td><td colspan="3">y_1^{m}</td><td colspan="3">…</td><td colspan="3">y_G^{m}</td><td>–</td></tr>
<tr><td colspan="3">지역 부가가치</td><td colspan="3">VA_1</td><td colspan="3">…</td><td colspan="3">VA_G</td></tr>
<tr><td colspan="3">지역 총투입액</td><td colspan="3">X_1</td><td colspan="3">…</td><td colspan="3">X_G</td></tr>
</table>

[그림 9-1] 지역간 투입산출표의 기본 구조

[그림 9-1]에서 보듯이 지역간 투입산출표를 이용하면 내생 부문과 외생 부문 모두에서 자기 지역에서 생산된 산출물의 거래 관계뿐만 아니라 다른 지역에서 생산된 산출물의 거래 관계도 파악할 수 있다. 나아가 각 지역에서 해외로부터 수입한 중간재 및 최종재의 거래 관계를 파악할 수 있다. 지역간 투입산출표에서 열 방향은 각 지역에서 산출물의 생산을 위해서 다른 지역과 해외로부터 얼마만큼의 상품을 중간재로 투입하였고, 얼마만큼의 부가가치 항목을 투입해야 하는지에 대한 투입 내역을 나타낸다. 예를 들어, 지역 1에서 생산된 산출물(X_1)에 대한 투입 내역은 자기 지역에서 생산된 국산품 중간재 투입(Z_{11}^d), 다른 지역에서 생산되어 지역 1로 투입된 국산품 중간재 투입(Z_{r1}^d, $r \neq 1$), 해외로부터 수입된 중간재 투입(Z_1^m), 그리고 지역 1에서의 부가가치(VA_1)로 구분된다.

지역간 투입산출표에서 행 방향은 각 지역에서 생산된 산출물이 자기 지역과 다른 지역의 생산활동을 위하여 중간수요로 얼마만큼 배분되었고, 얼마만큼의 최종수요가 국내 지역과 해외로 배분되었는지에 대한 배분내역을 보여준다. 예를 들어, 지역 1에서 생산된 산출물(X_1)은 자기 지역에서의 국산품 중간수요(Z_{11}^d), 지역 1에서 생산되어 다른 지역의 생산을 위하여 판매된 국산품 중간수요(Z_{1r}^d), 자기 지역에서의 국산품 최종수요(Y_{11}^d), 지역 1의 산출물에 대한 다른 지역에서의 국산품 최종수요(Y_{1r}^d)로 각각 배분된다. 이때 자기 지역에서의 최종수요(Y_{11}^d)는 소비, 투자, 그리고 수출로 구분할 수 있다. 여기서 지역 1의 소비와 투자는 자기 지역에서 수요하기 위해서 생산한 지역 1의 산출물에 대한 최종수요를 나타내며, 수출은 해외 부문에서 수요하기 위해서 생산한 지역 1의 산출물에 대한 최종수요를 나타낸다.

G개 지역-n개 부문의 지역간 투입산출표에서 지역 r과 지역 s 사이에 이루어진 부문간 거래 관계를 나타내는 Z_{rs}^d와 Y_{rs}^d를 나타내면 각각 다음과 같다.[2]

$$Z_{rs}^d = \begin{bmatrix} z_{rs}^{11} \cdots z_{rs}^{1n} \\ \vdots \ddots \vdots \\ z_{rs}^{n1} \cdots z_{rs}^{nn} \end{bmatrix}, \quad Y_{rs}^d = \begin{bmatrix} y_{rs}^1 \\ \vdots \\ y_{rs}^n \end{bmatrix} \tag{9.1}$$

식 (9.1)에서 Z_{rs}^d는 지역 r에서 생산된 산출물에 대한 지역 s에서의 n×n 차원의 중간

2 식 (9.1) 안의 각 원소에 대한 표기를 간결히 하기 위하여 국산품을 나타내는 상첨자 d를 생략하였다.

재 거래 행렬이고, Y_{rs}^d는 지역 r에서 생산된 산출물에 대한 지역 s에서의 n×1 최종수요 벡터가 됨을 알 수 있다.

2-2 지역별 생산유발효과 분석

(1) 생산유발계수행렬의 도출

[그림 9-1]에서 제시된 지역간 투입산출표에서 수급 균형식을 나타내면 다음과 같다.

$$\begin{aligned}
&Z_{11}^d + Z_{12}^d + \cdots + Z_{1G}^d + y_{11}^d + y_{12}^d + \cdots + y_{1G}^d = X_1 \\
&Z_{21}^d + Z_{22}^d + \cdots + Z_{2G}^d + y_{21}^d + y_{22}^d + \cdots + y_{2G}^d = X_2 \\
&\quad\vdots \qquad\qquad\quad \vdots \qquad\qquad\quad \vdots \\
&Z_{G1}^d + Z_{G2}^d + \cdots + Z_{GG}^d + y_{G1}^d + y_{G2}^d + \cdots + y_{GG}^d = X_G
\end{aligned} \tag{9.2}$$

식 (9.2)에서 $Z_{rs}^d(r, s=1, 2, 3, \cdots, G)$는 n×n 행렬로 지역 r과 지역 s 간의 중간재 거래 행렬, y_{rs}^d는 n×1의 열 벡터로 지역 r의 산출물에 대한 지역 s에서의 최종수요 벡터, X_r은 n×1의 열 벡터로 지역 r의 총산출 벡터를 각각 나타낸다.

이제 투입계수의 정의($A_{rs}^d = Z_{rs}^d / X_s$)를 이용하면 식 (9.2)는 다음과 같이 쓸 수 있다.

$$\begin{aligned}
&A_{11}^d X_1 + A_{12}^d X_2 + \cdots + A_{1G}^d X_G + y_1^d = X_1 \\
&A_{21}^d X_1 + A_{22}^d X_2 + \cdots + A_{2G}^d X_G + y_2^d = X_2 \\
&\quad\vdots \qquad\qquad\quad \vdots \qquad\qquad\quad \vdots \\
&A_{G1}^d X_1 + A_{G2}^d X_2 + \cdots + A_{GG}^d X_G + y_G^d = X_G
\end{aligned} \tag{9.3}$$

여기서 $y_r^d = \sum_{s=1}^{G} y_{rs}^d$이다. 이제 식 (9.3)을 행렬로 표기하면 다음과 같다.

$$\begin{bmatrix} A_{11}^d & \cdots & A_{1G}^d \\ \vdots & \ddots & \vdots \\ A_{1G}^d & \cdots & A_{GG}^d \end{bmatrix} \begin{bmatrix} X_1 \\ \vdots \\ X_G \end{bmatrix} + \begin{bmatrix} y_1^d \\ \vdots \\ y_G^d \end{bmatrix} = \begin{bmatrix} X_1 \\ \vdots \\ X_G \end{bmatrix} \tag{9.4}$$

식 (9.4)를 총산출에 대해서 정리하면 다음 식이 도출된다.

$$\begin{bmatrix} X_1 \\ \vdots \\ X_G \end{bmatrix} = \left(\begin{bmatrix} I \cdots 0 \\ \vdots \ddots \vdots \\ 0 \cdots I \end{bmatrix} - \begin{bmatrix} A_{11}^d \cdots A_{1G}^d \\ \vdots \ddots \vdots \\ A_{1G}^d \cdots A_{GG}^d \end{bmatrix} \right)^{-1} \begin{bmatrix} y_1^d \\ \vdots \\ y_G^d \end{bmatrix}$$

$$= \begin{bmatrix} B_{11}^d \cdots B_{1G}^d \\ \vdots \ddots \vdots \\ B_{1G}^d \cdots B_{GG}^d \end{bmatrix} \begin{bmatrix} y_1^d \\ \vdots \\ y_G^d \end{bmatrix}$$

$$X = (I - A^d)^{-1} Y^d = B^d Y^d \tag{9.5}$$

식 (9.5)에서 I는 적절한 차원의 단위행렬이다. $B^d = (I - A^d)^{-1}$는 지역간 투입산출표의 국산품 투입계수행렬에 의하여 도출된 생산 유발계수행렬이다.[3]

다음으로, 지역별 최종수요 벡터를 지역을 기준으로 구분할 수 있다. 이를 지역별 최종수요 행렬이라 하고 다음과 같이 Y^*로 표기한다.

$$Y^* = \begin{bmatrix} y_{11}^d \cdots y_{1G}^d \\ \vdots \ddots \vdots \\ y_{1G}^d \cdots y_{GG}^d \end{bmatrix} \tag{9.6}$$

식 (9.6)을 식 (9.5)에 대입하면 지역별 총산출 벡터를 분해한 이른바 지역별 총산출 분해 행렬 X^*를 도출할 수 있다.

$$X^* = B^d Y^*$$

$$\begin{bmatrix} X_{11}^d \cdots X_{1G}^d \\ \vdots \ddots \vdots \\ X_{1G}^d \cdots X_{GG}^d \end{bmatrix} = \begin{bmatrix} B_{11}^d \cdots B_{1G}^d \\ \vdots \ddots \vdots \\ B_{1G}^d \cdots B_{GG}^d \end{bmatrix} \begin{bmatrix} y_{11}^d \cdots y_{1G}^d \\ \vdots \ddots \vdots \\ y_{1G}^d \cdots y_{GG}^d \end{bmatrix}$$

$$= \begin{bmatrix} \sum_{s=1}^{G} B_{1s}^d y_{s1}^d & \cdots & \sum_{s=1}^{G} B_{1s}^d y_{sG}^d \\ \vdots & \ddots & \vdots \\ \sum_{s=1}^{G} B_{Gs}^d y_{s1}^d & \cdots & \sum_{s=1}^{G} B_{Gs}^d y_{sG}^d \end{bmatrix} \tag{9.7}$$

3 김태진 · Tromp(2020).

식 (9.7)에서 $X_r = \sum_{s=1}^{G} X_{rs}$이다. 위 식을 이용하면 어떤 지역 r의 산출물이 어느 지역의 최종수요에 의해서 얼마만큼 유발되었는지를 분석할 수 있다. 예를 들어, 지역 1의 총산출에서 지역 G의 최종수요로 인해 유발된 지역 1에서의 직간접적인 산출액은 $X_{1G} = \sum_{s=1}^{G} B_{1s}^{d} y_{sG}^{d}$로 파악할 수 있다.

또한 각 지역의 부문을 통합하기 위한 행 통합 행렬 R을 다음과 같이 정의한다.

$$R = \begin{bmatrix} u' & 0 & \cdots & 0 \\ 0 & u' & \cdots & 0 \\ \vdots & \vdots & \ddots & \vdots \\ 0 & 0 & 0 & u' \end{bmatrix} \tag{9.8}$$

여기서 $u' = [1 \cdots 1]$는 모든 원소가 1로 구성된 합벡터이다. 2015년 대분류 지역간 투입산출표의 경우에 R의 차원은 17×561 차원의 행렬이 된다. 이제 식 (9.8)을 앞의 식 (9.7)에 행렬의 앞 곱셈을 하면, 총산출의 지역간 분해 행렬(X^R)을 도출할 수 있다.

$$\begin{aligned} X^R &= RB^dY^* \\ \begin{bmatrix} x_{11} \cdots x_{1G} \\ \vdots \ \ddots \ \vdots \\ x_{1G} \cdots x_{GG} \end{bmatrix} &= \begin{bmatrix} u' \cdots 0 \\ \vdots \ \ddots \ \vdots \\ 0 \ \ 0 \ \ u' \end{bmatrix} \begin{bmatrix} B_{11}^d \cdots B_{1G}^d \\ \vdots \ \ddots \ \vdots \\ B_{1G}^d \cdots B_{GG}^d \end{bmatrix} \begin{bmatrix} y_{11}^d \cdots y_{1G}^d \\ \vdots \ \ddots \ \vdots \\ y_{1G}^d \cdots y_{GG}^d \end{bmatrix} \\ &= \begin{bmatrix} u'\sum_{s=1}^{G} B_{1s}^d y_{s1}^d & \cdots & u'\sum_{s=1}^{G} B_{1s}^d y_{sG}^d \\ \vdots & \ddots & \vdots \\ u'\sum_{s=1}^{G} B_{Gs}^d y_{s1}^d & \cdots & u'\sum_{s=1}^{G} B_{Gs}^d y_{sG}^d \end{bmatrix} \end{aligned} \tag{9.9}$$

2015년 대분류 지역간 투입산출표의 경우에 X^R은 17×17 행렬이다. 각 원소인 x_{rs}는 스칼라값으로, 지역 s의 최종수요에 의하여 유발된 지역 r의 전 부문의 총산출액을 의미한다.

(2) 지역간 투입산출표에서 생산유발계수행렬의 의미

지역간 투입산출표에서 도출되는 생산유발계수행렬이 어떠한 경제적 의미를 지니는지를 살펴볼 필요가 있다. 먼저 $B^d=(I-A^d)^{-1}$의 양변에 $(I-A^d)$를 앞 곱셈하면, $(I-A^d)B^d=I$가 도출된다. 이 관계를 3개 지역의 사례로 나타내면 다음과 같다.

$$\begin{bmatrix} I-A_{11}^d & -A_{12}^d & -A_{13}^d \\ -A_{21}^d & I-A_{22}^d & -A_{23}^d \\ -A_{31}^d & -A_{32}^d & I-A_{33}^d \end{bmatrix} \begin{bmatrix} B_{11}^d & B_{12}^d & B_{13}^d \\ B_{21}^d & B_{22}^d & B_{23}^d \\ B_{31}^d & B_{32}^d & B_{33}^d \end{bmatrix} = \begin{bmatrix} I & 0 & 0 \\ 0 & I & 0 \\ 0 & 0 & I \end{bmatrix} \tag{9.10}$$

식 (9.10)의 좌변을 계산한 후에 다시 생산유발계수행렬의 각각의 원소에 대해서 정리해보자. 그러면 각각의 생산유발계수행렬의 원소에 대한 9개의 관계식을 도출할 수 있다.

$$① \; B_{11}^d = (I-A_{11}^d)^{-1} + \sum_{r\neq 1}^{3}(I-A_{11}^d)^{-1}A_{1r}^d B_{r1}^d$$

$$② \; B_{22}^d = (I-A_{22}^d)^{-1} + \sum_{r\neq 2}^{3}(I-A_{22}^d)^{-1}A_{2r}^d B_{r2}^d$$

$$③ \; B_{33}^d = (I-A_{33}^d)^{-1} + \sum_{r\neq 3}^{3}(I-A_{33}^d)^{-1}A_{3r}^d B_{r3}^d$$

$$④ \; B_{12}^d = \sum_{r\neq 1}^{3}(I-A_{11}^d)^{-1}A_{1r}^d B_{r2}^d$$

$$⑤ \; B_{13}^d = \sum_{r\neq 1}^{3}(I-A_{11}^d)^{-1}A_{1r}^d B_{r3}^d$$

$$⑥ \; B_{21}^d = \sum_{r\neq 2}^{3}(I-A_{22}^d)^{-1}A_{2r}^d B_{r1}^d$$

$$⑦ \; B_{23}^d = \sum_{r\neq 2}^{3}(I-A_{22}^d)^{-1}A_{2r}^d B_{r3}^d$$

$$⑧ \; B_{31}^d = \sum_{r\neq 1}^{3}(I-A_{33}^d)^{-1}A_{3r}^d B_{r1}^d$$

$$⑨ \; B_{32}^d = \sum_{r\neq 1}^{3}(I-A_{33}^d)^{-1}A_{3r}^d B_{r2}^d \tag{9.11}$$

9개의 식은 크게 2가지 유형으로 구분할 수 있다. 첫 번째 유형은 $B_{rr}^d(r=1, 2, 3, \cdots)$로 식 (9.11)의 ①, ②, ③이 여기에 해당하며, 이들은 모두 생산유발계수행렬의 주대각원소와 관련된 수식이다. B_{rr}^d를 일반화하여 나타내면 다음과 같다.

$$B^d_{rr} = (I - A^d_{rr})^{-1} + \sum_{s \neq r}^{G} (I - A^d_{rr})^{-1} A^d_{rs} B^d_{sr} \tag{9.12}$$

식 (9.12)에 기초하여 첫 번째 유형인 B^d_{rr}에 대한 경제적 해석은 다음과 같이 할 수 있다. 식 (9.12) 우변의 첫째 항인 $(I - A^d_{rr})^{-1}$는 지역 r에서 생산된 산출물에 대한 최종수요가 1단위 발생하는 경우 지역 r(자기 지역)의 각 부문에 미치는 직간접적인 생산유발효과를 나타낸다. 식 (9.12)에서 우변의 둘째 항인 $\sum_{s \neq r}^{G} (I - A^d_{rr})^{-1} A^d_{rs} B^d_{sr}$를 보면, B^d_{sr}는 지역 r에서 생산된 산출물에 대한 최종수요가 1단위 발생할 때 지역 s에서 유발된 생산이다. 이러한 지역 s에서의 생산 증가는 지역 r에서 생산된 산출물에 대한 중간수요를 $A^d_{rs} B^d_{sr}$만큼 유발하며, 그 결과 지역 r에 대한 중간재 수요에 의해서 지역 r의 각 부문에 직간접적인 생산을 $(I - A^d_{rr})^{-1} A^d_{rs} B^d_{sr}$만큼 유발하게 된다. 이러한 과정은 자기 지역을 제외한 다른 모든 지역에서 발생하므로 최종적으로 지역 r과 다른 모든 지역 간의 상호의존관계에 따라서 $\sum_{s \neq r}^{G} (I - A^d_{rr})^{-1} A^d_{rs} B^d_{sr}$만큼의 산출물이 지역 r에서 유발되는 것이다. 그러므로 B^d_{rr}은 지역 r의 최종수요를 1단위 충족시키기 위하여 지역 r 내에서 발생한 생산유발효과와 지역 r과 여타 지역 간의 상호의존관계에 의하여 발생한 생산유발효과를 더한 것이라는 경제적인 의미를 지닌다.

이어서 두 번째 유형은 B^d_{rs}(단, $r \neq s$)로 식 (9.11)의 ④, ⑤, ⑥, ⑦, ⑧, ⑨와 관련된 식이며, 이들은 모두 생산유발계수행렬의 비대각원소에 위치한 원소와 관련된 수식이다. B^d_{rs}를 일반화하여 나타내면 다음과 같다.

$$B^d_{rs} = \sum_{t \neq r}^{G} (I - A^d_{rr})^{-1} A^d_{rt} B^d_{ts} \tag{9.13}$$

식 (9.13)에 기초하여 두 번째 유형인 B^d_{rs}에 대한 경제적 해석은 다음과 같이 할 수 있다. 위 식의 우변의 $\sum_{t \neq r}^{G} (I - A^d_{rr})^{-1} A^d_{rt} B^d_{ts}$를 보면, 지역 s에서 생산된 산출물에 대한 최종수요가 1단위 발생하는 경우 지역 t에 대한 생산유발효과가 나타나고, 이는 지역 r에서 생산된 산출물에 대한 중간재 수요를 $A^d_{rt} B^d_{ts}$만큼 발생시킨다.[4] 이러한 지역 r에 대한 중간

4 여기서 지역 t는 지역 r을 제외한 다른 모든 지역을 의미한다.

재 수요에 의해서 지역 r의 각 부문에 직간접적인 생산을 $(I-A_{rr}^d)^{-1}A_{rt}^dB_{ts}^d$만큼 유발하게 된다. 이때 지역 r에서 생산된 산출물에 대한 중간재 수요는 지역 r을 제외한 나머지 모든 지역에서 발생하게 되고, 최종적으로 지역 r과 다른 지역 간의 상호의존관계에 따라서 $\sum_{t\neq r}^{G}(I-A_{rr}^d)^{-1}A_{rt}^dB_{ts}^d$만큼의 산출물이 지역 r에서 유발된다. 그러므로 B_{rs}^d은 지역 s의 최종 수요를 1단위 충족시키기 위하여 지역 r의 각 부문에 미치는 직간접적인 생산유발효과를 나타낸다.

2-3 지역별 부가가치 및 노동유발효과 분석

(1) 지역별 부가가치유발효과 분석

지역간 투입산출표를 이용하여 지역별 부가가치유발효과를 분석할 수 있다. 이를 위하여 지역별 부가가치 벡터를 VA라 하면, 이는 다음 식과 같이 나타낼 수 있다.

$$VA=\begin{bmatrix} VA_1 \\ \vdots \\ VA_G \end{bmatrix} \tag{9.14}$$

식 (9.14)에서 $VA_r(r=1, 2, \cdots, G)$은 지역 r에 대한 n×1의 부가가치 벡터를 나타낸다. 이어서 부가가치계수($V_r=\frac{VA_r}{X_r}$)의 대각행렬을 $\hat{V}$이라 하면 이는 다음 식과 같다.

$$\hat{V}=\begin{bmatrix} \hat{V}_1 & 0 & \cdots & 0 \\ 0 & \hat{V}_2 & \cdots & 0 \\ \vdots & \vdots & \ddots & \vdots \\ 0 & 0 & 0 & \hat{V}_G \end{bmatrix} \tag{9.15}$$

여기서 $\hat{V}_r$은 지역 r에 대한 n×n의 부가가치계수의 대각행렬을 나타낸다. 이제 부가가치계수의 정의와 앞의 식 (9.5)에 의해 지역별 부가가치 벡터를 다음과 같이 나타낼 수 있다

$$VA=\hat{V}X=\hat{V}B^dY^d \tag{9.16}$$

위 식에서 $\hat{V}B^d$는 지역간 투입산출표에서 구해지는 부가가치유발계수행렬을 나타내며, 이 행렬의 각 원소는 어떤 지역 r에 대한 특정 부문의 최종수요 1단위를 충족시키기 위하여 유발된 직간접적인 부가가치유발단위를 나타낸다.

한편, 부가가치계수의 대각행렬을 앞의 식 (9.7)의 양변에 곱하면 부가가치 분해 행렬인 VA^*를 도출할 수 있다.

$$VA^* = \hat{V}B^d Y^*$$

$$\begin{bmatrix} VA_{11} \cdots VA_{1G} \\ \vdots \quad \ddots \quad \vdots \\ VA_{1G} \cdots VA_{GG} \end{bmatrix} = \begin{bmatrix} \hat{V}_1 \cdots 0 \\ \vdots \ddots \vdots \\ 0 \;\; 0 \;\; \hat{V}_G \end{bmatrix} \begin{bmatrix} B_{11}^d \cdots B_{1G}^d \\ \vdots \quad \ddots \quad \vdots \\ B_{1G}^d \cdots B_{GG}^d \end{bmatrix} \begin{bmatrix} y_{11}^d \cdots y_{1G}^d \\ \vdots \ddots \vdots \\ y_{1G}^d \cdots y_{GG}^d \end{bmatrix}$$

$$= \begin{bmatrix} \sum_{s=1}^{G} \hat{V}_1 B_{1s}^d y_{s1}^d \cdots \sum_{s=1}^{G} \hat{V}_1 B_{1s}^d y_{sG}^d \\ \vdots \qquad \ddots \qquad \vdots \\ \sum_{s=1}^{G} \hat{V}_G B_{Gs}^d y_{s1}^d \cdots \sum_{s=1}^{G} \hat{V}_G B_{Gs}^d y_{sG}^d \end{bmatrix} \tag{9.17}$$

여기서 $VA_r = \sum_{s=1}^{G} VA_{rs}$ 이다. 위 식을 이용하면 어떤 지역 r의 부가가치가 어느 지역의 최종수요에 의해서 얼마만큼 유발되었는지를 분석할 수 있다. 행 통합 행렬 R을 나타내는 식 (9.8)을 위의 식에 앞 곱셈을 하면, 부가가치의 지역간 분해 행렬(VA^R)을 도출할 수 있다.

$$VA^R = R\hat{V}B^d Y^*$$

$$\begin{bmatrix} va_{11} \cdots va_{1G} \\ \vdots \quad \ddots \quad \vdots \\ va_{1G} \cdots va_{GG} \end{bmatrix} = \begin{bmatrix} u' \cdots 0 \\ \vdots \ddots \vdots \\ 0 \;\; 0 \;\; u' \end{bmatrix} \begin{bmatrix} \hat{V}_1 \cdots 0 \\ \vdots \ddots \vdots \\ 0 \;\; 0 \;\; \hat{V}_G \end{bmatrix} \begin{bmatrix} B_{11}^d \cdots B_{1G}^d \\ \vdots \quad \ddots \quad \vdots \\ B_{1G}^d \cdots B_{GG}^d \end{bmatrix} \begin{bmatrix} y_{11}^d \cdots y_{1G}^d \\ \vdots \ddots \vdots \\ y_{1G}^d \cdots y_{GG}^d \end{bmatrix}$$

$$= \begin{bmatrix} u' \sum_{s=1}^{G} \hat{V}_1 B_{1s}^d y_{s1}^d \cdots u' \sum_{s=1}^{G} \hat{V}_1 B_{1s}^d y_{sG}^d \\ \vdots \qquad \ddots \qquad \vdots \\ u' \sum_{s=1}^{G} \hat{V}_G B_{Gs}^d y_{s1}^d \cdots u' \sum_{s=1}^{G} \hat{V}_G B_{Gs}^d y_{sG}^d \end{bmatrix} \tag{9.18}$$

2015년 대분류 지역간 투입산출표의 경우에 VA^R은 17×17 행렬이며, 각 원소인 va_{rs}는 스칼라값으로 지역 s의 최종수요에 의하여 유발된 지역 r의 전 부문의 부가가치액을 의미한다.

(2) 지역별 노동유발효과 분석

지역별 노동유발효과를 분석하기 위해서는 지역간 투입산출표의 부문 분류에 부합되는 지역별 고용표가 필요하다. 지역별 고용표는 지역산업연관표 책자의 부록 CD 혹은 한국은행의 경제통계시스템 홈페이지에서 내려받을 수 있다. 한국은행은 중분류 수준에 대한 지역별 고용표를 제공하고 있다. 취업자 수와 피용자 수를 모두 제공하는 전국 고용표와 달리, 지역별 고용표는 지역별 부문별 취업자 수만을 제공한다. 2015년 지역별 고용표는 17개 지역의 83개 부문에 대한 취업자 수를 제공하고 있으며, 그 구조는 다음과 같다.

17개 지역

	서울	인천	경기	대전	…	제주	전지역
부문 1							
부문 2							
부문 3							
⋮							
부문 83							
계							

중분류

[그림 9-2] 2015년 지역별 고용표의 구조

지역별 취업자 수 벡터를 W라 하면, 다음 식과 같이 나타낼 수 있다.

$$W = \begin{bmatrix} W_1 \\ \vdots \\ W_G \end{bmatrix} \tag{9.19}$$

식 (9.19)에서 W_r은 지역 r에 대한 n×1의 취업자 벡터를 나타낸다. 이어서 취업계수 $(L_r = \frac{W_r}{X_r})$의 대각행렬을 $\hat{L}$이라 하면, 이는 다음 식과 같다.[5]

$$\hat{L} = \begin{bmatrix} \hat{L}_1 & 0 & \cdots & 0 \\ 0 & \hat{L}_2 & \cdots & 0 \\ \vdots & \vdots & \ddots & \vdots \\ 0 & 0 & 0 & \hat{L}_G \end{bmatrix} \tag{9.20}$$

여기서 $\hat{L}_r$은 지역 r에 대한 n×n의 취업계수의 대각행렬을 나타낸다. 이제 취업계수의 정의와 앞의 식 (9.5)에 의하여 지역별 취업자 벡터는 다음 식과 같이 나타낼 수 있다.

$$W = \hat{L}X = \hat{L}B^d Y^d \tag{9.21}$$

식 (9.21)에서 $\hat{L}B^d$는 지역간 투입산출표에서 도출되는 취업유발계수행렬을 나타내며, 이 행렬의 각 원소는 어떤 지역 r에 대한 특정 부문의 최종수요 1단위를 충족시키기 위하여 유발된 직간접적인 취업자 수를 나타낸다.[6]

5 한국은행에서 제공하는 지역간 투입산출표의 기본단위는 백만 원이고, 취업계수를 10억 원당 취업자 수로 나타내기 위해서는 각 계수에 1,000을 곱해야 한다.

6 여기서 10억 원당 취업자 수를 기준으로 취업유발계수행렬을 구하려면 $\hat{L}B^d$의 각 원소에 1,000을 곱해야 한다.

다음으로, 취업계수의 대각행렬을 앞의 식 (9.7)의 양변에 곱하면 취업자 분해 행렬 W^*를 도출할 수 있다.

$$W^* = \hat{L} B^d Y^*$$

$$\begin{bmatrix} W_{11} \cdots W_{1G} \\ \vdots \ \ddots \ \vdots \\ W_{1G} \cdots W_{GG} \end{bmatrix} = \begin{bmatrix} \hat{L}_1 \cdots 0 \\ \vdots \ \ddots \ \vdots \\ 0 \ \ 0 \ \ \hat{L}_G \end{bmatrix} \begin{bmatrix} B_{11}^d \cdots B_{1G}^d \\ \vdots \ \ddots \ \vdots \\ B_{1G}^d \cdots B_{GG}^d \end{bmatrix} \begin{bmatrix} y_{11}^d \cdots y_{1G}^d \\ \vdots \ \ddots \ \vdots \\ y_{1G}^d \cdots y_{GG}^d \end{bmatrix} \tag{9.22}$$

$$= \begin{bmatrix} \sum_{s=1}^{G} \hat{L}_1 B_{1s}^d y_{s1}^d \cdots \sum_{s=1}^{G} \hat{L}_1 B_{1s}^d y_{sG}^d \\ \vdots \qquad \ddots \qquad \vdots \\ \sum_{s=1}^{G} \hat{L}_G B_{Gs}^d y_{s1}^d \cdots \sum_{s=1}^{G} \hat{L}_G B_{Gs}^d y_{sG}^d \end{bmatrix}$$

여기서 $W_r = \sum_{s=1}^{G} W_{rs}$이다. 위의 식 (9.22)를 이용하면 어떤 지역 r의 취업자 수가 어느 지역의 최종수요에 의해서 얼마만큼 유발되었는지를 분석할 수 있다. 그리고 행 통합 행렬 R을 나타내는 식 (9.8)을 위의 식에 앞 곱셈을 하면, 취업자의 지역간 분해 행렬(W^R)을 도출할 수 있다.

$$W^R = R \hat{L} B^d Y^*$$

$$\begin{bmatrix} w_{11} \cdots w_{1G} \\ \vdots \ \ddots \ \vdots \\ w_{1G} \cdots w_{GG} \end{bmatrix} = \begin{bmatrix} u' \cdots 0 \\ \vdots \ \ddots \ \vdots \\ 0 \ \ 0 \ \ u' \end{bmatrix} \begin{bmatrix} \hat{L}_1 \cdots 0 \\ \vdots \ \ddots \ \vdots \\ 0 \ \ 0 \ \ \hat{L}_G \end{bmatrix} \begin{bmatrix} B_{11}^d \cdots B_{1G}^d \\ \vdots \ \ddots \ \vdots \\ B_{1G}^d \cdots B_{GG}^d \end{bmatrix} \begin{bmatrix} y_{11}^d \cdots y_{1G}^d \\ \vdots \ \ddots \ \vdots \\ y_{1G}^d \cdots y_{GG}^d \end{bmatrix}$$

$$= \begin{bmatrix} u' \sum_{s=1}^{G} \hat{L}_1 B_{1s}^d y_{s1}^d \cdots u' \sum_{s=1}^{G} \hat{L}_1 B_{1s}^d y_{sG}^d \\ \vdots \qquad \ddots \qquad \vdots \\ u' \sum_{s=1}^{G} \hat{L}_G B_{Gs}^d y_{s1}^d \cdots u' \sum_{s=1}^{G} \hat{L}_G B_{Gs}^d y_{sG}^d \end{bmatrix}$$

2015년 대분류 지역간 투입산출표의 경우에 W^R은 17×17 행렬이며, 각 원소인 w_{rs}는 스칼라값으로 지역 s의 최종수요에 의하여 유발된 지역 r의 전 부문의 취업자 수를 의미한다. 또한 지역별 고용표는 2010년 실측표 이후부터 전업환산기준으로 노동량을 측정한다.

3 R 실습

R에서 2015년 대분류 지역간 투입산출표와 2015년 대분류 지역별 고용표를 이용하여 지역별 생산유발효과, 부가가치유발효과, 고용유발효과를 분석하고자 한다. 이러한 분석을 수행하기 위한 R 코드 생성 과정을 정리하면 다음과 같다.

- 1단계: 데이터 입력
  - RIOT15<-as.matrix(read_excel("RIOT_2015.xlsx",sheet=1, range="D7:ZM610")): 2015년 대분류 지역간 투입산출표를 불러들인다.
  - RW15<-as.matrix(read_excel("RLabor_2015.xlsx",sheet=1, range="C6:S39")): 2015년 지역별 고용표를 불러들인다.

- 2단계: 투입산출표의 색인
  - X15<-RIOT15[1:561,684]: 총산출 벡터를 추출한다.
  - Zd15<-RIOT15[1:561,1:561]: 국산품 중간재 거래 행렬을 추출한다.
  - RYd15<-RIOT15[1:561,563:681]: 국산품 최종수요 벡터를 추출한다.
  - VA15<-RIOT15[602,1:561]: 부가가치 벡터를 추출한다.
  - w15<-RW15[1:33,1:17]: 부문별 지역의 취업자 수 행렬을 추출한다.
  - W15<-as.vector(rbind(w15[,1],w15[,2],w15[,3],w15[,4],w15[,5],w15[,6],w15[,7],w15[,8],w15[,9],w15[,10],w15[,11],w15[,12],w15[,13],w15[,14],w15[,15],w15[,16],w15[,17])): 지역별 부문별 취업자 수 벡터를 생성한다.
  - namer<-colnames(RW15)[1:17]: 지역명 벡터를 추출한다.
  - namec<-colnames(RIOT15)[1:561]: 부문명 벡터를 추출한다.
  - namer1<-c(rep(namer[1],33),rep(namer[2],33),rep(namer[3],33),rep(namer[4],33),rep(namer[5],33),rep(namer[6],33),rep(namer[7],33),rep(namer[8],33),rep(namer[9],33),rep(namer[10],33),rep(namer[11],33),rep(namer[12],33),rep(namer[13],33),rep(namer[14],33),rep(namer[15],33),rep(namer[16],33),rep(namer[17],33)): 부문명 벡터에 대응하는 지역명 벡터를 생성한다.

- namerc<-paste(namer1, namec, sep="-"): paste( ) 함수를 이용하여 '지역-부문명' 벡터를 생성한다. paste( ) 함수는 두 벡터에 존재하는 각 원소를 붙이고자 할 때 이용하는데, sep="-" 옵션을 적용하면 붙이고자 하는 두 원소 사이에 하이픈(-)이 추가된다.

- 3단계: 지역간 파급효과 분석을 위한 유발계수행렬의 도출
  - X<-1/X15: 총산출 벡터의 역수를 구하여 X로 저장한다.
  - X[is.infinite(X)]<-0: X에 존재하는 Inf를 0으로 대체한다.
  - Ad<-Zd15%*%diag(X): 국산투입계수행렬을 도출한다.
  - V<-diag(as.vector(VA15%*%X)): 부가가치계수 벡터의 대각행렬을 도출한다.
  - L<-diag(as.vector(W15%*%X)): 취업계수 벡터의 대각행렬을 도출한다.
  - I<-diag(561): 561×561 차원의 단위행렬을 생성한다.
  - Bd<-solve(I-Ad): 생산유발계수행렬을 도출하여 Bd에 저장한다.
  - Vd<-V%*%Bd: 부가가치유발계수행렬을 도출하여 Vd에 저장한다.
  - Ld<-L%*%Bd*1000: 취업유발계수행렬을 도출하여 Ld에 저장한다. 이때 10억 원당 취업자 수를 구하기 위하여 1000을 곱한다.
  - colnames(Bd)<-namerc; rownames(Bd)<-namerc: Bd에 열 이름과 행 이름을 부여한다.
  - colnames(Vd)<-namerc; rownames(Vd)<-namerc: Vd에 열 이름과 행 이름을 부여한다.
  - colnames(Ld)<-namerc; rownames(Ld)<-namerc: Ld에 열 이름과 행 이름을 부여한다.

- 4단계: 지역별 부문별 최종수요계 행렬의 도출
  - R1<-apply(RYd15[, 1:7], 1, sum): apply( ) 함수를 이용하여 서울의 최종수요계 벡터를 생성한다. 나머지 지역에 대한 코드는 [표 9-2]를 참고하면 된다.
  - R2<-apply(RYd15[, 8:14], 1, sum); R3<-apply(RYd15[, 15:21], 1, sum); R4<-apply(RYd15[, 22:28], 1, sum); R5<-apply(RYd15[, 29:35], 1, sum); R6<-apply(RYd15[, 36:42], 1, sum); R7<-apply(RYd15[, 43:49], 1, sum); R8<-apply(RYd15[, 50:56], 1, sum); R9<-apply(RYd15[, 57:63], 1, sum); R10<-apply(RYd15[, 64:70], 1, sum);

R11<-apply(RYd15[, 71:77], 1, sum); R12<-apply(RYd15[, 78:84], 1, sum); R13<-apply(RYd15[, 85:91], 1, sum); R14<-apply(RYd15[, 92:98], 1, sum); R15<-apply(RYd15[, 99:105], 1, sum); R16<-apply(RYd15[, 106:112], 1, sum); R17<-apply(RYd15[, 113:119], 1, sum)

- Yr<-cbind(R1,R2,R3,R4,R5,R6,R7,R8,R9,R10,R11,R12,R13,R14,R15,R16,R17): 지역별 부문별 최종수요계 행렬을 생성한다.

[표 9-2] 지역 분류

코드	지역명	코드	지역명	코드	지역명
R1	서울	R7	충남	R13	부산
R2	인천	R8	광주	R14	울산
R3	경기	R9	전북	R15	경남
R4	대전	R10	전남	R16	강원
R5	세종	R11	대구	R17	제주
R6	충북	R12	경북		

• 5단계: 총산출, 부가가치, 취업자의 지역간 분해 행렬의 도출

- R<-matrix(0,nrow=17,ncol=561): 영행렬을 생성한다.
- u<-t(rep(1,33)): 합벡터를 생성한다.
- R[1, 1:33]<-u; R[2, 34:66]<-u; R[3, 67:99]<-u; R[4, 100:132]<-u; R[5, 133:165]<-u; R[6, 166:198]<-u; R[7, 199:231]<-u; R[8, 232:264]<-u; R[9, 265:297]<-u; R[10, 298:330]<-u; R[11, 331:363]<-u; R[12, 364:396]<-u; R[13, 397:429]<-u; R[14, 430:462]<-u; R[15, 463:495]<-u; R[16, 496:528]<-u; R[17, 529:561]<-u: 각 지역의 부문을 통합하기 위한 행 통합 행렬 R을 생성한다.
- Xr<-R%*%Bd%*%Yr: 총산출의 지역간 분해 행렬을 도출한다.
- VAr<-R%*%V%*%Bd%*%Yr: 부가가치의 지역간 분해 행렬을 도출한다.
- Wr<-R%*%L%*%Bd%*%Yr: 취업자의 지역간 분해 행렬을 도출한다.
- colnames(Xr)<-namer; rownames(Xr)<-namer: Xr에 열 이름과 행 이름을 부여한다.

- colnames(VAr)<-namer; rownames(VAr)<-namer: VAr에 열 이름과 행 이름을 부여한다.
- colnames(Wr)<-namer; rownames(Wr)<-namer: Wr에 열 이름과 행 이름을 부여한다.

- 6단계: 분석 결과 저장
  - library(openxlsx)
  - XVLr<-list( ): 분석 결과 저장을 위한 리스트를 생성한다.
  - XVLr[[1]]<-Xr; XVLr[[2]]<-VAr; XVLr[[3]]<-Wr; XVLr[[4]]<-Bd; XVLr[[5]]<-Vd; XVLr[[6]]<-Ld: XVLr에 분석 결과를 저장한다.
  - write.xlsx(XVLr, file = "XVLr.xlsx", colNames = TRUE, rowNames = TRUE)

```
#지역산업연관분석 분석 예제
library(readxl)
RIOT15<-as.matrix(read_excel("RIOT_2015.xlsx",sheet=1, range="D7:ZM610"))
#2015년 지역간 투입산출표를 불러들임
RW15<-as.matrix(read_excel("RLabor_2015.xlsx",sheet=1, range="C6:S39"))
#2015년 지역별 고용표를 불러들임

#투입산출표 색인
X15<-RIOT15[1:561,684]                     #총산출 벡터 추출
Zd15<-RIOT15[1:561,1:561]                  #국산품 중간재 거래 행렬 추출
RYd15<-RIOT15[1:561,563:681]               #지역별 최종수요 행렬 추출
VA15<-RIOT15[602,1:561]                    #지역별 부가가치 벡터 추출
w15<-RW15[1:33,1:17]                       #부문별 지역의 취업자 행렬 추출
W15<-as.vector(rbind(w15[,1],w15[,2],w15[,3],w15[,4],w15[,5],w15[,6],w15[,7],w15[,8]
,w15[,9],w15[,10],w15[,11],w15[,12],w15[,13],w15[,14],w15[,15],w15[,16],w15[,17]))
#지역별 부문별 취업자 벡터 추출
namer<-colnames(RW15)[1:17]                #지역명 벡터 추출
namec<-colnames(RIOT15)[1:561]             #부문명 벡터 추출
namer1<-c(rep(namer[1],33),rep(namer[2],33),rep(namer[3],33),rep(namer[4],33),re
p(namer[5],33),rep(namer[6],33),rep(namer[7],33),rep(namer[8],33),rep(namer[9],3
3),rep(namer[10],33),rep(namer[11],33),rep(namer[12],33),rep(namer[13],33),rep(na
mer[14],33),rep(namer[15],33),rep(namer[16],33),rep(namer[17],33))
#부문명 벡터에 대응하는 지역명 벡터 생성
namerc<-paste(namer1, namec, sep="-")      #지역-부문명 벡터 생성
```

```
# 지역간 파급효과 분석을 위한 유발계수행렬 도출
X<-1/X15                                 # 총산출 벡터의 역수를 구하여 X로 저장
X[is.infinite(X)]<-0                     # X에 존재하는 Inf를 0으로 대체
X1<-diag(X)                              # X의 대각행렬을 X1에 저장
Ad<-Zd15%*%(X1)                          # 국산투입계수행렬 도출
V<-diag(as.vector(VA15%*%X1))            # 부가가치계수 벡터의 대각행렬 도출
L<-diag(as.vector(W15%*%X1))             # 취업계수 벡터의 대각행렬 도출
I<-diag(561)                             # 561  561 차원의 단위행렬 생성
Bd<-solve(I-Ad)                          # 생산유발계수행렬을 도출하여 Bd에 저장
Vd<-V%*%Bd                               # 부가가치유발계수행렬을 도출하여 Vd에 저장
Ld<-L%*%Bd*1000                          # 취업유발계수행렬을 도출하여 Ld에 저장
colnames(Bd)<-namerc; rownames(Bd)<-namerc     # Bd에 열 이름과 행 이름 부여
colnames(Vd)<-namerc; rownames(Vd)<-namerc     # Vd에 열 이름과 행 이름 부여
colnames(Ld)<-namerc; rownames(Ld)<-namerc     # Ld에 열 이름과 행 이름 부여

# 지역별 부문별 최종수요계 행렬의 도출
R1<-apply(RYd15[, 1:7], 1, sum); R2<-apply(RYd15[, 8:14], 1, sum); R3<-apply(RYd15[,
15:21], 1, sum); R4<-apply(RYd15[, 22:28], 1, sum); R5<-apply(RYd15[, 29:35], 1,
sum); R6<-apply(RYd15[, 36:42], 1, sum); R7<-apply(RYd15[, 43:49], 1, sum); R8<-
apply(RYd15[, 50:56], 1, sum); R9<-apply(RYd15[, 57:63], 1, sum); R10<-apply(RYd15[,
64:70], 1, sum); R11<-apply(RYd15[, 71:77], 1, sum); R12<-apply(RYd15[, 78:84],
1, sum); R13<-apply(RYd15[, 85:91], 1, sum); R14<-apply(RYd15[, 92:98], 1, sum);
R15<-apply(RYd15[, 99:105], 1, sum); R16<-apply(RYd15[, 106:112], 1, sum); R17<-
apply(RYd15[, 113:119], 1, sum)  # 각 지역의 최종수요계 벡터를 도출
Yr<-cbind(R1,R2,R3,R4,R5,R6,R7,R8,R9,R10,R11,R12,R13,R14,R15,R16,R17)
# 지역별 부문별 최종수요계 행렬 생성

# 총산출, 부가가치, 취업자의 지역간 분해 행렬의 도출
R<-matrix(0,nrow=17,ncol=561)   # 영행렬 생성
u<-t(rep(1,33))                 # 합벡터 생성
R[1, 1:33]<-u; R[2, 34:66]<-u; R[3, 67:99]<-u; R[4, 100:132]<-u; R[5, 133:165]<-u; R[6,
166:198]<-u; R[7, 199:231]<-u; R[8, 232:264]<-u; R[9, 265:297]<-u; R[10, 298:330]<-
u; R[11, 331:363]<-u; R[12, 364:396]<-u; R[13, 397:429]<-u; R[14, 430:462]<-u; R[15,
463:495]<-u; R[16, 496:528]<-u; R[17, 529:561]<-u
# 각 지역의 부문을 통합하기 위한 행 통합 행렬 R을 생성
Xr<-R%*%Bd%*%Yr                 # 총산출의 지역간 분해 행렬 도출
VAr<-R%*%V%*%Bd%*%Yr            # 부가가치의 지역간 분해 행렬 도출
Wr<-R%*%L%*%Bd%*%Yr             # 취업자의 지역간 분해 행렬 도출
```

```
colnames(Xr)<-namer; rownames(Xr)<-namer
colnames(VAr)<-namer; rownames(VAr)<-namer
colnames(Wr)<-namer; rownames(Wr)<-namer        #이름 부여

#분석 결과 저장
library(openxlsx)
XVLr<-list()
XVLr[[1]]<-Xr; XVLr[[2]]<-VAr; XVLr[[3]]<-Wr; XVLr[[4]]<-Bd; XVLr[[5]]<-Vd;
XVLr[[6]]<-Ld                                   #XVLr에 분석 결과 저장
write.xlsx(XVLr, file = "XVLr.xlsx", colNames = TRUE, rowNames = TRUE)
```

	서울	인천	경기	대전	세종	충북	충남	광주	전북
서울	359,106,924	27,542,549	141,232,575	12,292,105	2,265,219	12,701,981	22,044,086	9,932,673	11,562,467
인천	18,636,857	92,818,047	30,618,841	2,337,037	587,507	3,923,401	5,713,429	2,497,151	3,509,986
경기	89,971,091	26,216,857	569,033,439	10,381,208	2,416,044	14,499,210	29,461,498	9,377,410	9,489,233
대전	7,148,257	1,517,844	7,885,959	36,112,765	2,200,649	2,412,656	5,563,839	890,173	1,211,003
세종	1,400,189	369,287	1,910,961	1,701,723	9,266,948	515,284	1,246,394	181,094	233,873
충북	13,658,912	3,814,634	18,764,683	3,550,212	680,311	62,372,431	5,925,697	1,646,513	1,953,288
충남	20,822,491	6,580,418	35,396,810	5,492,648	2,104,406	5,128,140	144,397,494	4,091,059	4,161,391
광주	4,212,513	938,040	8,337,251	1,018,562	171,711	700,082	1,553,839	45,872,302	2,356,910
전북	11,050,938	2,314,933	9,423,427	1,927,669	471,923	1,675,980	3,142,638	2,078,765	60,158,314
전남	13,046,296	4,133,166	19,735,320	1,890,740	451,735	2,796,607	4,704,844	5,629,230	3,434,354
대구	7,274,587	1,414,764	7,084,745	1,475,306	194,508	1,478,928	2,248,126	807,139	1,381,333
경북	20,289,990	5,300,522	29,754,051	2,654,605	763,937	3,718,374	7,370,698	2,997,310	4,493,837
부산	10,314,206	2,516,798	11,530,497	1,423,645	493,649	1,936,238	3,032,978	1,388,174	1,988,649
울산	19,104,112	5,261,317	22,963,147	2,129,529	532,962	3,248,764	6,545,357	2,237,091	3,178,740
경남	18,223,092	4,949,610	23,667,879	2,175,808	500,795	3,116,643	6,430,080	2,309,160	2,890,241
강원	7,360,514	2,015,113	7,847,289	811,134	201,657	1,144,591	1,511,614	536,023	822,134
제주	3,322,938	690,397	3,049,012	431,015	68,298	343,464	557,959	421,202	780,216

	전남	대구	경북	부산	울산	경남	강원	제주
서울	17,152,020	13,060,339	23,373,117	18,701,495	16,075,421	24,401,217	11,985,436	3,785,526
인천	4,050,301	3,408,215	5,468,918	3,791,724	3,621,934	5,281,628	2,990,286	940,341
경기	13,348,513	11,095,370	22,934,450	15,197,766	17,717,669	21,540,732	10,186,940	2,925,409
대전	1,111,307	918,014	1,784,909	1,218,051	1,287,144	1,497,642	766,442	249,033
세종	206,013	216,171	289,610	312,477	681,055	320,262	191,948	56,082
충북	2,105,610	2,174,661	4,040,397	2,928,104	3,709,468	3,534,901	1,762,250	586,929
충남	4,295,458	3,578,127	6,788,048	4,741,635	6,813,087	8,415,776	2,908,918	935,992
광주	6,715,358	580,433	1,480,371	824,393	1,066,857	1,777,579	1,342,488	327,192
전북	2,900,873	1,627,991	2,641,362	2,093,115	1,867,849	2,518,350	1,443,675	731,924
전남	105,568,690	2,688,574	5,101,499	4,205,747	4,652,231	6,676,016	1,849,894	830,216
대구	1,470,361	59,814,696	11,992,215	2,263,811	3,872,812	4,241,109	813,945	264,199
경북	4,968,614	9,579,900	143,119,506	6,745,885	12,012,436	10,259,048	3,335,879	1,067,132
부산	2,928,279	2,379,506	4,471,135	105,672,381	11,015,944	18,121,188	1,545,736	708,328
울산	4,249,518	4,063,822	7,679,435	6,907,080	141,188,917	9,936,439	2,094,589	949,320
경남	5,334,029	3,775,319	6,681,062	10,867,879	11,136,371	160,317,482	2,568,773	762,242
강원	907,134	1,014,383	1,783,894	1,407,808	1,062,067	1,515,511	45,350,085	335,738
제주	1,006,483	438,452	547,175	689,539	565,989	688,128	327,087	17,239,573

Sheet 1 | Sheet 2 | Sheet 3 | Sheet 4 | Sheet 5 | Sheet 6

[그림 9-3] 지역산업연관분석 결과 예시

[그림 9-3]은 2015년 대분류 지역간 투입산출표를 이용하여 지역산업연관분석을 수행한 결과이다. 우선, 상기에서 논의한 R 코드를 적용하여 지역간 경제적 파급효과를 분석하는 데 이용되는 지역간 생산유발계수, 부가가치유발계수, 취업유발계수를 구하였다. 이어서 지역간 상호의존성을 파악하는 데 이용할 수 있는 지역별 총산출, 부가가치, 취업자 수의 지역간 분해 행렬을 도출하였다. 분석 결과는 리스트에 저장한 후에 이를 XVLr.xlsx라는 엑셀 파일로 저장하였다([그림 9-3] 참고).

1. 어떤 국가에 대한 '2개 지역-2개 부문'에 대한 지역간 투입산출표(국산거래표)가 다음과 같다.

(단위: 백만 원)

		지역 1		지역 2		지역 1	지역 2	총산출
		부문 1	부문 2	부문 1	부문 2	최종수요	최종수요	
지역 1	부문 1	40	90	35	27	150	58	400
	부문 2	12	60	14	90	90	334	600
지역 2	부문 1	48	18	140	108	160	226	700
	부문 2	40	12	175	135	200	338	900

(1) 생산유발계수행렬(B)을 구해보자.

(2) 생산유발계수행렬의 제1열의 합을 구하고, 그 경제적 의미를 서술해보자.

(3) 지역 2에서 부문 2의 최종수요가 10억 원 증가하면, 지역 1에서 부문 1의 생산은 얼마나 유발되는지 구해보자.

(4) 지역 1의 총산출은 1,000백만 원이고, 지역 2의 총산출은 1,600백만 원이다. 총산출의 지역간 분해 행렬(X^R)의 각 원소를 구해보자.

$$X^R = \begin{bmatrix} x_{11} & x_{12} \\ x_{21} & x_{22} \end{bmatrix}$$ (단, 각 원소는 스칼라 값)

2. 어느 한 국가의 3개 지역-2개 부문에 대한 지역간 투입산출표가 다음과 같다.

(단위: 백만 원)

		지역 1		지역 2		지역 3		지역 1	지역 2	지역 3	총산출
		부문 1	부문 2	부문 1	부문 2	부문 1	부문 2	최종수요	최종수요	최종수요	
지역 1	부문 1	40	30	30	25	0	10	150	40	155	480
	부문 2	20	60	12	10	50	20	90	100	358	720
지역 2	부문 1	50	30	70	15	40	50	160	150	115	680
	부문 2	40	15	0	120	30	10	200	60	345	820
지역 3	부문 1	30	25	20	15	25	20	90	130	395	750
	부문 2	15	25	30	25	35	45	70	160	145	550
부가가치		200	290	375	415	390	160				

(1) 부가가치유발계수행렬(VB)을 구해보자.

(2) 부가가치유발계수행렬의 제1행의 합을 구하고, 그 경제적 의미를 서술해보자.

(3) 지역 1에서 부문 2의 최종수요가 15억 원 증가한다면, 지역 2에서 부문 1의 부가가치는 얼마만큼 유발되는지 구해보자.

(4) 부가가치의 지역간 분해 행렬(VA^R)의 각 원소를 구해보자.

$$VA^R = \begin{bmatrix} va_{11} & va_{12} & va_{13} \\ va_{21} & va_{22} & va_{23} \\ va_{31} & va_{32} & va_{33} \end{bmatrix} \quad \text{(단, 각 원소는 스칼라 값)}$$

ch 10

양비례조정법 (RAS)

1 RAS 방법론

양비례조정법(biproportional adjustment method)이란 기준 시점의 투입계수행렬을 이용하여 비교 시점의 투입계수행렬을 예측하는 데 이용하는 수학적 방법론이다. 투입계수를 예측하기 위한 기본적 방법론은 1963년 영국 캠브리지대학교의 스톤(R. Stone) 교수가 제시하였다.[1] 스톤 교수는 기준 시점의 투입계수행렬인 A_0가 주어질 때, 비교 시점에 대한 투입계수행렬은 $A_1=RA_0S$로 나타낼 수 있음을 제시하였다. 이에 스톤 교수가 제시한 투입계수행렬의 예측을 위한 접근 방법을 예측 시점에서의 투입계수행렬을 도출하는 식의 표기를 따서 'RAS' 방법이라 부른다.[2] 스톤 교수가 제시한 RAS 방법은 다수의 연구자들에 의해 발전해왔다.

이 책에서는 RAS 방법의 가장 기본적인 원리에 대하여 상세히 설명하고자 한다. RAS 방법을 적용하기 위해서는 기준 시점의 투입계수행렬, 비교 시점에서의 부문별 중간수요계와 중간투입계, 총산출액이 존재하여야 한다. RAS 방법에 대한 이해를 높이기 위하여 n=3인 경우, 즉 3개 부문으로 구성된 투입산출표를 예로 들어 설명한다. 기준 시점은 0이고 비교 시점은 1이라 할 때, RAS 방법을 적용하기 위한 두 시점에서의 투입산출표에 대한 구조는 [그림 10-1]과 같다.

[그림 10-1]을 보면 기준 시점에서의 투입산출표에 대한 정보는 모두 존재하는 반면, 비교 시점에서의 투입산출표에서는 내생 부문에 대한 정보가 부재하다. 다만, 비교 시점에서의 부문별 중간수요계, 중간투입계, 총산출액에 대한 정보는 나타나 있다.

---

1 R. Stone(1963).

2 한국은행(2014).

〈기준 시점 투입산출표〉

	부문 1	부문 2	부문 3	중간수요계 (D_0)	총산출액 (X_0)
부문 1	60	90	0	150	200
부문 2	40	60	20	120	250
부문 3	20	60	40	120	250
중간투입계 (T_0)	120	210	60		

〈비교 시점 투입산출표〉

	부문 1	부문 2	부문 3	중간수요계 (D_1)	총산출액 (X_1)
부문 1				180	300
부문 2				200	400
부문 3				210	500
중간투입계 (T_1)	160	250	180		

[그림 10-1] RAS 방법 적용을 위한 투입산출표 예제

[그림 10-1]에서 기준 시점의 투입계수행렬을 구하면 다음과 같다.

$$A_0 = \begin{bmatrix} 0.3 & 0.36 & 0 \\ 0.2 & 0.24 & 0.08 \\ 0.1 & 0.24 & 0.16 \end{bmatrix} \tag{10.1}$$

이어서 비교 시점의 중간수요계 벡터(D_1), 중간투입계 벡터(T_1), 총산출액 벡터(X_1)를 각각 다음과 같다고 하자.

$$D_1 = \begin{bmatrix} 180 \\ 200 \\ 210 \end{bmatrix},\ T_1 = \begin{bmatrix} 160 \\ 250 \\ 180 \end{bmatrix},\ X_1 = \begin{bmatrix} 300 \\ 400 \\ 500 \end{bmatrix} \tag{10.2}$$

이제 비교 시점의 총산출액 벡터의 대각행렬을 $\hat{X}_1$라 하면, 이는 다음과 같다.

$$\hat{X}_1 = \begin{bmatrix} 300 & 0 & 0 \\ 0 & 400 & 0 \\ 0 & 0 & 500 \end{bmatrix} \tag{10.3}$$

다음으로 기준 시점의 투입계수행렬(A_0)에 비교 시점의 총산출액 벡터의 대각행렬 ($\hat{X}_1$)을 곱하면, 비교 시점에 대한 1차 잠정 중간재 거래 행렬 $Z^{(1)}$을 도출할 수 있다.

$$Z^{(1)} = A_0\hat{X}_1 = \begin{bmatrix} 0.3 & 0.36 & 0 \\ 0.2 & 0.24 & 0.08 \\ 0.1 & 0.24 & 0.16 \end{bmatrix} \begin{bmatrix} 300 & 0 & 0 \\ 0 & 400 & 0 \\ 0 & 0 & 500 \end{bmatrix}$$
$$= \begin{bmatrix} 90 & 144 & 0 \\ 60 & 96 & 40 \\ 30 & 96 & 80 \end{bmatrix} \quad (10.4)$$

위의 식 (10.4)에서 $Z^{(1)}$의 1차 잠정 중간수요계 벡터를 구하면, $D^{(1)\prime}=[234\ 196\ 206]$이다. $D^{(1)}$과 식 (10.2)의 D_1을 비교하면 서로 일치하지 않는다. 이때 $D^{(1)}$의 각 원소와 D_1의 각 원소가 어느 정도의 불일치를 보이는지를 분석하기 위하여 D_1의 각 원소를 $D^{(1)}$의 각 원소로 나눈다. 부문 1의 경우를 보면, 비교 시점에서의 중간수요계는 180이고, 1차 잠정 중간수요계는 234이다. 따라서 두 값의 비율을 구하면 0.76923 = 180/234가 된다.[3] 이 비율을 부문 1의 1차 잠정 중간수요계를 분모로 하여 도출된 비율이라는 의미에서 $r_1^{(1)}$이라 표기하고, 행수정계수라 부른다. 이러한 방법을 부문 2와 부문 3에 적용하여 모든 부문에 대한 행수정계수를 계산한 후, 부문별 1차 잠정 중간수요계로부터 도출한 행수정계수 벡터 $R^{(1)}$을 나타내면 아래와 같다.

$$R^{(1)} = D_1\left(\hat{D}^{(1)}\right)^{-1} = \begin{bmatrix} 180 \\ 200 \\ 210 \end{bmatrix} \begin{bmatrix} 1/234 & 0 & 0 \\ 0 & 1/196 & 0 \\ 0 & 0 & 1/206 \end{bmatrix}$$
$$= \begin{bmatrix} 0.76923 \\ 1.02041 \\ 1.01942 \end{bmatrix} = \begin{bmatrix} r_1^{(1)} \\ r_2^{(1)} \\ r_3^{(1)} \end{bmatrix} \quad (10.5)$$

3 RAS 예제에서 도출되는 소수점의 경우에는 여섯째 자리에서 반올림하여 표기한다.

다음으로 행수정계수 벡터의 대각행렬($\hat{R}^{(1)}$)을 이용하면 2차 잠정 중간재 거래 행렬 $Z^{(2)}$는 다음 식을 통하여 구할 수 있다.[4]

$$
\begin{aligned}
Z^{(2)} &= \hat{R}^{(1)} Z^{(1)} = \hat{R}^{(1)} A_0 X_1 \\
&= \begin{bmatrix} 0.76923 & 0 & 0 \\ 0 & 1.02041 & 0 \\ 0 & 0 & 1.01942 \end{bmatrix} \begin{bmatrix} 90 & 144 & 0 \\ 60 & 96 & 40 \\ 30 & 96 & 80 \end{bmatrix} = \begin{bmatrix} 69 & 111 & 0 \\ 61 & 98 & 41 \\ 31 & 98 & 82 \end{bmatrix}
\end{aligned} \tag{10.6}
$$

위의 식에서 $Z^{(2)}$의 부문별 중간수요계를 구하면 비교 시점의 중간수요계와 일치한다. 다시 말해, $R^{(1)}$의 각 원소를 $Z^{(1)}$의 각 행의 원소에 곱한 결과로 도출된 중간수요계 벡터는 비교 시점의 실제 중간수요계 벡터의 값과 정확히 일치하게 되는데, 이러한 배경에서 $R^{(1)}$의 각 원소를 행수정계수라 부르는 것이다.

이어서 식 (10.6)의 $Z^{(2)}$로부터 1차 잠정 중간투입계 벡터를 구하면 $T^{(1)\prime}$=[161 307 122]이다. $T^{(1)}$과 식 (10.2)의 T_1을 비교하면 서로 일치하지 않는다. 그러므로 잠정 중간수요계와 비교 시점의 실제 중간수요계를 일치시키기 위하여 T_1의 각 원소를 $T^{(1)}$의 각 원소로 나눈 비율인 열수정계수를 도출할 필요가 있다. 행수정계수 벡터를 구하는 과정과 유사한 방법을 적용하여 1차 잠정 중간투입계 벡터로부터 열수정계수 벡터 $S^{(1)}$을 구하면 다음과 같다.

$$
\begin{aligned}
S^{(1)} &= T_1 \left(\hat{T}^{(1)}\right)^{-1} = \begin{bmatrix} 160 \\ 250 \\ 180 \end{bmatrix} \begin{bmatrix} 1/161 & 0 & 0 \\ 0 & 1/307 & 0 \\ 0 & 0 & 1/122 \end{bmatrix} \\
&= \begin{bmatrix} 0.99356 \\ 0.81541 \\ 1.47095 \end{bmatrix} = \begin{bmatrix} s_1^{(1)} \\ s_2^{(1)} \\ s_3^{(1)} \end{bmatrix}
\end{aligned} \tag{10.7}
$$

4 잠정 중간재 거래 행렬에서 구한 행 합과 열 합이 일부 일치하지 않는 것은 반올림에 의한 차이 때문이다.

그리고 열수정계수 벡터의 대각행렬($\hat{S}^{(1)}$)을 이용하면 3차 잠정 중간재 거래 행렬 $Z^{(3)}$는 다음 식을 통하여 구할 수 있다.

$$Z^{(3)} = Z^{(2)}\hat{S}^{(1)} = \hat{R}^{(1)}A_0\hat{X}_1\hat{S}^{(1)}$$
$$= \begin{bmatrix} 69 & 111 & 0 \\ 61 & 98 & 41 \\ 30 & 98 & 82 \end{bmatrix} \begin{bmatrix} 0.99356 & 0 & 0 \\ 0 & 0.81541 & 0 \\ 0 & 0 & 1.47095 \end{bmatrix} = \begin{bmatrix} 69 & 90 & 0 \\ 61 & 80 & 60 \\ 30 & 80 & 120 \end{bmatrix} \tag{10.8}$$

위의 식 (10.8)에서 $Z^{(3)}$의 부문별 중간투입계는 비교 시점의 부문별 중간투입계와 일치한다. 따라서 다시 $Z^{(3)}$으로부터 2차 잠정 중간수요계 벡터($D^{(2)}$)를 구하고, 그 값이 비교 시점의 중간수요계 벡터(D_1)와 일치하는지를 살펴보아야 한다. 이를 위하여 2차 잠정 중간수요계 벡터 $D^{(2)}$와 D_1을 이용하여 2차 행수정계수 벡터를 구하면 다음과 같다.

$$R^{(2)} = D_1\left(\hat{D}^{(2)}\right)^{-1} = \begin{bmatrix} 180 \\ 200 \\ 210 \end{bmatrix} \begin{bmatrix} 1/159 & 0 & 0 \\ 0 & 1/201 & 0 \\ 0 & 0 & 1/230 \end{bmatrix}$$
$$= \begin{bmatrix} 1.13131 \\ 0.99628 \\ 0.91246 \end{bmatrix} = \begin{bmatrix} r_1^{(2)} \\ r_2^{(2)} \\ r_3^{(2)} \end{bmatrix} \tag{10.9}$$

이어서 2차 행수정계수 벡터의 대각행렬($\hat{R}^{(2)}$)을 이용하면 4차 잠정 중간재 거래 행렬 $Z^{(4)}$는 다음 식을 통하여 구할 수 있다.

$$Z^{(4)} = \hat{R}^{(2)}Z^{(3)} = \hat{R}^{(2)}\hat{R}^{(1)}A_0\hat{X}_1\hat{S}^{(1)}$$
$$= \begin{bmatrix} 1.13131 & 0 & 0 \\ 0 & 0.99628 & 0 \\ 0 & 0 & 0.91246 \end{bmatrix} \begin{bmatrix} 69 & 90 & 0 \\ 61 & 80 & 60 \\ 30 & 80 & 120 \end{bmatrix} = \begin{bmatrix} 78 & 102 & 0 \\ 61 & 80 & 60 \\ 28 & 73 & 109 \end{bmatrix} \tag{10.10}$$

위의 식 (10.10)에서 $Z^{(4)}$의 중간수요계 벡터는 비교 시점의 중간수요계 벡터와 일치하므로 다시 2차 잠정 중간투입계 벡터($T^{(2)}$)를 구하여 비교 시점의 중간투입계 벡터(T_1)와 비교하여야 한다. 이를 위하여 2차 열수정계수 벡터를 구하면 다음과 같다.

$$S^{(2)} = T_1\left(\hat{T}^{(2)}\right)^{-1} = \begin{bmatrix}160\\250\\180\end{bmatrix}\begin{bmatrix}1/166 & 0 & 0\\0 & 1/255 & 0\\0 & 0 & 1/169\end{bmatrix}$$

$$= \begin{bmatrix}0.96301\\0.98202\\1.06335\end{bmatrix} = \begin{bmatrix}s_1^{(2)}\\s_2^{(2)}\\s_3^{(2)}\end{bmatrix} \tag{10.11}$$

이제 2차 열수정계수 벡터의 대각행렬($\hat{S}^{(2)}$)을 이용하여 5차 잠정 중간재 거래 행렬 $Z^{(5)}$는 다음 식을 통하여 구할 수 있다.

$$Z^{(5)} = Z^{(4)}\hat{S}^{(2)} = \hat{R}^{(2)}\hat{R}^{(1)}A_0\hat{X}_1\hat{S}^{(1)}\hat{S}^{(2)}$$

$$= \begin{bmatrix}78 & 102 & 0\\61 & 80 & 60\\28 & 73 & 109\end{bmatrix}\begin{bmatrix}0.96301 & 0 & 0\\0 & 0.98202 & 0\\0 & 0 & 1.06335\end{bmatrix} = \begin{bmatrix}75 & 100 & 0\\58 & 78 & 64\\27 & 72 & 116\end{bmatrix} \tag{10.12}$$

식 (10.12)에서 $Z^{(5)}$의 부문별 중간투입계는 비교 시점의 부문별 중간투입계와 일치한다. 그러므로 다시 잠정 중간수요계 벡터($D^{(3)}$)와 비교 시점의 중간수요계 벡터(D_1)의 일치 여부를 확인하여야 한다. 이러한 과정은 $D^{(n)}=D_1$, $T^{(n)}=T_1$이 되는 단계까지 반복하면 된다. 그러나 앞의 두 식을 동시에 만족하는 중간재 거래 행렬을 도출하기는 쉽지 않다. 이에 현실적으로 RAS 방법을 통하여 새로운 중간재 거래 행렬을 도출하기 위해서는 일정한 수렴조건을 도입해야 한다. 즉, 행수정계수 벡터 R과 열수정계수 벡터 S의 각 원소가 거의 1에 가까운 값을 만족한다는 것을 판단하기 위한 기준값을 도입하는 것이다. 만일, $D^{(n)}=D_1$, $T^{(n)}=T_1$이면, 수정계수 벡터 R과 열수정계수 벡터 S의 모든 원소는 1이 될 것이다. 그러나 이러한 조건을 만족하기는 쉽지 않으므로 모든 원소가 1로 구성된 벡터 u를 도입하여 다음과 같은 기준을 설정할 수 있다.

$$|u-R| \le \epsilon,\ |u-S| \le \epsilon \tag{10.13}$$

식 (10.13)에서 ϵ는 수렴조건을 만족하기 위한 기준값으로 거의 0에 가까운 수로 정의할 수 있다. 예를 들어, $\epsilon=0.000001$로 설정할 수 있다. 이제 식 (10.12)에서 도출된 $Z^{(5)}$에서 수렴조건을 만족한다는 가정을 하자. 그러면 $Z^{(5)}$는 비교 시점에서의 중간재 거래 행렬인 Z_1이 된다. 또한 $Z^{(5)}=Z_1$와 $(\hat{X}_1)^{-1}$을 이용하여 비교 시점의 투입계수행렬(A_1)을 구하면 다음과 같이 나타낼 수 있다.

$$A_1 = Z^{(5)}(\hat{X}_1)^{-1} = \hat{R}^{(2)}\hat{R}^{(1)}A_0\hat{S}^{(1)}\hat{S}^{(2)} = \hat{R}A_0\hat{S} \tag{10.14}$$

여기서 $\hat{R}=\hat{R}^{(2)}\hat{R}^{(1)}$, $\hat{S}=\hat{S}^{(1)}\hat{S}^{(2)}$이다. 위의 식 (10.14)로부터 기준 시점의 투입계수행렬을 이용하여 비교 시점의 투입계수행렬을 추정한 결과는 $\hat{R}A_0\hat{S}$이 되는 것을 알 수 있다. 이처럼 새로운 투입계수행렬을 추정하기 위한 표기를 따서 양비례조정법을 RAS 방법이라 부르는 것이다. 이제 앞서 다루었던 예제에 대해서 식 (10.13)에서 제시된 방법을 이용하고 $\epsilon=0.000001$로 설정하자. RAS 기법을 적용한 결과, 다음과 같은 새로운 중간재 거래 행렬을 얻을 수 있다.[5]

$$Z_1 = \begin{bmatrix} 76.7 & 103.3 & 0 \\ 57.6 & 77.6 & 64.7 \\ 25.7 & 69.1 & 115.3 \end{bmatrix} \tag{10.15}$$

그리고 비교 시점의 투입계수행렬은 다음과 같이 구할 수 있다.

$$\begin{aligned} A_1 = Z_1(\hat{X}_1) &= \begin{bmatrix} 76.7 & 103.3 & 0 \\ 57.6 & 77.6 & 64.7 \\ 25.7 & 69.1 & 115.3 \end{bmatrix} \begin{bmatrix} 1/300 & 0 & 0 \\ 0 & 1/400 & 0 \\ 0 & 0 & 1/500 \end{bmatrix} \\ &= \begin{bmatrix} 0.2557 & 0.2582 & 0 \\ 0.1921 & 0.1940 & 0.1295 \\ 0.0855 & 0.1727 & 0.2305 \end{bmatrix} \end{aligned} \tag{10.16}$$

5 본 장의 2절 'R 실습'에 제시된 R 코드 분석 결과를 참고하라(p. 249).

2 R 실습

이제 앞의 [그림 10-1]에 제시된 예제를 이용하여 R에서 RAS 방법을 수행해보자. 그 단계를 나타내면 [그림 10-2]와 같다. RAS 방법에서 반복적으로 수행되는 과정은 for 반복문을 통하여 구현한다.

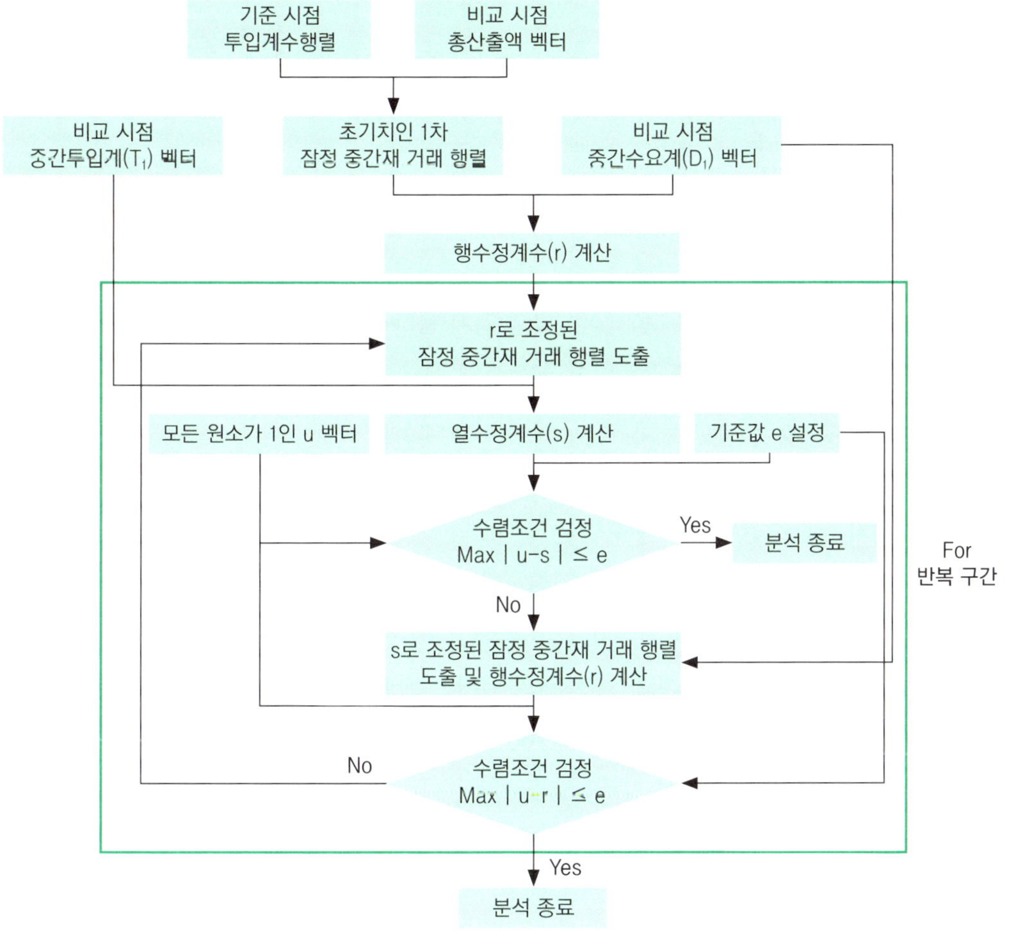

[그림 10-2] RAS 코드 생성을 위한 절차도

[그림 10-2]에 제시된 절차에 기초하여 RAS 기법을 적용하기 위한 R 코드 생성 과정을 다음과 같이 정리하였다.

- 1단계 : 기준 시점의 투입계수행렬 도출
  - Z0<-matrix(c(60,40,20,90,60,60,0,20,40), nrow=3) : 기준 시점의 중간재 거래 행렬을 생성한다.
  - x0<-c(200,250,250) : 기준 시점의 총산출 벡터를 생성한다.
  - X0<-1/x0 : x0의 역수를 구하여 X0에 저장한다.
  - X0[is.infinite(X0)]<-0 : X0에 존재하는 Inf를 0으로 대체한다.
  - A0<-Z0%*%diag(X0) : 기준 시점의 투입계수행렬을 구한다.

- 2단계 : 비교 시점의 자료 생성
  - d1<-c(180,200,210) : 비교 시점의 중간수요계 벡터를 생성한다.
  - t1<-c(160,250,180) : 비교 시점의 중간투입계 벡터를 생성한다.
  - x1<-c(300,400,500) : 비교 시점의 총산출액 벡터를 생성한다.
  - X1<-diag(x1) : 총산출액 벡터의 대각행렬을 구한다.

- 3단계 : 1차 잠정 중간재 거래 행렬 및 추가 자료의 생성
  - z<-A0%*%X1 : 1차 잠정 중간재 거래 행렬을 구한다.
  - n<-dim[z][1] : z의 행 차원을 n으로 저장한다.
  - u<-rep(1,n) : 모든 원소가 1인 n차원의 벡터를 생성한다.
  - maxiter<-1000 : 최대 반복횟수를 1000으로 지정하여 maxiter에 저장한다.
  - e=0.000001 : 수렴조건의 기준값 e를 설정한다. 여기서는 백만분의 1로 설정한다.

- 4단계 : 행수정계수와 잠정 중간재 거래 행렬의 도출
  - d<-apply(z,1,sum) : 잠정 중간재 거래 행렬의 중간수요계 벡터를 도출한다.
  - r<-d1/d : 행수정계수 벡터를 생성한다.
  - r[is.nan(r)]<-0 : 0/0의 결과로 나타난 NaN을 0으로 대체한다.
  - z1<-diag(r)%*%z : 행수정계수로 조정된 잠정 중간재 거래 행렬을 도출한다.

- 5단계: for 반복문의 생성
  - for(i in 1:maxiter){ : for 반복문을 시작한다.
  - t<-apply(z1,2,sum): z1의 행합은 d1과 일치하므로 z1의 열합을 도출한다.
  - s<-t1/t: 열수정계수 벡터 s(실제값/예측값)를 도출한다.
  - s[is.nan(s)]<-0: 0/0 결과로 나타난 NaN을 0으로 대체한다.
  - sabs<-abs(u-s): u와 s의 절댓값 차이를 도출한다.
  - j<-which(sabs==1): which( ) 함수는 어떤 조건을 만족하는 원소의 위치를 벡터로 반환한다.
  - sabs[j]<-0: sabs에서 1을 0으로 대체한다.[6]
  - if(max(sabs)<=e){: sabs의 최댓값이 허용오차보다 같거나 작은지를 검정한다.
  - Zn<-z1: 위 조건을 만족하면 z1을 Zn으로 저장한다.
  - break: 수렴조건을 만족하므로 반복을 중단한다.
  - }else{: 수렴조건을 만족하지 않는 경우라면,
  - z2<-z1: z1을 z2로 저장한다.
  - z3<-z2%*%diag(s): 열수정계수로 조정된 잠정 중간재 거래 행렬 도출한다.
  - d2<-apply(z3,1,sum): 잠정 중간재 거래 행렬의 중간수요계 벡터를 생성한다.
  - r2<-d1/d2: 행수정계수 벡터를 생성한다.
  - r2[is.nan(r2)]<-0: 0/0 결과로 나타난 NaN을 0으로 대체한다.
  - rabs<-abs(u-r2): u와 r2의 절댓값 차이를 도출한다.
  - j<-which(rabs==1): rabs에서 1인 위치를 벡터로 반환한다.
  - rabs[j]<-0: rabs에서 1을 0으로 대체한다.
  - if(max(rabs)<=e){: rabs의 최댓값이 허용오차보다 같거나 작은지를 검정한다.
  - Zn<-z3: 위 조건을 만족하면 z3을 Zn으로 저장한다.
  - break: 수렴조건을 만족하므로 반복을 중단한다.
  - }else{: 수렴조건을 만족하지 않는 경우라면,
  - z1<-diag(r2)%*%z3: 행수정계수로 조정된 z1을 도출한다.

---

6 여기서 r의 원소 중에 0이 존재할 때 sabs의 원소가 정확히 1이 되므로 차후 수렴조건의 max(sabs)에서 r의 원소가 0인 항목이 최댓값이 되는 것을 방지하기 위하여 0으로 대체한다.

- } : rabs 관련 if문을 닫는다.

- } : sabs 관련 if문을 닫는다.

- if(i==maxiter){

warning("\n\n 수렴하지 않음. 최대 반복횟수에 도달함. 반복횟수를 증가시킬 필요 있음.")

 } : 최대 반복횟수에 도달하면 경고 문구를 생성한다.

- } : for 반복문을 닫는다.

- 6단계 : 분석 결과의 저장
  - library(openxlsx) : openxlsx 패키지를 사용한다.
  - dnew<-apply(Zn,1,sum) : 새로운 중간재 거래 행렬의 중간수요계 벡터를 구한다.
  - tnew<-apply(Zn,2,sum) : 새로운 중간재 거래 행렬의 중간투입계 벡터를 구한다.
  - newZ<-rbind(Zn, dnew, d1, tnew, t1) : Zn, dnew, d1, tnew, t1을 행 방향으로 결합한다.
  - colnames(newZ)<-c("부문 1","부문 2","부문 3") : 열 이름을 부여한다.
  - rownames(newZ)<-c("부문 1","부문 2","부문 3","추정 중간수요계","실제 중간수요계","추정 중간투입계","실제 중간투입계") : 행 이름을 부여한다.
  - write.xlsx(newZ, file = "newZ.xlsx", colNames = TRUE, rowNames = TRUE) : newZ를 엑셀 파일로 저장한다.

```
# RAS 분석 예제
# 기준 시점의 투입계수행렬의 도출
Z0<-matrix(c(60,40,20,90,60,60,0,20,40), nrow=3)    # 기준 시점의 중간재 거래 행렬 생성
x0<-c(200,250,250)          # 기준 시점의 총산출 벡터 생성
X0<-1/x0                    # x0의 역수를 구하여 X0에 저장
X0[is.infinite(X0)]<-0      # X0에 존재하는 Inf를 0으로 대체
A0<-Z0%*%diag(X0)           # 기준 시점의 투입계수행렬 도출

# 비교 시점의 자료 생성
d1<-c(180,200,210)          # 비교 시점의 중간수요계 벡터 생성
t1<-c(160,250,180)          # 비교 시점의 중간투입계 벡터 생성
x1<-c(300,400,500)          # 비교 시점의 총산출액 벡터 생성
X1<-diag(x1)                # 총산출액 벡터의 대각행렬 생성
```

```
# 1차 잠정 중간재 거래 행렬 및 추가 자료의 생성
z<-A0%*%X1                 # 1차 잠정 중간재 거래 행렬 생성
n<-dim(z)[1]               # z의 행 차원을 n으로 저장
u<-rep(1,n)                # 모든 원소가 1인 n차원의 벡터 생성
maxiter<-1000              # 최대 반복횟수를 1000으로 지정
e=0.000001                 # 수렴조건의 기준값 e를 설정

# 행수정계수와 잠정 중간재 거래 행렬의 도출
d<-apply(z,1,sum)          # 잠정 중간재 거래 행렬의 중간수요계 벡터 도출
r<-d1/d                    # 행수정계수 벡터 생성
r[is.nan(r)]<-0            # 0/0의 결과로 나타난 NaN을 0으로 대체
z1<-diag(r)%*%z            # 행수정계수로 조정된 잠정 중간재 거래 행렬 도출

# for 반복문의 생성
for(i in 1:maxiter){       # for 반복문의 시작
t<-apply(z1,2,sum)         # z1의 행합은 d1과 일치하므로 z1의 열합을 도출
s<-t1/t                    # 열수정계수 벡터 s를 도출, 실제값/예측값
s[is.nan(s)]<-0            # 0/0 결과로 나타난 NaN을 0으로 대체
sabs<-abs(u-s)             # u와 s의 절댓값 차이 도출
# sabs의 원소가 1인 것을 0으로 대체
j<-which(sabs==1)          # which() 함수는 어떤 조건을 만족하는 원소의 위치를 벡터로 반환
sabs[j]<-0                 # sabs에서 1을 0으로 대체
# 수렴조건 구하기
 if(max(sabs)<=e){         # sabs의 최댓값이 허용오차보다 같거나 작은지를 검정
  Zn<-z1                   # 위 조건을 만족하면 z1을 Zn으로 저장
  break                    # 수렴조건을 만족하므로 반복 중단
   }else{                  # 수렴조건을 만족하지 않는 경우라면,
   z2<-z1                  # z1을 z2로 저장
z3<-z2%*%diag(s)           # 열수정계수로 조정된 잠정 중간재 거래 행렬 도출
d2<-apply(z3,1,sum)        # 잠정 중간재 거래 행렬의 중간수요계 벡터를 생성
r2<-d1/d2                  # 행수정계수 벡터를 생성
r2[is.nan(r2)]<-0          # 0/0 결과로 나타난 NaN을 0으로 대체
rabs<-abs(u-r2)            # u와 r2의 절댓값 차이 도출
# rabs의 원소가 1인 것을 0으로 대체
 j<-which(rabs==1)         # rabs에서 1인 위치를 벡터로 반환
rabs[j]<-0                 # rabs에서 1을 0으로 대체
```

```
#수렴조건 구하기
 if(max(rabs)<=e){          #rabs의 최댓값이 허용오차보다 같거나 작은지를 검정
  Zn<-z3                    #위 조건을 만족하면 z3을 Zn으로 저장
  break                     #수렴조건을 만족하므로 반복 중단
   }else{                   #수렴조건을 만족하지 않는 경우라면,
  z1<-diag(r2)%*%z3         #행수정계수로 조정된 z1을 도출
    }
   }

if(i==maxiter){
warning("\n\n수렴하지 않음. 최대 반복횟수에 도달함. 반복횟수를 증가시킬 필요 있음.")
}                           #최대 반복횟수에 도달할 경우에 경고 문구 생성
 }                          #for 반복문 닫기

#분석 결과 저장
library(openxlsx)
dnew<-apply(Zn,1,sum)                   #새로운 중간재 거래 행렬의 중간수요계 벡터 생성
tnew<-apply(Zn,2,sum)                   #새로운 중간재 거래 행렬의 중간투입계 벡터 생성
newZ<-rbind(Zn, dnew, d1, tnew, t1)     #새로운 중간재 거래 행렬, dnew, d1, tnew, t1 결합
colnames(newZ)<-c("부문 1","부문 2","부문 3")    #열 이름 부여
rownames(newZ)<-c("부문 1","부문 2","부문 3","추정 중간수요계","실제 중간수요계","추정 중간
투입계","실제 중간투입계")                        #행 이름 부여
write.xlsx(newZ, file = "newZ.xlsx", colNames = TRUE, rowNames = TRUE)
```

	A	B	C	D
1		부문 1	부문 2	부문 3
2	부문 1	76.7	103.3	0
3	부문 2	57.6	77.6	64.7
4	부문 3	25.7	69.1	115.3
5	추정 중간수요계	180	200	210
6	실제 중간수요계	180	200	210
7	추정 중간투입계	160	250	180
8	실제 중간투입계	160	250	180

주: [그림 10-1]의 예제를 참고

[그림 10-3] RAS 기법 분석 결과 예시

연습문제

1. 기준 시점과 비교 시점에 대해서 어느 한 국가에 대한 투입산출표가 다음과 같다.

(단위: 백만 원)

〈기준 시점 투입산출표〉

	부문 1	부문 2	부문 3	중간수요계 (D_0)	총산출액 (X_0)
부문 1	60	40	40	140	250
부문 2	45	200	150	395	480
부문 3	55	90	200	345	750
중간투입계 (T_0)	160	330	390		

〈비교 시점 투입산출표〉

	부문 1	부문 2	부문 3	중간수요계 (D_1)	총산출액 (X_1)
부문 1				240	400
부문 2				450	750
부문 3				400	1,000
중간투입계 (T_1)	300	340	450		

(1) 1차 잠정 중간재 거래 행렬을 구해보자.

(2) 1차 잠정 중간재 거래 행렬에 기초하여 1차 행수정계수 벡터($R^{(1)}$)를 구해보자.

(3) RAS 기법을 적용하여 비교 시점의 중간재 거래 행렬을 구해보자.

1장

1. 산업연관분석은 한 국가 경제에 존재하는 서로 다른 산업 간의 상호의존관계, 또는 서로 다른 지역의 산업 간 의존관계를 수량적으로 분석하는 방법이다.

2. 5대 국민계정 통계로 국민소득통계, 자금순환표, 국제수지표, 국민대차대조표, 산업연관표가 있다.

3. '실측표'는 실제 조사를 통해서 작성되는 산업연관표로서 끝자리가 0과 5인 연도에 작성된다. '연장표'는 실측표를 기준으로 부분 조사 및 기초통계의 가공을 통해 작성되는 산업연관표로서 끝자리가 0과 5인 연도를 제외한 연도에 작성된다.

2장

1. RStudio 실행 화면에서 [File] → [New File] → [R Script]를 순차적으로 선택한다. 또는 단축키인 [Ctrl+Shift+N]을 입력한다.

2. (1) 1+3

```
1+3
[1] 4
```

(2) "1+3"

```
"1+3"
[1] "1+3"
```

3. (1) install.packages("openxlsx")

```
install.packages("openxlsx")
package 'openxlsx' successfully unpacked and MD5 sums checked
The downloaded binary packages are in
C:\Users\user\AppData\Local\Temp\RtmpQ1n8Ke\downloaded_packages
```

(2) library(openxlsx)

(3) detach("package:openxlsx",unload=T)

4. getwd( )

```
getwd()
[1] "C:/Users/user/Desktop/R_WD"
```

3장

1. v<-c(2:5) 또는 v<-c(2, 3, 4, 5)

```
v<-c(2:5)
v
[1] 2 3 4 5
```

2. m<-matrix(1, nrow=2, ncol=3)

```
m< matrix(1, nrow=2, ncol=3)
m
    [,1] [,2] [,3]
[1,]  1    1    1
[2,]  1    1    1
```

3. (1) L<-list( )

(2) L[[1]]<-v; L[[2]]<-m

한 줄에 여러 개의 명령어를 입력할 때 세미콜론(;)을 이용한다.

```
L[[1]]<-v; L[[2]]<-m
L
[[1]]
[1] 2 3 4 5
[[2]]
     [,1] [,2] [,3]
[1,]   1    1    1
[2,]   1    1    1
```

(3) unlist(L)

```
unlist(L)
 [1] 2 3 4 5 1 1 1 1 1 1
```

4장

1. (1) A<-matrix(c(2,4,0,6), nrow=2); B<-matrix(c(1,5,4,0), nrow=2)

```
A<-matrix(c(2,4,0,6), nrow=2); B<-matrix(c(1,5,4,0), nrow=2)
A; B
   [,1] [,2]
[1,] 2    0
[2,] 4    6
   [,1] [,2]
[1,] 1    4
[2,] 5    0
```

(2) A%*%B

```
A%*%B
   [,1] [,2]
[1,] 2    8
[2,] 34  16
```

(3) A*B

```
A*B
   [,1] [,2]
[1,] 2    0
[2,] 20   0
```

2. install.packages("matlib"); library(matlib); cofactor(A, 2, 2)

matlib 패키지가 설치되어 있다면 install.packages("matlib")는 생략한다.

```
install.packages("matlib"); library(matlib); cofactor(A, 2, 2)
[1] 2
```

3. (1) (1/det(B))*adjoint(B)

adjoint( ) 함수를 이용하기 위해서는 library(matlib)가 사전에 입력되어 있어야 한다.

```
(1/det(B))*adjoint(B)
     [,1]  [,2]
[1,] 0.00  0.20
[2,] 0.25 -0.05
```

(2) solve(B)

solve(B)의 결과는 (1/det(B))*adjoint(B)의 결과와 같다.

```
solve(B)
     [,1]  [,2]
[1,] 0.00  0.20
[2,] 0.25 -0.05
```

4. (1) C<-matrix(c(1,10,0,0,5,15,3,7,20),nrow=3); C; C[2,1]

```
C<-matrix(c(1,10,0,0,5,15,3,7,20),nrow=3); C; C[2,1]
     [,1] [,2] [,3]
[1,]    1    0    3
[2,]   10    5    7
[3,]    0   15   20
[1] 10
```

(2) C[,3]

```
C[,3]
[1]  3  7 20
```

(3) C[, c(1,3)]

```
C[, c(1,3)]
     [,1] [,2]
[1,]    1    3
[2,]   10    7
[3,]    0   20
```

(4) C[c(-1,-3),]

```
C[c(-1,-3),]
[1] 10 5 7
```

5장

1. (1) 227,548백만 원.
공급표를 이용한다.

(2) 253,143,095백만 원.
공급표(혹은 사용표)를 이용한다. 기초가격 기준에서 공급표의 산업별 산출액은 사용표(총거래표)의 산업별 총투입액과 같다.

(3) 13,606,865백만 원.
공급표를 이용한다.

(4) 58,283,736백만 원.
사용표(총거래표)를 이용한다.

(5) 국산품은 14,668,382백만 원, 수입품은 4,247,602백만 원.
국산거래 사용표와 수입거래 사용표를 이용한다.

(6) 31,693,878백만 원.
사용표(총거래표)를 이용한다.

(7) 기초가격 사용표의 총부가가치는 1,679,018,684백만 원, 국민계정의 경제활동별 총부가가치는 1,679,018,700백만 원.

2. (1) library(readxl); IOT17<-as.matrix(read_excel("IOT_2017.xlsx", sheet=1, range= "C6:AZ46"))

library(readxl)를 먼저 입력한 후에 엑셀 파일을 불러들여야 한다.

(2) Z<-IOT17[1:33,1:33]

(3) Zr<-apply(Z, 1, sum); Zc<-as.vector(apply(Z, 2, sum))

apply( ) 함수에서 1은 행 방향, 2는 열 방향을 의미한다.

(4) Z2<-cbind(Zr, Zc)

두 벡터를 열을 기준으로 결합할 때 cbind( ) 함수를 이용한다.

(5) library(openxlsx); write.xlsx(Z2, file = "Z2.xlsx", colNames = TRUE, rowNames = TRUE)

library(openxlsx)를 먼저 입력한 후에 엑셀 파일로 저장하는 명령어를 입력해야 한다.

6장

1. (1) 투입계수행렬(A)과 부가가치계수 벡터(V)는 각각 다음과 같다.

```
A #투입계수행렬
      [,1]   [,2]  [,3]
[1,] 0.250 0.0625 0.02
[2,] 0.125 0.4375 0.12
[3,] 0.075 0.1250 0.20
V #부가가치계수 벡터
     [,1]  [,2] [,3]
[1,] 0.55 0.375 0.66
```

R 코드

```
#데이터 입력
Z<-matrix(c(100,50,30,50,350,100,20,120,200),nrow=3)
VA<-c(220,300,660)
X<-c(400,800,1000)

#투입계수행렬과 부가가치계수 벡터의 도출
X1<-diag(1/X)
A<-Z%*%X1
V<-VA%*%X1
```

(2) 연속적인 주소행렬식이 모두 양의 값을 가지므로 호킨스-사이먼 조건을 만족한다.

$$1-a_{11}=1-0.25=0.75,$$

$$\begin{vmatrix} 1-a_{11} & -a_{12} \\ -a_{21} & 1-a_{22} \end{vmatrix} = \begin{vmatrix} 1-0.25 & -0.0625 \\ -0.125 & 1-0.4375 \end{vmatrix} = 0.4140625,$$

$$\begin{vmatrix} 1-a_{11} & -a_{12} & -a_{13} \\ -a_{21} & 1-a_{22} & -a_{23} \\ -a_{31} & -a_{32} & 1-a_{33} \end{vmatrix} = \begin{vmatrix} 1-0.25 & -0.0625 & -0.02 \\ -0.125 & 1-0.4375 & -0.12 \\ -0.075 & -0.125 & 1-0.2 \end{vmatrix} = 0.3182813$$

R 코드

```
# 호킨스-사이먼 조건의 검증: 연속적인 주소행렬식 연산
a11<-1-A[1,1]
minors<-list()
for(i in 2:3){
I<-diag(3)
newA<-I-A
minors[[i]]<-det(newA[1:i,1:i])
}
Vm<-unlist(minors)
a11
[1] 0.75
Vm
[1] 0.4140625 0.3182813
```

(3) 생산유발계수행렬(B)과 투입산출 균형식을 검증한 결과는 다음과 같다.

```
B  # 생산유발계수행렬
          [,1]        [,2]        [,3]
[1,] 1.3667158  0.1649485  0.05891016
[2,] 0.3424644  1.8804124  0.29062347
[3,] 0.1816397  0.3092784  1.30093274
t(B%*%Y_M)  # 투입산출 균형식 검증
     [,1] [,2]  [,3]
[1,]  400  800  1000
```

R 코드

```
# 생산유발계수행렬 도출
I<-diag(3)
B<-solve(I-A)
# 투입산출 균형식 검증
Y_M<-c(395-165,480-200,815-145)
t(B%*%Y_M)
```

(4) 0.29062347, 국산품 서비스에 대한 최종수요가 1단위 증가할 때 이를 충족시키기 위하여 유발된 공산품에서의 간접적인 산출물 단위를 뜻한다.

(5) 1.590574, 모든 부문에서 각각 국산품에 대한 최종수요가 1단위씩 증가하는 경우에 이를 충족시키기 위하여 유발된 1차 상품에서의 직간접적인 산출물 단위를 뜻한다.

(6) 2.354639, 국산품 공산품에 대한 최종수요가 1단위 증가하는 경우에 이를 충족시키기 위하여 유발된 전 산업에서의 직간접적인 산출물 단위를 뜻한다.

2. (1) 국산투입계수행렬(Ad), 수입투입계수행렬(Am), 부가가치계수 벡터(V), 취업계수 벡터(L)는 각각 다음과 같다.

```
Ad  #국산투입계수행렬
        [,1]     [,2]  [,3]
[1,] 0.1500 0.01875 0.015
[2,] 0.1000 0.18750 0.110
[3,] 0.0625 0.06250 0.125

Am  #수입투입계수행렬
        [,1]     [,2]  [,3]
[1,] 0.1000 0.04375 0.005
[2,] 0.0250 0.12500 0.010
[3,] 0.0125 0.06250 0.075

V  #부가가치계수 벡터
      [,1]  [,2] [,3]
[1,] 0.55 0.375 0.66

L  #취업계수 벡터
        [,1]     [,2] [,3]
[1,] 0.0125 0.00375 0.01
```

R 코드

```
# 데이터 입력
Zd<-matrix(c(60,40,25,15,150,50,15,110,125),nrow=3)
Zm<-matrix(c(40,10,5,35,100,50,5,10,75),nrow=3)
VA<-c(220,300,660)
W<-c(5,3,10)
X<-c(400,800,1000)

# 각종 계수의 도출
X1<-diag(1/X)
Ad<-Zd%*%X1
Am<-Zm%*%X1
V<-VA%*%X1
L<-W%*%X1
```

(2) 1차 상품(국산품)에 대한 최종수요가 1억 원 증가할 경우, 1차 상품의 생산은 118.1654백만 원, 공산품의 생산은 15.8393백만 원, 서비스의 생산은 9.571762백만 원이 유발된다.

R 코드

단위가 백만 원이므로 최종수요 1억 원 증가를 반영하기 위하여 100을 곱한다.

```
# 국산품 생산유발효과 분석
I<-diag(3)
Bd<-solve(I-Ad)
s1<-t(Bd[,1])*100
colnames(s1)<-c("1차 상품", "공산품", "서비스")
s1
      1차 상품   공산품   서비스
[1,] 118.1654 15.8393 9.571762
```

(3) 공산품(국산품)에 대한 최종수요가 10억 원 증가한다면, 1차 상품에 대한 수입은 57.90916백만 원, 공산품에 대한 수입은 157.4752백만 원, 서비스에 대한 수입은 85.11657백만 원이 유발된다.

R 코드

단위가 백만 원이므로 최종수요 10억 원 증가를 반영하기 위하여 1000을 곱한다.

```
# 수입유발효과 분석
Bm<-Am%*%Bd
s2<-t(Bm[,2])*1000
colnames(s2)<-c("1차 상품", "공산품", "서비스")
s2
      1차 상품    공산품    서비스
[1,] 57.90916 157.4752 85.11657
```

(4) 47.83259백만 원.

R 코드

단위가 백만 원이므로 서비스의 최종수요 800백만 원을 반영하기 위해 800을 곱한다.

```
# 부가가치유발효과 분석
V<-as.vector(V)
VB<-diag(V)%*%Bd
va2_3<-VB[2,3]*800
va2_3
[1] 47.83259
```

(5) 1차 상품에서 16.321821명으로 다른 부문에 비해 가장 큰 취업자 수를 유발한다.

R 코드

단위가 백만 원이므로 10억 원당 취업자 수를 구하기 위하여 1000을 곱한다.

```
#취업유발효과 분석
L<-as.vector(L)
LB<-diag(L)%*%Bd
LBc<-apply(LB,2,sum)*1000
names(LBc)<-c("1차 상품", "공산품", "서비스")
LBc
  1차 상품     공산품      서비스
16.321821 5.950227 12.456403
```

7장

1. (1) 소비, 투자, 수출 등 개별 최종수요 항목에 의하여 유발된 경제 전체의 생산유발액은 각각 다음과 같다.

- 소비에 의한 생산유발액 : 978.1317백만 원.
- 투자에 의한 생산유발액 : 503.1777백만 원.
- 수출에 의한 생산유발액 : 718.6906백만 원.

R 코드

```
# 데이터 입력
Zd<-matrix(c(60,40,20,15,180,60,15,110,120),nrow=3)
X<-c(400,800,1000)
con<-c(186,47,480)
inv<-c(31,94,240)
ex<-c(93,329,80)
yd<-c(310,400,800)

# 국산생산유발계수행렬 도출
X1<-diag(1/X)
Ad<-Zd%*%X1
I<-diag(3)
Bd<-solve(I-Ad)

# 최종수요 항목별 생산유발액 벡터 도출
Xc<-Bd%*%con
Xi<-Bd%*%inv
Xe<-Bd%*%ex

# 경제 전체의 최종수요 항목별 생산유발액 도출
Xcon<-sum(Xc)
Xinv<-sum(Xi)
Xex<-sum(Xe)
Xcon; Xinv; Xex
[1] 978.1317
[1] 503.1777
[1] 718.6906
```

(2) 소비, 투자, 수출 등 개별 최종수요 항목 1단위에 의하여 유발되는 생산유발계수는 각각 다음과 같다.

	소비 생산유발계수	투자 생산유발계수	수출 생산유발계수
1차 상품	0.3264188	0.1240908	0.2429686
공산품	0.2413089	0.4609446	0.9157410
서비스	0.8041260	0.7935337	0.2729449

R 코드

```
# 데이터 입력
Cy<-186+47+480; Iy<-31+94+240; EXy<-93+329+80
# 개별 최종수요 항목 1단위에 의하여 유발된 생산유발계수 벡터의 도출
Bc<-Xc/Cy
Bi<-Xi/Iy
Bex<-Xe/EXy

# 분석 결과 결합
Bciex<-cbind(Bc,Bi,Bex)
colnames(Bciex)<-c("소비 생산유발계수", "투자 생산유발계수", "수출 생산유발계수");
rownames(Bciex)<-c("1차 상품", "공산품", "서비스")
```

(3) 감응도계수 벡터와 영향력계수 벡터는 각각 다음과 같다.

	감응도계수	영향력계수
1차 상품	0.8781722	1.0132337
공산품	1.1654990	1.0332399
서비스	0.9563288	0.9535264

R 코드

```
# 생산유발계수행렬의 행 합(Br) 및 열 합(Bc) 연산
Br<-apply(Bd,1,sum)
Bc<-apply(Bd,2,sum)
# 생산유발계수행렬의 행 합(또는 열 합)의 평균(ave) 연산
ave<-sum(Bd)/3
```

```
# 감응도계수 벡터(FL) 및 영향력계수 벡터(BL)의 연산
FL<-Br/ave
BL<-Bc/ave

# 분석 결과 결합
FLBL<-cbind(FL,BL)
colnames(FLBL)<-c("감응도계수", "영향력계수")
rownames(FLBL)<-c("1차 상품", "공산품", "서비스")
```

(4) 서비스 부문에서 임금이 10% 인상될 경우의 가격파급효과는 다음과 같다.

	서비스 부문의 임금 10% 상승
1차 상품	0.2757608%
공산품	0.3856924%
서비스	3.9165484%

R 코드

```
# 임금(피용자보수)계수 벡터의 도출
wage<-c(31.5, 122.5, 340)
vw<-as.vector(wage%*%X1)

# 가격파급효과 분석을 위한 역행렬 도출
Adt<-t(Ad)
I<-diag(3)
Bdt<-solve(I-Adt)

# 서비스 부문의 임금 10% 인상의 가격파급효과 분석
p<-c(0,0,10)
dpw<-Bdt%*%diag(vw)%*%p
colnames(dpw)<-c("서비스 부문의 임금 10% 상승")
rownames(dpw)<-c("1차 상품", "공산품", "서비스")
```

2. (1) 공산품이 외생화된 모형에서 공산품의 총산출액이 1억 원 증가하는 경우에 여타 부문의 총산출액은 다음과 같다.

- 1차 상품: 2.164707백만 원.
- 서비스: 10.415877백만 원.

R 코드

단위가 백만 원이므로 총산출액 1억 원 증가를 반영하기 위하여 100을 곱한다.

```
# 데이터 입력
Zd<-matrix(c(50,40,30,10,120,50,5,100,140),nrow=3)
X<-c(250,600,800)

# 투입계수행렬 도출
X1<-diag(1/X)
Ad<-Zd%*%X1

# 공산품 부문의 외생화 처리
Adk<-Ad[-2,2]
Ade<-Ad[-2,-2]

# 외생화 분석
I<-diag(2)
Be<-solve(I-Ade)%*%Adk
Xe<-Be*100
colnames(Xe)<-c("공산품 총산출액 1억 원 증가")
rownames(Xe)<-c("1차 상품", "서비스")
```

(2) 서비스 부문에서 유발된 부가가치액과 취업자 수는 각각 다음과 같다.

- 서비스 부문의 부가가치: 91.78991백만 원.
- 서비스 부문의 취업자 수: 2.343572명.

R 코드

단위가 백만 원이므로 총산출액 15억 원 증가를 반영하기 위하여 1500을 곱한다.

```
# 데이터 입력
VA<-c(110,300,470)
W<-c(5, 4, 12)

# 각종 계수의 도출
V<-as.vector(VA%*%X1)
L<-as.vector(W%*%X1)

# 공산품 부문의 외생화 처리
Ve<-V[-2]
Le<-L[-2]

# 외생화 분석
VAe<-diag(Ve)%*%Be*1500
We<-diag(Le)%*%Be*1500
VAe[2]; We[2]
```

(3) 1차 상품의 산출물 가격은 3.34471% 증가한다.

R 코드

```
# 투입계수행렬의 전치행렬 도출
Adt<-t(Ad)

# 공산품 부문의 외생화 처리
Adtk<-Adt[-2,2]
Adte<-Adt[-2,-2]

# 외생화 분석
I<-diag(2)
Bte<-solve(I-Adte)%*%Adtk
dPe<-Bte*15
dPe[1,1]
```

8장

1. (1) 기술구조의 변화 효과와 최종수요의 변화 효과는 다음과 같다.

- 기술구조의 변화 효과 : 113.4167백만 원.
- 최종수요의 변화 효과 : 536.5833백만 원.

R 코드

```
# 데이터 입력
Zd0<-matrix(c(35,20,25,10,120,40,15,55,100),nrow=3)
Y0<-c(240,405,635)
X0<-c(300,600,800)
Zd1<-matrix(c(50,40,30,20,180,70,10,120,160),nrow=3)
Y1<-c(370,560,740)
X1<-c(450,900,1000)

# 생산유발계수행렬 도출
Xd0<-diag(1/X0)
Xd1<-diag(1/X1)
A0<-Zd0%*%Xd0
A1<-Zd1%*%Xd1
I<-diag(3)
B0<-solve(I-A0)
B1<-solve(I-A1)

# 총산출 변화의 요인분해 분석
CdB<-1/2*(B1-B0)%*%(Y0+Y1)
CdY<-1/2*(B1+B0)%*%(Y1-Y0)
sum(CdB); sum(CdY)
[1] 113.4167
[1] 536.5833
```

(2) 서비스 부문, 96.67491백만 원.

R 코드

```
# 투입구조의 변화 행렬 생성
zero<-matrix(0, nrow=3, ncol=3)
dA<-A1-A0
dA1<-zero; dA2<-zero; dA3<-zero
dA1[,1]<-dA[,1]; dA2[,2]<-dA[,2]; dA3[,3]<-dA[,3]

# 기술구조 변화 효과의 요인분해
CdA1<-1/2*B1%*%dA1%*%B0%*%(Y0+Y1)  # 1차 상품
CdA2<-1/2*B1%*%dA2%*%B0%*%(Y0+Y1)  # 공산품
CdA3<-1/2*B1%*%dA3%*%B0%*%(Y0+Y1)  # 서비스
sum(CdA1); sum(CdA2); sum(CdA3)
[1] 0.2022054
[1] 16.53955
[1] 96.67491
```

(3) 최종수요 구조의 변화 효과와 최종수요 규모의 변화 효과는 다음과 같다.

- 최종수요 구조의 변화 효과 : 2.654961백만 원.
- 최종수요 규모의 변화 효과 : 536.5833백만 원.

R 코드

```
# 최종수요 규모 및 최종수요 구조 변수 생성
yl0<-sum(Y0); ys0<-Y0/yl0
yl1<-sum(Y1); ys1<-Y1/yl1
dYS<-ys1-ys0
dYL<-yl1-yl0

# 최종수요 변화 효과의 요인분해
CdYS<-1/4*(B0+B1)%*%dYS*(yl0+yl1)
CdYL<-1/4*(B0+B1)%*%(ys0+ys1)*dYL
sum(CdYS); sum(CdYL)
[1] 2.654961
[1] 533.9284
```

2. (1) 부가가치계수의 변화 효과, 기술구조의 변화 효과, 최종수요의 변화 효과는 다음과 같다.

- 부가가치계수의 변화 효과: 92백만 원.
- 기술구조의 변화 효과: -85.28588백만 원.
- 최종수요의 변화 효과: 383.2859백만 원.

R 코드

```
# 데이터 입력
Zd0<-matrix(c(40,25,35,10,120,40,8,90,150),nrow=3)
Y0<-c(192,245,525)
VA0<-c(90,150,360)
X0<-c(250,480,750)
Zd1<-matrix(c(50,35,25,20,140,55,15,110,160),nrow=3)
Y1<-c(315,465,810)
VA1<-c(95,300,595)
X1<-c(400,750,1050)

# 각종 계수의 도출
Xd0<-diag(1/X0)
Xd1<-diag(1/X1)
A0<-Zd0%*%Xd0
A1<-Zd1%*%Xd1
V0<-VA0%*%Xd0
V1<-VA1%*%Xd1
I<-diag(3)
B0<-solve(I-A0)
B1<-solve(I-A1)

# 부가가치 변화의 요인분해 분석
CdV<-1/2*((V1-V0)%*%B1%*%Y1+(V1-V0)%*%B0%*%Y0)
CdB<-1/2*(V0%*%(B1-B0)%*%Y1+V1%*%(B1-B0)%*%Y0)
CdY<-1/2*(V0%*%B0%*%(Y1-Y0)+V1%*%B1%*%(Y1-Y0))
sum(CdV); sum(CdB); sum(CdY)
[1] 92
[1] -85.28588
[1] 383.2859
```

(2) -23.90381백만 원.

R 코드

```
# 투입구조의 변화 행렬 생성
zero<-matrix(0, nrow=3, ncol=3)
dA<-A1-A0
dA2<-zero
dA2[,2]<-dA[,2]

# 공산품의 투입구조 변화 효과
CdA2<-1/2*(V0%*%B1%*%dA2%*%B0%*%Y1+V1%*%B1%*%dA2%*%B0%*%Y0)
sum(CdA2)
[1] -23.90381
```

(3) 391.2807백만 원.

R 코드

```
# 최종수요 규모 및 최종수요 구조 변수 생성
yl0<-sum(Y0); ys0<-Y0/yl0
yl1<-sum(Y1); ys1<-Y1/yl1
dYL<-yl1-yl0

# 최종수요 규모의 변화 효과
CdYL<-1/4*(V0%*%B0%*%(ys0+ys1)*dYL+V1%*%B1%*%(ys0+ys1)*dYL)
sum(CdYL)
[1] 391.2807
```

9장

1. (1) 생산유발계수행렬(B)은 다음과 같다.

행과 열의 이름은 '지역-부문'을 뜻한다.

```
B  # 생산유발계수행렬
            1-1        1-2        2-1        2-2
1-1  1.13956895 0.19498819 0.10025839 0.07731399
1-2  0.06417382 1.12764256 0.07779951 0.14591225
2-1  0.20261740 0.08259982 1.32861548 0.20443807
2-2  0.19517026 0.07376662 0.40439494 1.24912843
```

R 코드

```
# 데이터 입력
Zd<-matrix(c(40,12,48,40,90,60,18,12,35,14,140,175,27,90,108,135),nrow=4)
X<-c(400,600,700,900)

# 생산유발계수행렬 도출
X1<-diag(1/X)
A<-Zd%*%X1
I<-diag(4)
B<-solve(I-A)
name<-c("1-1","1-2","2-1","2-2")
colnames(B)<-name
rownames(B)<-name
```

(2) 1.60153, 지역 1의 부문 1에 내한 최종수요가 1단위 증가할 때 이를 충족시키기 위하여 유발된 모든 지역의 전 부문에서의 직간접적인 산출물 단위를 뜻한다.

R 코드

```
# 생산유발계수행렬의 제1열의 합
sum(B[,1])
[1] 1.60153
```

(3) 77.31399백만 원.

R 코드

단위가 백만 원이므로 최종수요 10억 원 증가를 반영하기 위하여 1000을 곱한다.

```
# 특정 지역의 어느 한 부문에 대한 생산유발효과 분석
B[1, 4]*1000
[1] 77.31399
```

(4) x_{11} : 372.7327백만 원, x_{12} : 627.2673백만 원, x_{21} : 641.7361백만 원, x_{22} : 958.2639백만 원.

R 코드

```
# 최종수요 데이터 입력
Y<-matrix(c(150,90,160,200,58,334,226,338),nrow=4)

# 총산출의 지역간 분해 행렬 도출
R<-matrix(0,nrow=2,ncol=4)
u<-t(rep(1,2))
R[1, 1:2]<-u; R[2, 3:4]<-u
Xr<-R%*%B%*%Y
Xr
         [,1]     [,2]
[1,] 372.7327 627.2673
[2,] 641.7361 958.2639
```

2. (1) 부가가치유발계수행렬(VB)은 다음과 같다.

행과 열의 이름은 '지역-부문'을 뜻한다.

```
VB  # 부가가치유발계수행렬
           1-1        1-2         2-1         2-2         3-1        3-2
1-1 0.46066317 0.02308189 0.023885293 0.017846928 0.004272058 0.01292365
1-2 0.02526167 0.44331294 0.012051354 0.008932184 0.032608028 0.02071866
2-1 0.07946142 0.03651466 0.624010972 0.019996298 0.040999796 0.06682260
2-2 0.05794093 0.01800426 0.004834716 0.596407569 0.026921884 0.01521533
3-1 0.04282262 0.02480185 0.021654248 0.014896994 0.542696340 0.02576212
3-2 0.01597397 0.01463108 0.017421232 0.012981645 0.017975998 0.32042131
```

R 코드

```
# 데이터 입력
Zd<-matrix(c(40,20,50,40,30,15,30,60,30,15,25,25,30,12,70,0,20,30,25,10,15,120,15,2
5,0,50,40,30,25,35,10,20,50,10,20,45),nrow=6)
VA<-c(200,290,375,415,390,160)
X<-c(480,720,680,820,750,550)

# 부가가치유발계수행렬 도출
X1<-diag(1/X)
V<-as.vector(VA%*%X1)
A<-Zd%*%X1
I<-diag(6)
B<-solve(I-A)
VB<-diag(V)%*%B
name<-c("1-1","1-2","2-1","2-2","3-1","3-2")
colnames(VB)<-name
rownames(VB)<-name
```

(2) 0.542673, 모든 지역에서 각 부문의 최종수요가 각각 1단위씩 증가할 때 이를 충족시키기 위하여 지역 1의 부문 1에서 생산한 산출물에 의하여 유발된 부가가치를 뜻한다.

R 코드

```
# 부가가치유발계수행렬의 제1행의 합
sum(VB[1,])
[1] 0.542673
```

(3) 54.77199백만 원.

R 코드

단위가 백만 원이므로 최종수요 15억 원 증가를 반영하기 위하여 1500을 곱한다.

```
# 특정 지역의 어느 한 부문에 대한 부가가치유발효과 분석
VB[3, 2]*1500
[1] 54.77199
```

(4) va_{11} : 131.64412백만 원, va_{12} : 83.2509백만 원, va_{13} : 275.105백만 원, va_{21} : 261.26875백만 원, va_{22} : 164.215백만 원, va_{23} : 364.5163백만 원, va_{31} : 98.88961백만 원, va_{32} : 142.1059백만 원, va_{33} : 309.0044백만 원.

R 코드

```
# 최종수요 데이터 입력
Y<-matrix(c(150,90,160,200,90,70,40,100,150,60,130,160,155,358,115,345,395,145),nr
ow=6)

# 부가가치의 지역간 분해 행렬 도출
R<-matrix(0,nrow=3,ncol=6)
u<-t(rep(1,2))
R[1, 1:2]<-u; R[2, 3:4]<-u; R[3, 5:6]<-u
VAr<-R%*%VB%*%Y
VAr
          [,1]     [,2]     [,3]
[1,] 131.64412  83.2509 275.1050
[2,] 261.26875 164.2150 364.5163
[3,]  98.88961 142.1059 309.0044
```

10장

1. (1) 1차 잠정 중간재 거래 행렬은 다음과 같다.

```
Zd_1  # 1차 잠정 중간재 거래 행렬
      [,1]    [,2]      [,3]
[1,]   96   62.500   53.33333
[2,]   72  312.500  200.00000
[3,]   88  140.625  266.66667
```

R 코드

```
# 기준 시점 자료의 생성
Z0<-matrix(c(60,45,55,40,200,90,40,150,200),nrow=3)
x0<-c(250,480,750)
X0<-diag(1/x0)
A0<-Z0%*%X0

# 비교 시점 자료의 생성
x1<-c(400,750,1000)

# 1차 잠정 중간재 거래 행렬의 도출
Z_1<-A0%*%diag(x1)
```

(2) 1차 행수정계수 벡터는 다음과 같다.

```
r_1  # 1차 행수정계수 벡터
[1]  1.1329662  0.7698888  0.8076049
```

R 코드

```
# 비교 시점의 중간수요계 벡터 입력
d1<-c(240,450,400)

# 1차 잠정 중간재 거래 행렬에서 중간수요계 벡터 계산
d_1<-as.vector(apply(Z_1,1,sum))

# 1차 행수정계수 벡터 연산
r_1<-as.vector(d1%*%diag(1/d_1))
```

(3) 비교 시점의 중간재 거래 행렬은 다음과 같다.

```
 z1  # 비교 시점의 중간재 거래 행렬 추정 결과
          [,1]      [,2]      [,3]
[1,] 130.99764  51.07438  57.92798
[2,]  77.44889 201.30919 171.24192
[3,]  91.55347  87.61643 220.83010
```

R 코드

RAS 방법의 절차에 대한 이해를 높이기 위하여 앞서 중복하여 나타난 R 코드도 정리한다.

```
# 기준 시점 자료의 생성
Z0< matrix(c(60,45,55,40,200,90,40,150,200),nrow=3)
x0<-c(250,480,750); X0<-diag(1/x0)
A0<-Z0%*%X0

# 비교 시점 자료의 생성
d1<-c(240,450,400); t1<-c(300,340,450)
x1<-c(400,750,1000); X1<-diag(x1)

# 1차 잠정 중간재 거래 행렬 및 추가 자료의 생성
z<-A0%*%X1
n<-dim(z)[1]
u<-rep(1,n)
maxiter<-1000
e=0.0000001

# 행수정계수와 잠정 중간재 거래 행렬의 도출
d<-apply(z,1,sum)
r<-d1/d
r[is.nan(r)]<-0
z1<-diag(r)%*%z

# for 반복문의 생성
for(i in 1:maxiter){
t<-apply(z1,2,sum)
s<-t1/t
s[is.nan(s)]<-0
sabs<-abs(u-s)
```

```
j<-which(sabs==1)
sabs[j]<-0
 if(max(sabs)<=e){
  Zn<-z1
  break
   }else{
   z2<-z1
  z3<-z2%*%diag(s)
 d2<-apply(z3,1,sum)
 r2<-d1/d2
 r2[is.nan(r2)]<-0
 rabs<-abs(u-r2)
  j<-which(rabs==1)
  rabs[j]<-0
 if(max(rabs)<=e){
  Zn<-z3
  break
   }else{
  z1<-diag(r2)%*%z3
    }
   }
 if(i==maxiter){
  warning("\n\n 수렴하지 않음. 최대 반복횟수에 도달함. 반복횟수를 증가시킬 필요 있음.")
    }
  }

# RAS로 추정된 z1의 행 합 및 열 합 확인
apply(z1, 1, sum); apply(z1, 2, sum)
[1] 240 450 400
[1] 300 340 450
```

참고문헌

강광하 (2000). 《산업연관분석론》. 연암사.

김태진 · 강준구 · 심승진 (2017). “브렉시트에 따른 한국 산업의 글로벌 가치사슬 구조 변화와 요인분해 분석”. 한국은행 경제연구원. 〈경제분석〉, 제23권 제4호, 106-139.

김태진 · 심승진 (2017). “브렉시트가 EU의 산업구조에 미치는 영향 분석”. 중앙대학교 외국학연구소. 〈외국학연구〉, 제40집, 407-438.

김태진 · 심승진 (2018). “우리나라 수출부가가치 변화의 국가별 요인분해 분석”. 한국무역연구원. 〈무역연구〉, 제14권 제2호, 257-275.

김태진 · Tromp, N. (2020). “해양수산업의 지역경제 파급효과 분석-부산, 울산, 경남을 중심으로-”. 한국해양수산개발원. 〈해양정책연구〉, 제35권 제2호, 53-77.

김태진 (2020). “우리나라 수출의 고용파급효과에 관한 연구: 다지역산업연관 및 구조적 요인분해 분석을 중심으로”. 한국은행 경제연구원. 〈경제분석〉, 제26권 제4호, 65-97.

한국은행 (2014). 산업연관분석해설. 한국은행.

한국은행 (2015). 우리나라의 국민계정체계. 한국은행.

한국은행 (2016). 2010년 및 2013년 지역산업연관표. 한국은행.

Commission of the European Communities, Eurostat, IMF, OECD, UN, World Bank, 1993, System of National Accounts 1993. Commission of the European Communities, Eurostat, IMF, OECD, UN, World Bank.

European Commission, IMF, OECD, UN, World Bank, System of National Accounts 2008. European Commission, IMF, OECD, UN, World Bank.

Dietzenbacher, E. and Los, B. (1998). Structural decomposition techniques: sense and sensitivity. *Economic Systems Research*, 10(4), 307-324.

Hirschman, Albert O. (1958). *The Strategy of Economic Development*. Yale University Press.

Kim, T. J. and Tromp, N. (2021). Carbon emissions embodied in China-Brazil trade: trends and driving factors. *Journal of Cleaner Production*, 126206.

Leontief, W. W. (1936). Quantitative input and output relations in the economic systems of the United States. *The review of economic statistics*, 105–125.

Miller, Ronald E. and Peter D. Blair (2009). *Input–Output Analysis: Foundations and Extensions*, second edition. Cambridge University Press.

Rasmussen, P. Nørregaard (1957). *Studies in Inter–sectoral Relations*. North–Holland.

Stone, R. (1963). *A Programme for Growth: Input–Output Relationships 1954–1966*. Department of Applied Economics University of Cambridge.

C

CIF(Cost, Insurance and Freight) 79

G

GDP(Gross Domestic Product) 82, 85
GRDP(Gross Regional Domestic Product) 212

R

RAS 방법 236, 242

ㄱ

가격전환 벡터 80
가격파급효과 147
가격파급효과의 외생화 모형 156
감응도계수 144
경쟁수입형표 83
고용계수 125
고용표 125, 132
공급사용표(Supply-Use Tables) 78
공급표(supply table) 79
구매자가격(purchaser prices) 78
구매자가격평가표 83
구조분해분석(structural decomposition analysis) 180
국민계정(national accounts) 11
국민계정체계(System of National Account) 78
국민소득의 삼면등가 86
국산거래표 80, 83
기술계수(technical coefficients) 112
기술구조의 변화 효과 181
기초가격(basic prices) 78
기초가격평가표 83

ㄴ

내생부문 85
노동계수 125
노동유발효과 125

ㄷ

단위행렬(identity matrix) 59
단일지역 투입산출표(single-region input-output table) 212
대각행렬(diagonal matrix) 58
대각화 58
데이터 프레임 40

ㄹ

라플라스 전개(Laplace expansion) 66
레온티에프 역행렬(Leontief inverse matrix) 116
리스트 40

ㅂ

배분구조 84
배열 40
벡터 40
변수(variable) 36
부가가치계수(value-added coefficients) 112
부가가치액 110
부가가치유발계수행렬 125, 222
부가가치유발효과 124
부가가치의 지역간 분해 행렬 222
부문 통합 행렬 98
분배국민소득 86
비경쟁수입형표 83
비교정태분석(comparative static analysis) 152
비용인상 투입산출 가격모형(cost-push input-output price model) 148
비특이행렬(nonsingular matrix) 68

ㅅ

사용표(use table) 79, 80
산업연관표 10, 11
색인(indexing) 71
생산국민소득 86
생산유발계수 115
생산유발계수행렬(total requirements matrix) 116, 217
생산유발효과 123
생산자가격(producer prices) 78
생산자가격평가표 83
생산파급효과 117
소행렬 66
소행렬식(minor) 66
수반행렬(adjoint matrix) 68
수요유도형 모형(demand-driven model) 123
수입거래표 80, 83
수입유발계수행렬 124
수입유발효과 124
스칼라(scalar) 40, 57
실측 산업연관표 11

ㅇ

양극 분해법(two polar decomposition method) 191
양비례조정법(biproportional adjustment method) 236
여인수(cofactor) 67
역행렬(inverse matrix) 68
연장 산업연관표 11
열수정계수 239
열 통합 행렬 98
영행렬(zero matrix) 59
영향력계수 144
외생부문 85
외생화 기법(exogenous specification method) 153
요인분해 189

ㅈ

잠정 중간재 거래 행렬 238
전국투입산출표 212
전방연쇄효과(forward linkage effects) 144
전업환산기준(full-time equivalent) 126
전치 57
전치행렬(transposed matrix) 57
정방행렬(square matrix) 57
주대각원소 58
주소행렬식(leading principal minors) 119
중간투입액 110
지역간 투입산출표(inter-regional input-output table) 212-213, 215
지역투입산출표(regional inpu-output table) 212
지출국민소득 86

ㅊ

총거래표 80, 83
총공급 80, 86
총공급액 84
총산출 분해 행렬 143
총산출액 111
총산출의 지역간 분해 행렬 218
총수요 82, 86
총수요액 84
총투입액(총산출액) 110
최종수요의 구조 변화 요인 186
최종수요의 규모 변화 요인 186
최종수요의 변화 효과 181
취업계수 125
취업유발계수행렬 126, 224
취업자 125
취업자의 지역간 분해 행렬 225

ㅌ

투입계수(input coefficients) 112, 216
투입계수의 변화 요인 182
투입계수 행렬 115
투입구조 84
투입산출 균형식 111
투입산출표 83
특이행렬(singular matrix) 68

ㅍ

피용자 125

ㅎ

하다마드 곱셈(hadamard product) 64
할당 연산자(assignment operator) 36
합벡터(sum vector) 59
핵심 부문 146
행렬 40
행렬대수(matrix algebra) 56
행렬식(determinant) 66
행수정계수 238
행 통합 행렬 98
호킨스-사이먼 조건(Hawkins-Simon condition) 119
혼합 산업연관모형(mixed type of inpu-output model) 153
후방연쇄효과(backward linkage effects) 144